Romans De Voltaire...

Voltaire

ROMANS

DE

VOLTAIRE.

TOME SECOND.

ROMANS

DE

VOLTAIRE.

TOME SECOND.

ÉDITION STÉRÉOTYPE,
D'après le procédé de Firmin Didot.

A PARIS,

DE L'IMPRIMERIE ET DE LA FONDERIE STÉRÉOTYPES
DE PIERRE DIDOT L'AÎNÉ, ET DE FIRMIN DIDOT.

AN VIII. (1800.)

L'INGÉNU,

HISTOIRE VÉRITABLE,

TIRÉE DES MANUSCRITS DU PÈRE QUESNEL.

CHAPITRE PREMIER.

Comment le prieur de Notre-Dame de la Montagne et mademoiselle sa sœur rencontrèrent un Huron.

Un jour saint Dunstan, Irlandais de nation et saint de profession, partit d'Irlande sur une petite montagne, qui vogua vers les côtes de France, et arriva par cette voiture à la baie de Saint-Malo. Quand il fut à bord, il donna la bénédiction à sa montagne, qui lui fit de profondes révérences, et s'en retourna en Irlande par le même chemin qu'elle était venue.

Dunstan fonda un petit prieuré dans ces quartiers-là, et lui donna le nom de prieuré de la Montagne, qu'il porte encore, comme un chacun sait.

En l'année 1689, le 15 juillet au soir, l'abbé de Kerkabon, prieur de Notre-Dame de la Montagne, se promenait sur le bord de la mer avec mademoiselle de Kerkabon, sa sœur, pour prendre le frais. Le prieur, déja un peu sur l'âge, était un très bon ecclésiastique, aimé de ses voisins, après l'avoir été autrefois de ses voisines : ce qui lui avait donné surtout une grande considération, c'est qu'il était le seul bénéficier du pays qu'on ne fût pas obligé de porter dans son lit quand il avait soupé avec ses confreres. Il savait assez honnêtement de théologie ; et, quand il était las de lire saint Augustin, il s'amusait avec Rabelais : aussi tout le monde disait du bien de lui.

Mademoiselle de Kerkabon, qui n'avait jamais été mariée, quoiqu'elle eût grande envie de l'être, conservait de la fraîcheur à l'âge de quarante-cinq ans ; son caractere était bon et sensible ; elle aimait le plaisir, et était dévote.

Le prieur disait à sa sœur en regardant la mer : Hélas ! c'est ici que s'embarqua notre pauvre frere, avec notre chere belle-sœur, madame de Kerkabon sa femme, sur la frégate l'Hirondelle, en 1669, pour aller servir en Canada : s'il n'avait pas été tué, nous pourrions espérer de le revoir encore.

Croyez-vous, disait mademoiselle de Kerkabon, que notre belle-sœur ait été mangée par les Iroquois, comme on nous l'a dit ? il est certain que, si elle n'avait pas été mangée, elle serait revenue au pays : je la pleurerai toute ma vie ; c'était une femme charmante ; et notre frere, qui avait beaucoup d'esprit, aurait fait assurément une grande fortune.

Comme ils s'attendrissaient l'un et l'autre à ce souvenir, ils virent entrer dans la baie de Rence un petit bâtiment qui arrivait avec la marée ; c'étaient des Anglais qui venaient vendre quelques denrées de leur pays : ils sauterent à terre, sans regarder monsieur le prieur ni mademoiselle sa sœur, qui fut très choquée du peu d'attention qu'on avait pour elle.

Il n'en fut pas de même d'un jeune homme très bien fait qui s'élança d'un saut par-dessus la tête de ses compagnons, et se trouva vis-à-vis mademoiselle : il lui fit un signe de tête, n'étant pas dans l'usage de faire la révérence : sa figure et son ajustement attirerent les regards du frere et de la sœur ; il était nu tête et nu jambes, les pieds chaussés de petites sandales, le chef orné de longs cheveux en tresses, un petit pourpoint qui serrait une taille fine et dégagée ; l'air martial et doux : il tenait dans sa main une petite bouteille d'eau des Barbades, et dans l'autre une espece de bourse dans laquelle était un gobelet et de très bon biscuit de mer : il parlait français fort intelligiblement. Il présenta de son eau des Barbades à mademoiselle de Kerkabon et à monsieur son frere ; il en but avec eux ; il leur en fit reboire encore, et tout cela d'un air simple et si naturel que le frere et la sœur en furent charmés : ils lui offrirent leurs services, en lui demandant qui il était et où il allait. Le jeune homme leur répondit qu'il n'en savait rien, qu'il était curieux, qu'il avait voulu voir comment les côtes de France étaient faites, qu'il était venu, et allait s'en retourner.

Monsieur le prieur, jugeant à son accent qu'il n'était pas Anglais, prit la liberté de lui demander de quel pays il était. Je suis Huron, lui répondit le jeune homme.

Mademoiselle de Kerkabon, étonnée et enchantée

de voir un Huron qui lui avait fait des politesses, pria le jeune homme à souper ; il ne se fit pas prier deux fois, et tous trois allerent de compagnie au prieuré de Notre-Dame de la Montagne.

La courte et ronde demoiselle le regardait de tous ses petits yeux, et disait de temps en temps au prieur : Ce grand garçon-là a un teint de lis et de rose ! qu'il a une belle peau pour un Huron ! Vous avez raison, ma sœur, disait le prieur. Elle faisait cent questions coup sur coup, et le voyageur répondait toujours fort juste.

Le bruit se répandit bientôt qu'il y avait un Huron au prieuré. La bonne compagnie du canton s'empressa d'y venir souper. L'abbé de Saint-Yves y vint avec mademoiselle sa sœur, jeûne basse Brette, fort jolie et très bien élevée. Le bailli, le receveur des tailles, et leurs femmes, furent du souper. On plaça l'étranger entre mademoiselle de Kerkabon et mademoiselle de Saint-Yves. Tout le monde le regardait avec admiration ; tout le monde lui parlait et l'interrogeait à la fois ; le Huron ne s'en émouvait pas : il semblait qu'il eût pris pour sa devise celle de mylord Bolingbroke, *Nihil admirari* : mais à la fin, excédé de tant de bruit, il leur dit avec assez de douceur : Messieurs, dans mon pays on parle l'un après l'autre ; comment voulez-vous que je vous réponde quand vous m'empêchez de vous entendre ? La raison fait toujours rentrer les hommes en eux-mêmes pour quelques moments : il se fit un grand silence. Monsieur le bailli, qui s'emparait toujours des étrangers dans quelque maison qu'il se trouvât, et qui était le plus grand questionneur de la province, lui dit, en ouvrant la bouche d'un demi-pied : Monsieur, comment vous nommez-vous? On m'a toujours appelé l'Ingénu, reprit le Huron, et on m'a confirmé ce nom en Angleterre, parceque je dis toujours naïvement ce que je pense, comme je fais tout ce que je veux.

Comment, étant né Huron, avez-vous pu, monsieur, venir en Angleterre? — C'est qu'on m'y a amené; j'ai été fait, dans un combat, prisonnier par les Anglais, après m'être bien défendu; et les Anglais, qui aiment la bravoure, parcequ'ils sont braves et qu'ils sont aussi honnêtes que nous, m'ayant proposé de me rendre à mes parents ou de venir en Angleterre, j'acceptai le dernier parti, parceque de mon naturel j'aime passionnément à voir du pays.

Mais, monsieur, dit le bailli avec son ton imposant, comment avez-vous pu abandonner ainsi pere et mere? C'est que je n'ai jamais connu ni pere ni mere, dit l'étranger. La compagnie s'attendrit, et tout le monde répétait, *Ni pere ni mere !* Nous lui en servirons, dit la maîtresse de la maison à son frere le prieur : que ce monsieur le Huron est intéressant! L'Ingénu la remercia avec une cordialité noble et fiere, et lui fit comprendre qu'il n'avait besoin de rien.

Je m'apperçois, monsieur l'Ingénu, dit le grave bailli, que vous parlez mieux français qu'il n'appartient à un Huron. Un Français, dit-il, que nous avions pris dans ma grande jeunesse en Huronie, et pour qui je conçus beaucoup d'amitié, m'enseigna sa langue; j'apprends très vite ce que je veux apprendre. J'ai trouvé en arrivant à Plimouth un de

vos Français réfugiés que vous appelez huguenots, je
ne sais pourquoi ; il m'a fait faire quelques progrès
dans la connaissance de votre langue ; et, dès que j'ai
pu m'exprimer intelligiblement , je suis venu voir
votre pays , parceque j'aime assez les Français quand
ils ne font pas trop de questions.

L'abbé de Saint-Yves , malgré ce petit avertissement , lui demanda laquelle des trois langues lui
plaisait davantage , la huronne , l'anglaise, ou la fran-
caise. La huronne sans contredit , répondit l'Ingénu.
Est-il possible ? s'écria mademoiselle de Kerkabon ;
j'avais toujours cru que le français était la plus belle
de toutes les langues après le bas-breton.

Alors ce fut à qui demanderait à l'Ingénu comment on disait en huron du tabac ; et il répondait
taya : comment on disait manger ; et il répondait
essenten. Mademoiselle de Kerkabon voulut absolument savoir comment on disait faire l'amour ; il
lui répondit *trovander* (1) , et soutint , non sans
apparence de raison , que ces mots-là valaient bien
les mots français et anglais qui leur correspondaient.
Trovander parut très joli à tous les convives.

Monsieur le prieur, qui avait dans sa bibliotheque la grammaire huronne dont le révérend pere
Sagar Théodat, récollet, fameux missionnaire , lui
avait fait présent , sortit de table un moment pour
l'aller consulter : il revint tout haletant de tendresse
et de joie ; il reconnut l'Ingénu pour un vrai Huron.
On disputa un peu sur la multiplicité des langues, et

---

(2) Tous ces noms sont en effet hurons.

on convint que, sans l'aventure de la tour de Babel, toute la terre aurait parlé français.

L'interrogant bailli, qui jusque-là s'était défié un peu du personnage, conçut pour lui un profond respect ; il lui parla avec plus de civilité qu'auparavant, de quoi l'Ingénu ne s'apperçut pas.

Mademoiselle de Saint-Yves était fort curieuse de savoir comment on faisait l'amour au pays des Hurons. En faisant de belles actions, répondit-il, pour plaire aux personnes qui vous ressemblent. Tous les convives applaudirent avec étonnement. Mademoiselle de Saint-Yves rougit, et fut fort aise. Mademoiselle de Kerkabon rougit aussi, mais elle n'était pas si aise ; elle fut un peu piquée que la galanterie ne s'adressât pas à elle ; mais elle était si bonne personne, que son affection pour le Huron n'en fut point du tout altérée. Elle lui demanda avec beaucoup de bonté combien il avait eu de maîtresses en Huronie. Je n'en ai jamais eu qu'une, dit l'Ingénu ; c'était mademoiselle Abacaba, la bonne amie de ma chere nourrice ; les joncs ne sont pas plus droits, l'hermine n'est pas plus blanche, les moutons sont moins doux, les aigles moins fiers, et les cerfs ne sont pas si légers que l'était Abacaba : elle poursuivait un jour un lievre dans notre voisinage, environ à cinquante lieues de notre habitation ; un Algonquin mal élevé, qui habitait cent lieues plus loin, vint lui prendre son lievre ; je le sus, j'y courus, je terrassai l'Algonquin d'un coup de massue, je l'amenai aux pieds de ma maîtresse pieds et poings liés ; les parents d'Abacaba voulurent le manger ; mais je n'eus jamais de goût pour ces sortes de festins ; je lui rendis sa liberté , j'en fis un ami. Abacaba fut si touchée de mon procédé , qu'elle me préféra à tous ses amants ; elle m'aimerait encore si elle n'avait pas été mangée par un ours ; j'ai puni l'ours , j'ai porté long-temps sa peau ; mais cela ne m'a pas consolé.

Mademoiselle de Saint-Yves, à ce récit, sentait un plaisir secret d'apprendre que l'Ingénu n'avait eu qu'une maîtresse, et qu'Abacaba n'était plus ; mais elle ne démêlait pas la cause de son plaisir. Tout le monde fixait les yeux sur l'Ingénu : on le louait beaucoup d'avoir empêché ses camarades de manger un Algonquin.

L'impitoyable bailli, qui ne pouvait réprimer sa fureur de questionner, poussa enfin la curiosité jusqu'à s'informer de quelle religion était M. le Huron ; s'il avait choisi la religion anglicane, ou la gallicane, ou la huguenote. Je suis de ma religion, dit-il, comme vous de la vôtre. Hélas ! s'écria la Kerkabon , je vois bien que ces malheureux Anglais n'ont pas seulement songé à le baptiser. Eh , mon Dieu ! disait mademoiselle de Saint-Yves, comment se peut-il que les Hurons ne soient pas catholiques ? est-ce que les révérends peres jésuites ne les ont pas tous convertis ? L'Ingénu l'assura que dans son pays on ne convertissait personne ; que jamais un vrai Huron n'avait changé d'opinion, et que même il n'y avait point dans sa langue de terme qui signifiât in-constance. Ces derniers mots plurent extrêmement à mademoiselle de Saint-Yves.

Nous le baptiserons, nous le baptiserons, disait la Kerkabon à M. le prieur ; vous en aurez l'honneur,

mon cher frere ; je veux absolument être sa marraine :
M. l'abbé de Saint-Yves le présentera sur les fonts :
ce sera une cérémonie bien brillante ; il en sera parlé
dans toute la basse-Bretagne, et cela nous fera un
honneur infini. Toute la compagnie seconda la maîtresse de la maison ; tous les convives criaient, Nous
le baptiserons. L'Ingénu répondit qu'en Angleterre
on laissait vivre les gens à leur fantaisie. Il témoigna
que la proposition ne lui plaisait point du tout, et
que la loi des Hurons valait pour le moins la loi
des bas-Bretons ; enfin il dit qu'il partait le lendemain. On acheva de vider sa bouteille d'eau des Barbades, et chacun s'alla coucher.

Quand on eut reconduit l'Ingénu dans sa chambre, mademoiselle de Kerkabon, et son amie mademoiselle de Saint-Yves, ne purent se tenir de regarder par le trou d'une large serrure pour voir
comment dormait un Huron. Elles virent qu'il avait
étendu la couverture du lit sur le plancher, et qu'il
reposait dans la plus belle attitude du monde.

CHAPITRE II.

Le Huron, nommé l'Ingénu, reconnu de ses parents.

L'INGÉNU, selon sa coutume, s'éveilla avec le soleil,
au chant du coq, qu'on appelle en Angleterre et en
Huronie *la trompette du jour :* il n'était pas comme
la bonne compagnie, qui languit dans un lit oiseux
jusqu'à ce que le soleil ait fait la moitié de son tour,
qui ne peut ni dormir ni se lever, qui perd tant

2.

d'heures précieuses dans cet état mitoyen entre la vie et la mort, et qui se plaint encore que la vie est trop courte.

Il avait déja fait deux ou trois lieues, il avait tué trente pieces de gibier à balle seule, lorsqu'en rentrant il trouva monsieur le prieur de Notre-Dame de la Montagne et sa discrete sœur se promenant en bonnet de nuit dans leur jardin. Il leur présenta toute sa chasse, et en tirant de sa chemise une espece de petit talisman qu'il portait tonjours à son cou, il les pria de l'accepter en reconnaissance de leur bonne réception; c'est ce que j'ai de plus précieux, leur dit-il; on m'a assuré que je serais tonjours heureux tant que je porterais ce petit brimborion sur moi, et je vous le donne afin que vous soyez tonjours heureux.

Le prieur et mademoiselle sourirent avec attendrissement de la naïveté de l'Ingénu : ce présent consistait en deux petits portraits assez mal faits, attachés ensemble avec une courroie fort grasse.

Mademoiselle de Kerkabon lui demanda s'il y avait des peintres en Huronie. Non, dit l'Ingénu; cette rareté vient de ma nourrice; son mari l'avait eue par conquête en dépouillant quelques français du Canada qui nous avaient fait la guerre; c'est tout ce que j'en ai su.

Le prieur regardait attentivement ces portraits; il changea de couleur, il s'émut, ses mains tremblerent : Par Notre-Dame de la Montagne, s'écria-t-il, je crois que voilà le visage de mon frere le capitaine et de sa femme! Mademoiselle, après les avoir considérés avec la même émotion, en jugea de même; tous

deux étaient saisis d'étonnement et d'une joie mêlée
de douleur ; tous deux s'attendrissaient ; tous deux
pleuraient ; leur cœur palpitait ; ils poussaient des
cris ; ils s'arrachaient les portraits ; chacun d'eux les
prenait et les rendait vingt fois en une seconde ; ils
dévoraient des yeux les portraits et le Huron ; ils lui
demandaient l'un après l'autre, et tous deux à la fois,
en quel lieu, en quel temps, comment ces minia-
tures étaient tombées entre les mains de sa nourrice ;
ils rapprochaient, ils comptaient les temps depuis le
départ du capitaine ; ils se souvenaient d'avoir eu
nouvelle qu'il avait été jusqu'au pays des Hurons, et
que depuis ce temps ils n'en avaient jamais entendu
parler.

L'Ingénu leur avait dit qu'il n'avait connu ni pere
ni mere. Le prieur, qui était homme de sens, remarqua que l'Ingénu avait un peu de barbe ; il savait très
bien que les Hurons n'en ont point : son menton est
cotonné, il est donc fils d'un homme d'Europe ; mon
frere et ma belle-sœur ne parurent plus après l'expédition contre les Hurons, en 1669 ; mon neveu
devait alors être à la mamelle ; la nourrice huronne lui
a sauvé la vie et lui a servi de mere. Enfin, après
cent questions et cent réponses, le prieur et sa sœur
conclurent que le Huron était leur propre neveu. Ils
l'embrassaient en versant des larmes ; et l'Ingénu
riait, ne pouvant s'imaginer qu'un Huron fût neveu
d'un prieur bas-Breton.

Toute la compagnie descendit : M. de Saint-Yves,
qui était grand physionomiste, compara les deux
portraits avec le visage de l'Ingénu ; il fit très habilement remarquer qu'il avait les yeux de sa mere,

le front et le nez de feu monsieur le capitaine de Kerkabon , et des joues qui tenaient de l'un et de
l'autre.

Mademoiselle de Saint-Yves , qui n'avait jamais
vu le pere ni la mere, assura que l'Ingénu leur ressemblait parfaitement. Ils admiraient tous la Providence et l'enchaînement des évènements de ce monde.
Enfin on était si persuadé, si convaincu de la naissance de l'Ingénu , qu'il consentit lui-même à être
neveu de monsieur le prieur, en disant qu'il aimait
autant l'avoir pour oncle qu'un autre.

On alla rendre grace à Dieu dans l'église de Notre-
Dame de la Montagne, tandis que le Huron d'un air
indifférent s'amusait à boire dans la maison.

Les Anglais qui l'avaient amené, et qui étaient
prêts à mettre à la voile, vinrent lui dire qu'il était
temps de partir. Apparemment, leur dit-il, que
vous n'avez pas retrouvé vos oncles et vos tantes ;
je reste ici, retournez à Plimouth ; je vous donne
toutes mes hardes, je n'ai plus besoin de rien au
monde , puisque je suis le neveu d'un prieur. Les
Anglais mirent à la voile , en se souciant fort peu
que l'Ingénu eût des parents ou non en basse-Bretagne.

Après que l'oncle , la tante, et la compagnie, eurent
chanté le *Te Deum* , après que le bailli eut encore
accablé l'Ingénu de questions, après qu'on eut épuisé
tout ce que l'étonnement , la joie , la tendresse, peuvent faire dire , le prieur de la Montagne et l'abbé
de Saint-Yves conclurent à faire baptiser l'Ingénu
au plus vite. Mais il n'en était pas d'un grand Huron
de vingt-deux ans, comme d'un enfant qu'on régé-

nere sans qu'il en sache rien ; il fallait l'instruire, et cela paraissait difficile ; car l'abbé de Saint-Yves supposait qu'un homme qui n'était pas né en France n'avait pas le sens commun.

Le prieur fit observer à la compagnie que si en effet M. l'Ingénu, son neveu, n'avait pas eu le bonheur de naître en basse-Bretagne, il n'en avait pas moins d'esprit ; qu'on en pouvait juger par toutes ses réponses, et que sûrement la nature l'avait beaucoup favorisé tant du côté paternel que du côté maternel.

On lui demanda d'abord s'il avait jamais lu quelque livre. Il dit qu'il avait lu Rabelais traduit en anglais, et quelques morceaux de Shakespeare qu'il savait par cœur ; qu'il avait trouvé ces livres chez le capitaine du vaisseau qui l'avait amené de l'Amérique à Plimouth, et qu'il en était fort content. Le bailli ne manqua pas de l'interroger sur ces livres. Je vous avoue, dit l'Ingénu, que j'ai cru en deviner quelque chose, et que je n'ai pas entendu le reste.

L'abbé de Saint-Yves, à ce discours, fit réflexion que c'était ainsi que lui-même avait toujours lu, et que la plupart des hommes ne lisaient guere autrement. Vous avez sans doute lu la Bible ? dit-il au Huron. Point du tout, monsieur l'abbé ; elle n'était pas parmi les livres de mon capitaine ; je n'en ai jamais entendu parler. Voilà comme sont ces maudits Anglais, criait mademoiselle Kerkabon ; ils feront plus de cas d'une piece de Shakespeare, d'un plumpudding, et d'une bouteille de rum, que du Pentateuque ; aussi n'ont-ils jamais converti personne en Amérique : certainement ils sont maudits de Dieu ;

et nous leur prendrons la Jamaïque et la Virginie
avant qu'il soit peu de temps.

Quoi qu'il en soit, on fit venir le plus habile
tailleur de Saint-Malo pour habiller l'Ingénu de pied
en cap. La compagnie se sépara ; le bailli alla faire
ses questions ailleurs. Mademoiselle de Saint-Yves,
en partant, se retourna plusieurs fois pour regarder
l'Ingénu; et il lui fit des révérences plus profondes
qu'il n'en avait jamais fait à personne en sa vie.

La bailli, avant de prendre congé, présenta à mademoiselle de Saint-Yves un grand nigaud de fils qui
sortait du collège; mais à peine le regarda-t-elle,
tant elle était occupée de la politesse du Huron.

CHAPITRE III.

Le Huron, nommé l'Ingénu, converti.

Monsieur le prieur, voyant qu'il était un peu sur
l'âge, et que Dieu lui envoyait un neveu pour sa consolation, se mit en tête qu'il pourrait lui résigner
son bénéfice, s'il réussissait à le baptiser et à le faire
entrer dans les ordres.

L'Ingénu avait une mémoire excellente ; la fermeté des organes de basse-Bretagne, fortifiée par
le climat du Canada, avait rendu sa tête si vigou-
reuse, que quand on frappait dessus, à peine le sen-
tait-il, et quand on gravait dedans, rien ne s'effaçait : il n'avait jamais rien oublié ; sa conception était
d'autant plus vive et plus nette que son enfance
n'ayant point été chargée des inutilités et des sottises
qui accablent la nôtre, les choses entraient dans sa

cervelle sans nuage. Le prieur résolut enfin de lui
faire lire le nouveau Testament. L'Ingénu le dévora
avec beaucoup de plaisir ; mais ne sachant ni dans
quel temps ni dans quel pays toutes les aventures
rapportées dans ce livre étaient arrivées , il ne douta
point que le lieu de la scene ne fût en basse-Bretagne ; et il jura qu'il couperait le nez et les oreilles
à Caïphe et à Pilate , si jamais il rencontrait ces ma-
rauds-là.

Son oncle , charmé de ces bonnes dispositions , le
mit au fait en peu de temps ; il loua son zele ; mais
il lui apprit que ce zele était inutile , attendu que
ces gens-là étaient morts il y avait environ seize
cents quatre-vingt-dix années. L'Ingénu sut bientôt
presque tout le livre par cœur. Il proposait quelquefois des difficultés qui mettaient le prieur fort en
peine : il était obligé souvent de consulter l'abbé de
Saint-Yves , qui , ne sachant que répondre , fit venir
un jésuite bas-breton pour achever la conversion du
Huron.

Enfin la grace opéra ; l'Ingénu promit de se faire
chrétien ; il ne douta pas qu'il ne dût commencer
par être circoncis ; car , disait-il , je ne vois pas dans
le livre qu'on m'a fait lire un seul personnage qui
ne l'ait été ; il est donc évident que je dois faire le
sacrifice de mon prépuce ; le plutôt c'est le mieux.
Il ne délibéra point ; il envoya chercher le chirurgien du village , et le pria de lui faire l'opération ,
comptant réjouir infiniment mademoiselle de Kerkabon et toute la compagnie quand une fois la
chose serait faite. Le frater , qui n'avait point encore
fait cette opération ; en avertit la famille , qui jeta

les hauts cris : la bonne Kerkabon trembla que son neveu, qui paraissait résolu et expéditif, ne se fît lui-même l'opération très mal-adroitement, et qu'il n'en résultât de tristes effets, auxquels les dames s'intéressent toujours par bonté d'ame.

Le prieur redressa les idées du Huron ; il lui remontra que la circoncision n'était plus de mode ; que le baptême était beaucoup plus doux et plus salutaire ; que la loi de grace n'était pas comme la loi de rigueur. L'Ingénu, qui avait beaucoup de bon sens et de droiture, disputa, mais reconnut son erreur, ce qui est assez rare en Europe aux gens qui disputent ; enfin il promit de se faire baptiser quand on voudrait.

Il fallait auparavant se confesser ; et c'était là le plus difficile. L'Ingénu, avait toujours en poche le livre que son oncle lui avait donné : il n'y trouvait pas qu'un seul apôtre se fût confessé, et cela le rendait très rétif. Le prieur lui ferma la bouche en lui montrant, dans l'épître de S. Jacques le mineur, ces mots qui font tant de peine aux hérétiques, *Confessez vos péchés les uns aux autres.* Le Huron se tut, et se confessa à un récollet : quand il eut fini, il tira le récollet du confessionnal, et saisissant son homme d'un bras vigoureux, il se mit à sa place, et le fit mettre à genoux devant lui : Allons, mon ami, il est dit, *Confessez-vous les uns aux autres ;* je t'ai conté mes péchés, tu ne sortiras pas d'ici que tu ne m'ayes conté les tiens ; en parlant ainsi il appuyait son large genou contre la poitrine de son adverse partie. Le récollet pousse des hurlements qui font retentir l'église : on accourt au bruit, on voit le catéchumene qui gourmait le moine au nom de S. Jacques le mineur. La joie de baptiser un bas-Breton Huron et Anglais était si grande qu'on passa par-dessus ces singularités : il y eut même beaucoup de théologiens qui penserent que la confession n'était pas nécessaire, puisque le baptême tenait lieu de tout.

On prit jour avec l'évêque de Saint-Malo, qui, flatté comme on le peut croire de baptiser un Huron, arriva dans un pompeux équipage, suivi de son clergé. Mademoiselle de Saint-Yves, en bénissant Dieu, mit sa plus belle robe, et fit venir une coiffense de Saint-Malo, pour briller à la cérémonie ; l'interrogant bailli accourut avec toute la contrée : l'église était magnifiquement parée ; mais quand il fallut prendre le Huron pour le mener aux fonts baptismaux, on ne le trouva point.

L'oncle et la tante le chercherent par-tout : on crut qu'il était à la chasse, selon sa coutume ; tous les conviés à la fête parcoururent les bois et les villages voisins : point de nouvelles du Huron.

On commençait à craindre qu'il ne fût retourné en Angleterre ; on se souvenait de lui avoir entendu dire qu'il aimait fort ce pays-là : monsieur le prieur et sa sœur étaient persuadés qu'on n'y baptisait personne, et tremblaient pour l'ame de leur neveu ; l'évêque était confondu et prêt à s'en retourner ; le prieur et l'abbé de Saint-Yves se désespéraient ; le bailli interrogeait tous les passants avec sa gravité ordinaire ; mademoiselle de Kerkabon pleurait ; mademoiselle de Saint-Yves ne pleurait pas, mais elle poussait de profonds soupirs qui semblaient témoigner son goût pour les sacrements : elles se promenaient tristement le long des saules et des roseaux qui bordent la petite riviere de Rence, lorsqu'elles apperçurent au milieu de la riviere une grande figure assez blanche, les deux mains croisées sur la poitrine. Elles jeterent un grand cri, et se détournerent ; mais la curiosité l'emportant bientôt sur toute autre considération, elles se coulerent doucement entre les roseaux ; et, quand elles furent bien sûres de n'être point vues, elles voulurent voir de quoi il s'agissait.

CHAPITRE IV.

L'Ingénu baptisé.

Le prieur et l'abbé étant accourus demanderent à l'Ingénu ce qu'il faisait là. Eh, parbleu ! messieurs, j'attends le baptême ; il y a une heure que je suis dans l'eau jusqu'au cou, et il n'est pas honnête de me laisser morfondre.

Mon cher neveu, lui dit tendrement le prieur, ce n'est pas ainsi qu'on baptise en basse-Bretagne ; reprenez vos habits et venez avec nous. Mademoiselle de Saint-Yves, en entendant ce discours, disait tout bas à sa compagne : Mademoiselle, croyez-vous qu'il reprenne sitôt ses habits ?

Le Huron cependant repartit au prieur : Vous ne m'en ferez pas accroire cette fois-ci comme l'autre ; j'ai bien étudié depuis ce temps-là, et je suis très certain qu'on ne se baptise pas autrement ; l'eunuque de la reine Candace fut baptisé dans un ruisseau ; je vous défie de me montrer dans le livre que vous m'a-

vez donné qu'on s'y soit jamais pris d'une autre façon : je ne serai point baptisé du tout, ou je le serai
dans la riviere. On eut beau lui remontrer que les
usages avaient changé ; l'Ingénu était têtu, car il
était Breton et Huron : il revenait toujours à l'eunuque de la reine Candace ; et quoique mademoiselle
sa tante et mademoiselle de Saint-Yves, qui l'avaient
observé entre les saules, fussent en droit de lui dire
qu'il ne lui appartenait pas de citer un pareil homme,
elles n'en firent pourtant rien, tant était grande leur
discrétion. L'évêque vint lui-même lui parler, ce qui
est beaucoup ; mais il n'y gagna rien ; le Huron disputa contre l'évêque :

Montrez-moi, lui dit-il, dans le livre que m'a
donné mon oncle, un seul homme qui n'ait pas été
baptisé dans la riviere, et je ferai tout ce que vous
voudrez.

La tante désespérée avait remarqué que la premiere fois que son neveu avait fait la révérence il
en avait fait une plus profonde à mademoiselle de
Saint-Yves qu'à aucune autre personne de la compagnie, qu'il n'avait pas même salué monsieur l'évêque
avec ce respect mêlé de cordialité qu'il avait témoigné à cette belle demoiselle ; elle prit le parti de s'a-
dresser à elle dans ce grand embarras : elle la pria
d'interposer son crédit pour engager le Huron à se
faire baptiser de la même maniere que les Bretons,
ne croyant pas que son neveu pût jamais être chrétien, s'il persistait à vouloir être baptisé dans l'eau
courante.

Mademoiselle de Saint-Yves rougit du plaisir secret qu'elle sentait d'être chargée d'une si impor-

tante commission ; elle s'approcha modestement de l'Ingénu , et lui serrant la main d'une manière tout-à-fait noble : Est-ce que vous ne ferez rien pour moi? lui dit-elle ; et en prononçant ces mots elle baissait les yeux, et les relevait avec une grace attendrissante. Ah ! tout ce que vous voudrez , mademoiselle , tout ce que vous me commanderez ; baptême d'eau, baptême de feu, baptême de sang, il n'y a rien que je vous refuse. Mademoiselle de Saint-Yves eut la gloire de faire en deux paroles ce que ni les empressements du prieur , ni les interrogations réitérées du bailli , ni les raisonnements même de monsieur l'évêque n'avaient pu faire : elle sentit son triomphe ; mais elle n'en sentait pas encore toute l'étendue.

Le baptême fut administré et reçu avec toute la décence, toute la magnificence, tout l'agrément possibles. L'oncle et la tante cédèrent à monsieur l'abbé de Saint-Yves et à sa sœur l'honneur de tenir l'Ingénu sur les fonts. Mademoiselle de Saint-Yves rayonnait de joie de se voir marraine : elle ne savait pas à quoi ce grand titre l'asservissait ; elle accepta cet honneur sans en connaître les fatales conséquences.

Comme il n'y a jamais eu de cérémonie qui ne fût suivie d'un grand dîner, on se mit à table au sortir du baptême. Les goguenards de basse-Bretagne dirent qu'il ne fallait pas baptiser son vin ; monsieur le prieur disait que le vin, selon Salomon, réjouit le cœur de l'homme : monsieur l'évêque ajoutait que le patriarche Juda devait lier son ânon à la vigne, et tremper son manteau dans le sang du raisin, et qu'il était bien triste qu'on n'en pût faire

autant en basse-Bretagne, à laquelle Dieu avait dé-
nié les vignes : chacun tâchait de dire un bon mot
sur le baptême de l'Ingénu, et des galanteries à la
marraine; le bailli, toujours interrogant, demanda
au Huron s'il serait fidele à ses promesses. Comment
voulez-vous que je manque à mes promesses, répondit le Huron, puisque je les ai faites entre les mains
de mademoiselle de Saint-Yves?

Le Huron s'échauffa ; il but beaucoup à la santé
de sa marraine : Si j'avais été baptisé de votre main,
dit-il, je sens que l'eau froide qu'on m'a versée sur
le chignon m'aurait brûlé. Le bailli trouva cela trop
poétique, ne sachant pas combien l'allégorie est fa-
miliere au Canada ; mais la marraine en fut extrêmement contente.

On avait donné le nom d'Hercule au baptisé : l'é-
vêque de Saint-Malo demandait toujours quel était
ce patron dont il n'avait jamais entendu parler. Le
jésuite, qui était fort savant, lui dit que c'était un
saint qui avait fait douze miracles : il y en avait un
treizieme qui valait les douze autres, mais dont il
ne convenait pas à un jésuite de parler; c'était celui
d'avoir changé cinquante filles en femmes en une
seule nuit. Un plaisant qui se trouva là releva ce miracle avec énergie ; toutes les dames baisserent les
yeux, et jugerent à la physionomie de l'Ingénu qu'il
était digne du saint dont il portait le nom.

CHAPITRE V.

L'Ingénu amoureux.

Il faut avouer que depuis ce baptême et ce dîner
mademoiselle de Saint-Yves souhaita passionnément
que monsieur l'évêque la fît encore participante de
quelque beau sacrement avec M. Hercule l'Ingénu :
cependant, comme elle était bien élevée et fort mo-
deste, elle n'osait convenir tout-à-fait avec elle-
même de ses tendres sentiments ; mais, s'il lui échap-
pait un regard, un mot, un geste, une pensée, elle
enveloppait tout cela d'un voile de pudeur infiniment aimable : elle était tendre, vive, et sage.

Dès que monsieur l'évêque fut parti, l'Ingénu et
mademoiselle de Saint-Yves se rencontrèrent sans
avoir fait réflexion qu'ils se cherchaient ; ils se par-
lèrent sans avoir imaginé ce qu'ils se diraient. L'ingénu lui dit d'abord qu'il l'aimait de tout son cœur,
et que la belle Abacaba, dont il avait été fou dans
son pays, n'approchait pas d'elle. Mademoiselle lui
répondit avec sa modestie ordinaire qu'il fallait
en parler au plus vîte à monsieur le prieur son oncle,
et à mademoiselle sa tante, et que de son côté elle
en dirait deux mots à son frere l'abbé de Saint-Yves,
et qu'elle se flattait d'un consentement commun.

L'Ingénu lui répond qu'il n'avait besoin du consentement de personne, qu'il lui paraissait extrème-
ment ridicule d'aller demander à d'autres ce qu'on
devait faire ; que quand deux parties sont d'accord,
on n'a pas besoin d'un tiers pour les accommoder.

Je ne consulte personne, dit il, quand j'ai envie de déjeûner, ou de chasser, ou de dormir : je sais bien qu'en amour il n'est pas mal d'avoir le consentement de la personne à qui on en veut ; mais, comme ce n'est ni de mon oncle ni de ma tante que je suis amoureux, ce n'est pas à eux que je dois m'adresser dans cette affaire ; et, si vous m'en croyez, vous vous passerez aussi de monsieur l'abbé de Saint-Yves.

On peut juger que la belle Bretonne employa toute la délicatesse de son esprit à réduire son Huron aux termes de la bienséance ; elle se fâcha même, et bientôt se radoucit : enfin on ne sait comment aurait fini cette conversation, si, le jour baissant, monsieur l'abbé n'avait ramené sa sœur à son abbaye. L'Ingénu laissa coucher son oncle et sa tante, qui étaient un peu fatigués de la cérémonie et de leur long dîner ; il passa une partie de la nuit à faire des vers en langue huronne pour sa bien-aimée ; car il faut savoir qu'il n'y a aucun pays de la terre où l'amour n'ait rendu les amants poëtes.

Le lendemain son oncle lui parla ainsi, après le déjeûner, en présence de mademoiselle Kerkabon qui était tout attendrie : Le ciel soit loué de ce que vous avez l'honneur, mon cher neveu, d'être chrétien et Bas-breton ; mais cela ne suffit pas : je suis un peu sur l'âge ; mon frere n'a laissé qu'un petit coin de terre qui est très peu de chose ; j'ai un bon prieuré ; si vous voulez seulement vous faire sous - diacre, comme je l'espere, je vous résignerai mon prieuré, et vous vivrez fort à votre aise, après avoir été la consolation de ma vieillesse.

L'Ingénu répondit : Mon oncle, grand bien vous

fasse! vivez tant que vous pourrez: je ne sais pas ce que c'est que d'être sous-diacre ni que de résigner ; mais tout me sera bon pourvu que j'aie mademoiselle de Saint-Yves à ma disposition. Eh! mon Dieu, mon neveu, que me dites-vous là? vous aimez donc cette belle demoiselle à la folie? — Oui, mon oncle. — Hélas! mon neveu, il est impossible que vous l'épousiez. — Cela est très possible, mon oncle ; car non seulement elle m'a serré la main en me quittant, mais elle m'a promis qu'elle me demanderait en mariage ; et assurément je l'épouserai. Cela est impossible, vous dis-je ; elle est votre marraine ; c'est un péché épouvantable à une marraine de serrer la main de son filleul: il n'est pas permis d'épouser sa marraine ; les lois divines et humaines s'y opposent. — Morbleu, mon oncle, vous vous moquez de moi ; pourquoi serait-il défendu d'épouser sa marraine, quand elle est jeune et jolie? je n'ai point vu dans le livre que vous m'avez donné qu'il fût mal d'épouser les filles qui ont aidé les gens à être baptisés : je m'apperçois tous les jours qu'on fait ici une infinité de choses qui ne sont point dans votre livre, et qu'on n'y fait rien de tout ce qu'il dit ; je vous avoue que cela m'étonne et me fâche. Si on me prive de la belle Saint-Yves sous prétexte de mon baptême, je vous avertis que je l'enleve, et que je me débaptise.

Le prieur fut confondu ; sa sœur pleura. Mon cher frere, dit-elle, il ne faut pas que notre neveu se damne ; notre saint pere le pape peut lui donner dispense, et alors il pourra être chrétiennement heureux avec ce qu'il aime. L'Ingénu embrassa sa tante. Quel est donc, dit-il, cet homme charmant qui favorise avec tant de bonté les garçons et les filles dans leurs amours? je veux lui aller parler tout à l'heure.

On lui expliqua ce que c'était que le pape; et l'Ingénu fut encore plus étonné qu'auparavant. Il n'y a pas un mot de tout cela dans votre livre, mon cher oncle: j'ai voyagé, je connais la mer; nous sommes ici sur la côte de l'océan, et je quitterais mademoiselle de Saint Yves pour aller demander la permission de l'aimer à un homme qui demeure vers la Méditerranée, à quatre cents lieues d'ici, et dont je n'entends point la langue! cela est d'un ridicule incompréhensible. Je vais sur-le-champ chez monsieur l'abbé de Saint-Yves qui ne demeure qu'à une lieue de vous, et je vous réponds que j'épouserai ma maîtresse dans la journée.

Comme il parlait encore entra le bailli, qui, selon sa coutume, lui demanda où il allait. Je vais me marier, dit l'Ingénu en courant, et au bout d'un quart-d'heure il était déja chez sa belle et chere basse-Brette qui dormait encore. Ah! mon frere, disait mademoiselle de Kerkabon au prieur, jamais vous ne ferez un sous-diacre de notre neveu.

Le bailli fut très mécontent de ce voyage; car il prétendait que son fils épousât la Saint-Yves; et ce fils était encore plus sot et plus insupportable que son pere.

CHAPITRE VI.

L'Ingénu court chez sa maîtresse, et devient furieux.

A peine l'Ingénu était arrivé, qu'ayant demandé à une vieille servante où était la chambre de sa maîtresse, il avait poussé fortement la porte mal fermée, et s'était élancé vers le lit. Mademoiselle de Saint-Yves, se réveillant en sursaut, s'était écriée : Quoi ! c'est vous ! ah ! c'est vous ! arrêtez-vous, que faites-vous ? il avait répondu : Je vous épouse ; et en effet il l'épousait, si elle ne s'était pas débattue avec toute l'honnêteté d'une personne qui a de l'éducation.

L'Ingénu n'entendait pas raillerie ; il trouvait toutes ces façons-là extrêmement impertinentes. Ce n'était pas ainsi qu'en usait mademoiselle Abacaba, ma première maîtresse : vous n'avez point de probité ; vous m'avez promis mariage, et vous ne voulez point faire mariage ; c'est manquer aux premieres lois de l'honneur : je vous apprendrai à tenir votre parole, et je vous remettrai dans le chemin de la vertu.

L'Ingénu possédait une vertu mâle et intrépide, digne de son patron Hercule dont on lui avait donné le nom à son baptème ; il allait l'exercer dans toute son étendue, lorsqu'aux cris perçants de la demoiselle, plus discrètement vertueuse, accourut le sage abbé de Saint-Yves, avec sa gouvernante, un vieux domestique dévot, et un prêtre de la paroisse : cette vue modéra le courage de l'assaillant. Eh mon Dieu !

mon cher voisin, lui dit l'abbé, que faites-vous là ?
Mon devoir, répliqua le jeune homme ; je remplis
mes promesses, qui sont sacrées.

Mademoiselle de Saint-Yves se rajusta en rougissant ; on emmena l'Ingénu dans un autre appartement ; l'abbé lui remontra l'énormité du procédé:
l'Ingénu se défendit sur les privileges de la loi naturelle qu'il connaissait parfaitement: l'abbé voulut
prouver que la loi positive devait avoir tout l'avantage, et que, sans les conventions faites entre les
hommes, la loi de nature ne serait presque jamais
qu'un brigandage naturel. Il faut, lui disait-il, des
notaires, des prêtres, des témoins, des contrats, des
dispenses. L'Ingénu lui répondit par la réflexion que
les sauvages ont toujours faite : Vous êtes donc de
bien mal-honnêtes gens, puisqu'il faut entre vous
tant de précautions.

L'abbé eut de la peine à résoudre cette difficulté.
Il y a, dit-il, je l'avoue, beaucoup d'inconstants et
de frippons parmi nous ; et il y en aurait autant chez
les Hurons, s'ils étaient rassemblés dans une grande
ville ; mais aussi il y a des ames sages, honnêtes,
éclairées, et ce sont ces hommes-là qui ont fait les
lois: plus on est homme de bien, plus on doit s'y
soumettre ; on donne l'exemple aux vicieux, qui respectent un frein que la vertu s'est donné elle-même.

Cette réponse frappa l'Ingénu. On a déja remarqué qu'il avait l'esprit juste : on l'adoucit par des
paroles flatteuses ; on lui donna des espérances ; ce
sont les deux pieges où les hommes des deux hémi-
spheres se prennent ; on lui présenta même mademoiselle de Saint-Yves quand elle eut fait sa toilette:

tout se passa avec la plus grande bienséance; mais, malgré cette décence, les yeux étincelants de l'In- génu Hercule firent toujours baisser ceux de sa maî- tresse, et trembler la compagnie.

On eut une peine extrême à le renvoyer chez ses parents; il fallut encore employer le crédit de la belle Saint-Yves; plus elle sentait son pouvoir sur lui, et plus elle l'aimait; elle le fit partir, et en fut très af- fligée. Enfin, quand il fut parti, l'abbé, qui non seu- lement était le frere très aîné de mademoiselle de Saint-Yves, mais qui était aussi son tuteur, prit le parti de soustraire sa pupille aux empressements de cet amant terrible: il alla consulter le bailli, qui, destinant toujours son fils à la sœur de l'abbé, lui conseilla de mettre la pauvre fille dans une commu- nauté. Ce fut un coup terrible: une indifférente qu'on mettrait en couvent jeterait les hauts cris; mais une amante, et une amante aussi sage que tendre! c'était de quoi la mettre au désespoir.

L'Ingénu, de retour chez le prieur, raconta tout avec sa naïveté ordinaire: il essuya les mêmes re- montrances, qui firent quelque effet sur son esprit, et aucun sur ses sens; mais le lendemain, quand il voulut retourner chez sa belle maîtresse pour rai- sonner avec elle sur la loi naturelle et sur la loi de convention, monsieur le bailli lui apprit avec une joie insultante qu'elle était dans un couvent. Eh bien! dit-il, j'irai raisonner dans ce couvent. Cela ne se peut, dit le bailli: il lui expliqua fort au long ce que c'était qu'un couvent ou un convent, que ce mot venait du latin *conventus*, qui signifie assemblée; et le Huron ne pouvait comprendre pour-

quoi il ne pouvait pas être admis dans l'assemblée.
Sitôt qu'il fut instruit que cette assemblée était une
espece de prison où l'on tenait les filles renfermées,
chose horrible, inconnue chez les Hurons et chez les
Anglais, il devint aussi furieux que le fut son patron Hercule, lorsqu'Euryte, roi d'Oechalie, non
moins cruel que l'abbé de Saint-Yves, lui refusa la
belle Iole sa fille, non moins belle que la sœur de
l'abbé : il voulait aller mettre le feu au couvent, enlever sa maîtresse, ou se brûler avec elle. Mademoiselle de Kerkabon épouvantée renonçait plus que
jamais à toutes les espérances de voir son neveu
sous-diacre, et disait en pleurant qu'il avait le diable
au corps depuis qu'il était baptisé.

CHAPITRE VII.

L'Ingénu repousse les Anglais.

L'INGÉNU, plongé dans une sombre et profonde mélancolie, se promena vers le bord de la mer, son fusil à deux coups sur l'épaule, son grand coutelas au
côté, tirant de temps en temps sur quelques oiseaux,
et souvent tenté de tirer sur lui-même ; mais il aimait
encore la vie à cause de mademoiselle de Saint-Yves :
tantôt il maudissait son oncle, sa tante, toute la
basse-Bretagne, et son baptême ; tantôt il les bénis-
sait, puisqu'ils lui avaient fait connaître celle qu'il
aimait ; il prenait sa résolution d'aller brûler le couvent, et il s'arrêtait tout court, de peur de brûler sa
maîtresse : les flots de la Manche ne sont pas plus

agités par les vents d'est et d'ouest, que son cœur ne l'était par tant de mouvements contraires.

Il marchait à grands pas, sans savoir où, lorsqu'il entendit le son du tambour : il vit de loin tout un peuple dont une moitié courait au rivage, et l'autre s'enfuyait.

Mille cris s'élevent de tous côtés : la curiosité et le courage le précipitent à l'instant vers l'endroit d'où partaient ces clameurs ; il y vole en quatre bonds. Le commandant de la milice, qui avait soupé avec lui chez le prieur, le reconnut aussitôt ; il court à lui les bras ouverts : Ah ! c'est l'Ingénu ! il combattra pour nous ; et les milices, qui mouraient de peur, se rassurerent, et crierent aussi : C'est l'Ingénu ! c'est l'Ingénu !

Messieurs, dit-il, de quoi s'agit-il ? pourquoi êtes-vous si effarés ? a-t-on mis vos maîtresses dans des couvents ? Alors cent voix confuses s'écrient : Ne voyez-vous pas les Anglais qui abordent ? Eh bien ! répliqua le Huron, ce sont de braves gens ; ils ne m'ont jamais proposé de me faire sous-diacre ; ils ne m'ont point enlevé ma maîtresse.

Le commandant lui fit entendre que les Anglais venaient piller l'abbaye de la Montagne, boire le vin de son oncle, et peut-être enlever mademoiselle de Saint-Yves ; que le petit vaisseau sur lequel il avait abordé en Bretagne n'était venu que pour reconnaître la côte ; qu'ils faisaient des actes d'hostilité sans avoir déclaré la guerre au roi de France, et que la province était exposée. Ah ! si cela est, ils violent la loi naturelle : laissez-moi faire ; j'ai demeuré longtemps parmi eux, je sais leur langue, je leur parle-

rai ; je ne crois pas qu'ils puissent avoir un si méchant dessein.

Pendant cette conversation l'escadre anglaise approchait ; voilà le Huron qui court vers elle, se jette
dans un petit bateau, arrive, monte au vaisseau amiral, et demande s'il est vrai qu'ils viennent ravager
le pays sans avoir déclaré la guerre honnêtement.
L'amiral et tout son bord firent de grands éclats de
rire, lui firent boire du punch, et le renvoyerent.

L'Ingénu piqué ne songea plus qu'à se bien battre
contre ses anciens amis pour ses compatriotes et
pour monsieur le prieur. Les gentilshommes du voisinage accouraient de toutes parts ; il se joint à eux :
on avait quelques canons ; il les charge, il les pointe,
il les tire l'un après l'autre. Les Anglais débarquent ;
il court à eux, il en tue trois de sa main, il blesse
même l'amiral qui s'était moqué de lui : sa valeur
anime le courage de toute la milice ; les Anglais se
rembarquent, et toute la côte retentissait des cris
de victoire, Vive le roi ! vive l'Ingénu ! chacun l'embrassait, chacun s'empressait d'étancher le sang de
quelques blessures légeres qu'il avait reçues. Ah !
disait-il, si mademoiselle de Saint-Yves était là,
elle me mettrait une compresse.

Le bailli, qui s'était caché dans sa cave pendant le
combat, vint lui faire compliment comme les autres ;
mais il fut bien surpris quand il entendit Hercule
l'Ingénu dire à une douzaine de jeunes gens de bonne
volonté dont il était entouré : Mes amis, ce n'est rien
d'avoir délivré l'abbaye de la Montagne, il faut délivrer une fille. Toute cette bouillante jeunesse prit
feu à ces seules paroles ; on le suivait déja en foule,

on courait au convent : si le bailli n'avait pas sur-le-
champ averti le commandant, si on n'avait pas couru
après la troupe joyeuse, c'en était fait. On ramena
l'Ingénu chez son oncle et sa tante, qui le baignerent
de larmes de tendresse.

Je vois bien que vous ne serez jamais ni sous-
diacre, ni prieur, lui dit l'oncle ; vous serez un officier encore plus brave que mon frere le capitaine,
et probablement aussi gueux. Et mademoiselle de
Kerkabon pleurait toujours en l'embrassant, et en
disant : Il se fera tuer comme mon frere ; il vaudrait
bien mieux qu'il fût sous-diacre.

L'Ingénu dans le combat avait ramassé une grosse
bourse remplie de guinées, que probablement l'a-
miral avait laissé tomber ; il ne douta pas qu'avec
cette bourse il ne pût acheter toute la basse-Bretagne, et sur-tout faire mademoiselle de Saint-Yves
grande dame. Chacun l'exhorta de faire le voyage de
Versailles, pour y recevoir le prix de ses services :
le commandant, les principaux officiers le comble-
rent de certificats ; l'oncle et la tante approuverent
le voyage du neveu ; il devait être sans difficulté
présenté au roi : cela seul lui donnerait un prodigieux relief dans la province. Ces deux bonnes gens
ajouterent à la bourse anglaise un présent considérable de leurs épargnes. L'Ingénu disait en lui-
même : Quand je verrai le roi, je lui demanderai mademoiselle de Saint-Yves en mariage, et certainement il ne me refusera pas. Il partit donc aux acclamations de tout le canton, étouffé d'embrassements,
baigné des larmes de sa tante, béni par son oncle,
et se recommandant à la belle Saint-Yves.

CHAPITRE VIII.

L'Ingénu va en cour. Il soupe en chemin avec des huguenots.

L'INGÉNU prit le chemin de Saumur par le coche, parcequ'il n'y avait point alors d'autre commodité. Quand il fut à Saumur, il s'étonna de trouver la ville presque déserte, et de voir plusieurs familles qui déménageaient : on lui dit que six ans auparavant Saumur contenait plus de quinze mille ames, et qu'à présent il n'y en avait pas six mille : il ne manqua pas d'en parler dans son hôtellerie : plusieurs protestants étaient à table ; les uns se plaignaient amèrement, d'autres frémissaient de colere, d'autres disaient en pleurant, *Nos dulcia linquimus arva, nos patriam fugimus.* L'Ingénu, qui ne savait pas le latin, se fit expliquer ces paroles, qui signifient, Nous abandonnons nos douces campagnes, nous fuyons notre patrie.

Et pourquoi fuyez-vous votre patrie, messieurs ? —C'est qu'on veut que nous reconnaissions le pape. —Et pourquoi ne le reconnaîtriez-vous pas ? vous n'avez donc point de marraines que vous vouliez épouser ? car on m'a dit que c'était lui qui en donnait la permission. — Ah ! monsieur, ce pape dit qu'il est le maître du domaine des rois. — Mais, messieurs, de quelle profession êtes-vous ? —Monsieur, nous sommes pour la plupart des drapiers et des fabricants. —Si votre pape dit qu'il est le maître de vos draps et de vos fabriques, vous faites très

bien de ne le pas reconnaître ; mais pour les rois,
c'est leur affaire ; de quoi vous mêlez-vous ?—Alors
un petit homme noir prit la parole, et exposa très
savamment les griefs de la compagnie: il parla de la
révocation de l'édit de Nantes avec tant d'énergie, il
déplora d'une maniere si pathétique le sort de cinquante mille familles fugitives et de cinquante mille
autres converties par les dragons, que l'Ingénu à
son tour versa des larmes. D'où vient donc, disait-
il, qu'un si grand roi, dont la gloire s'étend jusque
chez les Hurons, se prive ainsi de tant de cœurs
qui l'auraient aimé, et de tant de bras qui l'auraient servi ?

C'est qu'on l'a trompé, comme les autres grands
rois, répondit l'homme noir ; on lui a fait croire
que dès qu'il aurait dit un mot tous les hommes
penseraient comme lui, et qu'il nous ferait changer de religion comme son musicien Lulli fait changer en un moment les décorations de ses opéra.
Non seulement il perd déja cinq à six mille sujets
très utiles, mais il s'en fait des ennemis ; et le roi
Guillaume, qui est actuellement maître de l'Angleterre, a composé plusieurs régiments de ces mêmes
Français qui auraient combattu pour leur monarque.

Un tel désastre est d'autant plus étonnant, que le
pape régnant, à qui Louis XIV sacrifie une partie
de son peuple, est son ennemi déclaré. Ils ont encore tous deux depuis neuf ans une querelle vio-
lente : elle a été poussée si loin, que la France a
espéré enfin de voir briser le joug qui la soumet
depuis tant de siecles à cet étranger, et sur-tout de
ne lui plus donner d'argent, ce qui est le premier

mobile des affaires de ce monde. Il paraît donc évident qu'on a trompé ce grand roi sur ses intérêts comme sur l'étendue de son pouvoir, et qu'on a donné atteinte à la magnanimité de son cœur.

L'Ingénu, attendri de plus en plus, demanda quels étaient les Français qui trompaient ainsi un monarque si cher aux Hurons. Ce sont les jésuites, lui répondit-on, c'est sur-tout le P. de la Chaise, confesseur de sa majesté : il faut espérer que Dieu les en punira un jour, et qu'ils seront chassés comme ils nous chassent. Y a-t-il un malheur égal aux nôtres? mons de Louvois nous envoie de tous côtés des jésuites et des dragons.

Oh bien! messieurs, répliqua l'Ingénu, qui ne pouvait plus se contenir, je vais à Versailles recevoir la récompense due à mes services ; je parlerai à ce mons de Louvois ; on m'a dit que c'est lui qui fait la guerre de son cabinet : je verrai le roi, je lui ferai connaître la vérité ; il est impossible qu'on ne se rende pas à cette vérité quand on la sent : je reviendrai bientôt pour épouser mademoiselle de Saint-Yves, et je vous prie à la noce. Ces bonnes gens le prirent alors pour un grand seigneur qui voyageait *incognito* par le coche. Quelques uns le prirent pour le fou du roi.

Il y avait à table un jésuite déguisé qui servait d'espion au révérend P. de la Chaise ; il lui rendait compte de tout; et le P. de la Chaise en instruisait mons de Louvois. L'espion écrivit. L'Ingénu et la lettre arrivèrent presque en même temps à Versailles.

CHAPITRE IX.

Arrivée de l'Ingénu à Versailles. Sa réception
à la cour.

L'INGÉNU débarque en pot-de-chambre (1) dans la
cour des cuisines : il demande aux porteurs de
chaise à quelle heure on peut voir le roi. Les porteurs lui rient au nez, tout comme avait fait l'amiral anglais : il les traita de même, il les battit; ils
voulurent le lui rendre, et la scene allait être san-
glante, s'il n'eût passé un garde du corps, gentilhomme breton, qui écarta la canaille. Monsieur, lui
dit le voyageur, vous me paraissez un brave homme:
je suis le neveu de monsieur le prieur de Notre-
Dame de la Montagne; j'ai tué des Anglais, je viens
parler au roi ; je vous prie de me mener dans sa
chambre. Le garde, ravi de trouver un brave de sa
province, qui ne paraissait pas au fait des usages
de la cour, lui apprit qu'on ne parlait pas ainsi au
roi, et qu'il fallait être présenté par monseigneur de
Louvois. — Eh bien! menez-moi donc chez ce monseigneur de Louvois, qui sans doute me conduira
chez sa majesté. Il est encore plus difficile, répliqua
le garde, de parler à monseigneur de Louvois qu'à
sa majesté : mais je vais vous conduire chez M. Alexandre, le premier commis de la guerre ; c'est comme

---

(1) C'est une voiture de Paris à Versailles, laquelle
ressemble a un petit tombereau couvert.

si vous parliez au ministre. Ils vont donc chez ce M. Alexandre, premier commis, et ils ne purent être introduits ; il était en affaire avec une dame de la cour, et il y avait ordre de ne laisser entrer personne. Eh bien ! dit le garde, il n'y a rien de perdu ; allons chez le premier commis de M. Alexandre ; c'est comme si vous parliez à M. Alexandre lui-même.

Le Huron tout étonné le suit ; ils restent ensemble une demi-heure dans une petite antichambre. Qu'est-ce donc que tout ceci ? dit l'Ingénu ; est-ce que tout le monde est invisible dans ce pays-ci ? il est bien plus aisé de se battre en basse-Bretagne contre des Anglais, que de rencontrer à Versailles les gens à qui l'on a affaire. Il se désennuya en racontant ses amours à son compatriote : mais l'heure en sonnant rappela le garde du corps à son poste. Ils se promirent de se revoir le lendemain ; et l'Ingénu resta encore une demi-heure dans l'antichambre, en rêvant à mademoiselle de Saint-Yves, et à la difficulté de parler aux rois et aux premiers commis.

Enfin le patron parut. Monsieur, lui dit l'Ingénu, si j'avais attendu pour repousser les Anglais aussi long-temps que vous m'avez fait attendre mon audience, ils ravageraient actuellement la basse-Bretagne tout à leur aise. Ces paroles frappèrent le commis : il dit enfin au Breton : Que demandez-vous ? Récompense, dit l'autre ; voici mes titres : il lui étala tous ses certificats. Le commis lut, et lui dit que probablement on lui accorderait la permission d'acheter une lieutenance. — Moi ! que je donne de l'argent pour avoir repoussé les Anglais ? que je paie le droit de me faire tuer pour vous, pendant que vous donnez ici vos audiences tranquillement? je crois que vous voulez rire. Je veux une compagnie de cavalerie pour rien; je veux que le roi fasse sortir mademoiselle de Saint-Yves du couvent, et qu'il me la donne par mariage; je veux parler au roi en faveur de cinquante mille familles que je prétends lui rendre : en un mot je veux être utile ; qu'on m'emploie et qu'on m'avance.

Comment vous nommez-vous, monsieur, qui parlez si haut? Oh, oh! reprit l'Ingénu, vous n'avez donc pas lu mes certificats? c'est donc ainsi qu'on en use? Je m'appelle Hercule de Kerkabon; je suis baptisé, je loge au cadran bleu ; et je me plaindrai de vous au roi. Le commis conclut, comme les gens de Saumur, qu'il n'avait pas la tête bien saine, et n'y fit pas grande attention.

Ce même jour le révérend P. la Chaise, confesseur de Louis XIV, avait reçu la lettre de son espion, qui accusait le Breton Kerkabon de favoriser dans son cœur les huguenots, et de condamner la conduite des jésuites. M. de Louvois, de son côté, avait reçu une lettre de l'interrogant bailli, qui dépeignait l'Ingénu comme un garnement qui voulait brûler les couvents et enlever les filles.

L'Ingénu, après s'être promené dans les jardins de Versailles où il s'ennuya, après avoir soupé en Huron et en bas-Breton, s'était couché dans la douce espérance de voir le roi le lendemain, d'obtenir mademoiselle de Saint-Yves en mariage, d'avoir au moins une compagnie de cavalerie, et de faire cesser la persécution contre les huguenots. Il se berçait de ces flatteuses idées, quand la maréchaussée entra dans sa chambre : elle se saisit d'abord de son fusil à deux coups et de son grand sabre.

On fit un inventaire de son argent comptant, et on le mena dans le château que fit construire le roi Charles V, fils de Jean II, auprès de la rue Saint-Antoine, à la porte des Tournelles.

Quel était en chemin l'étonnement de l'Ingénu, je vous le laisse à penser. Il crut d'abord que c'était un rêve : il resta dans l'engourdissement ; puis tout-à-coup, transporté d'une fureur qui redoublait ses forces, il prend à la gorge deux de ses conducteurs qui étaient avec lui dans le carrosse, les jette par la portière, se jette après eux, et entraîne le troisième qui voulait le retenir. Il tombe de l'effort ; on le lie, on le remonte dans la voiture. Voilà donc, disait-il, ce que l'on gagne à chasser les Anglais de la basse-Bretagne ! Que dirais-tu, belle Saint-Yves, si tu me voyais dans cet état ?

On arrive enfin au gîte qui lui était destiné ; on le porte en silence dans la chambre où il devait être enfermé, comme un mort qu'on porte dans un cimetière. Cette chambre était déjà occupée par un vieux solitaire de Port-Royal, nommé Gordon, qui y languissait depuis deux ans. Tenez, lui dit le chef des sbires, voilà de la compagnie que je vous amène ; et sur-le-champ on referma les énormes verroux de la porte épaisse, revêtue de larges barres. Les deux captifs resterent séparés de l'univers entier.

CHAPITRE X.

L'Ingénu enfermé à la Bastille avec un janséniste,

M. Gordon était un vieillard frais et serein, qui savait deux grandes choses, supporter l'adversité, et consoler les malheureux. Il s'avança d'un air ouvert et compatissant vers son compagnon, et lui dit en l'embrassant: Qui que vous soyez qui venez partager mon tombeau, soyez sûr que je m'oublierai toujours moi-même pour adoucir vos tourments dans l'abyme infernal où nous sommes plongés. Adorons la Providence qui nous y a conduits, souffrons en paix, et espérons. Ces paroles firent sur l'ame de l'Ingénu l'effet des gouttes d'Angleterre qui rappellent un mourant à la vie, et lui font entr'ouvrir des yeux étonnés.

Après les premiers compliments, Gordon, sans le presser de lui apprendre la cause de son malheur, lui inspira, par la douceur de son entretien, et par cet intérêt que prennent deux malheureux l'un à l'autre, le desir d'ouvrir son cœur et de déposer le fardeau qui l'accablait : mais il ne pouvait deviner le sujet de son malheur ; cela lui paraissait un effet sans cause ; et le bon homme Gordon était aussi étonné que lui-même.

Il faut, dit le janséniste au Huron, que Dieu ait de grands desseins sur vous, puisqu'il vous a conduit du lac Ontario en Angleterre et en France, qu'il vous a fait baptiser en basse-Bretagne, et qu'il vous a mis ici pour votre salut. Ma foi, répondit l'Ingénu je crois que le diable s'est mêlé seul de ma destinée: mes compatriotes d'Amérique ne m'auraient jamais traité avec la barbarie que j'éprouve ; ils n'en ont pas d'idée : on les appelle *sauvages ;* ce sont des gens de bien grossiers, et les hommes de ce pays-ci sont des coquins raffinés. Je suis, à la vérité, bien surpris d'être venu d'un autre monde pour être enfermé dans celui-ci sous quatre verroux avec un prêtre ; mais si je fais réflexion au nombre prodigieux d'hommes qui partent d'un hémisphere pour aller se faire tuer dans l'autre, ou qui font naufrage en chemin, et qui sont mangés des poissons, je ne vois pas les gracieux desseins de Dieu sur tous ces gens-là.

On leur apporta à dîner par un guichet. La conversation roula sur la Providence, sur les lettres de cachet, et sur l'art de ne pas succomber aux disgraces auxquelles tout homme est exposé dans ce monde. Il y a deux ans que je suis ici, dit le vieillard, sans autre consolation que moi-même et des livres ; je n'ai pas eu un moment de mauvaise humeur.

Ah ! M. Gordon, s'écria l'Ingénu, vous n'aimez donc pas votre marraine ? si vous connaissiez comme moi mademoiselle de Saint-Yves, vous seriez au désespoir ; à ces mots il ne put retenir ses larmes, et il se sentit alors un peu moins oppressé : mais, dit-il, pourquoi donc les larmes soulagent-elles ? il me semble qu'elles devraient faire un effet contraire. Mon fils, tout est physique en nous, dit le bon vieillard ; toute sécrétion fait du bien au corps, et tout ce qui le soulage soulage l'ame : nous sommes les machines de la Providence.

L'Ingénu, qui, comme nous l'avons dit plusieurs fois, avait un grand fonds d'esprit, fit de profondes réflexions sur cette idée, dont il semblait qu'il avait la semence en lui-même; après quoi il demanda à son compagnon pourquoi sa machine était depuis deux ans sous quatre verroux. Par la grace efficace, répondit Gordon : je passe pour janséniste; j'ai connu Arnauld et Nicole ; les jésuites nous ont persécutés. Nous croyons que le pape n'est qu'un évêque comme un autre ; et c'est pour cela que le P. de la Chaise a obtenu du roi, son pénitent, un ordre de me ravir, sans aucune formalité de justice, le bien le plus précieux des hommes, la liberté. Voilà qui est bien étrange, dit l'Ingénu ; tous les malheureux que j'ai rencontrés ne le sont qu'à cause du pape.

A l'égard de votre grace efficace, je vous avoue que je n'y entends rien ; mais je regarde comme une grande grace que Dieu m'ait fait trouver dans mon malheur un homme comme vous, qui, verse dans mon cœur des consolations dont je me croyais incapable.

Chaque jour la conversation devenait plus intéressante et plus instructive. Les ames des deux captifs s'attachaient l'une à l'autre. Le vieillard savait beaucoup, et le jeune homme voulait beaucoup apprendre. Au bout d'un mois il étudia la géométrie ; il la dévorait. Gordon lui fit lire la physique de Rohault, qui était encore à la mode, et il eut le bon esprit de n'y trouver que des incertitudes.

Ensuite il lut le premier volume de la Recherche

de la vérité : cette nouvelle lumiere l'éclaira. Quoi ! dit-il, notre imagination et nos sens nous trompent à ce point ! quoi ! les objets ne forment point nos idées, et nous ne pouvons nous les donner nous-mêmes ! Quand il eut lu le second volume, il ne fut plus si content, et il conclut qu'il est plus aisé de détruire que de bâtir.

Son confrere, étonné qu'un jeune ignorant fît cette réflexion, qui n'appartient qu'aux ames exer-cées, conçut une grande idée de son esprit, et s'at-tacha à lui davantage.

Votre Mallebranche, lui dit un jour l'Ingénu, me parait avoir écrit la moitié de son livre avec sa raison, et l'autre avec son imagination et ses préjugés.

Quelques jours après Gordon lui demanda : Que pensez-vous donc de l'ame, de la maniere dont nous recevons nos idées, de notre volonté, de la grace, du libre arbitre ? Rien, lui repartit l'Ingénu ; si je pensais quelque chose, c'est que nous sommes sous la puissance de l'Etre éternel, comme les astres et les éléments, qu'il fait tout en nous ; que nous sommes de petites roues de la machine immense dont il est l'ame ; qu'il agit par des lois générales, et non par des vues particulieres : cela seul me parait intelligible ; tout le reste est pour moi un abyme de ténebres.

Mais, mon fils, ce serait faire Dieu auteur du péché. — Mais, mon pere, votre grace efficace ferait Dieu auteur du péché aussi ; car il est certain que tous ceux à qui cette grace serait refusée péche-raient ; et qui nous livre au mal n'est-il pas l'auteur du mal ?

Cette naïveté embarrassait fort le bon homme; il sentait qu'il faisait de vains efforts pour se tirer de ce bourbier; et il entassait tant de paroles, qui paraissaient avoir du sens et qui n'en avaient point (dans le goût de la prémotion physique), que l'Ingénu en avait pitié. Cette question tenait évidemment à l'origine du bien et du mal; et alors il fallait que le pauvre Gordon passât en revue la boîte de Pandore, l'œuf d'Orosmade percé par Arimane, l'inimitié entre Typhon et Osiris, et enfin le péché originel; et ils couraient l'un et l'autre dans cette nuit profonde, sans jamais se rencontrer. Mais enfin ce roman de l'ame détournait leur vue de la contemplation de leur propre misere, et, par un charme étrange, la foule des calamités répandues sur l'univers diminuait la sensation de leurs peines; ils n'osaient se plaindre quand tout souffrait.

Mais, dans le repos de la nuit, l'image de la belle Saint-Yves effaçait dans l'esprit de son amant toutes les idées de métaphysique et de morale; il se réveillait les yeux mouillés de larmes: et le vieux janséniste oubliait sa grace efficace, et l'abbé de Saint-Cyran, et Jansénius, pour consoler un jeune homme qu'il croyait en péché mortel.

Après leurs lectures, après leurs raisonnements, ils parlaient encore de leurs aventures; et, après en avoir inutilement parlé, ils lisaient ensemble ou séparément. L'esprit du jeune homme se fortifiait de plus en plus: il serait sur-tout allé très loin en mathématiques, sans les distractions que lui donnait mademoiselle de Saint-Yves.

Il lut des histoires, elles l'attristerent; le monde

lui parut trop méchant et trop misérable. En effet
l'histoire n'est que le tableau des crimes et des
malheurs ; la foule des hommes innocents et pai-
sibles disparaît toujours sur ces vastes théâtres ; les
personnages ne sont que des ambitieux pervers. Il
semble que l'histoire ne plaise que comme la tragédie, qui languit si elle n'est animée par les passions,
les forfaits, et les grandes infortunes : il faut armer
Clio du poignard, comme Melpomene.

Quoique l'histoire de France soit remplie d'horreurs, ainsi que toutes les autres, cependant elle
lui parut si dégoûtante dans ses commencements, si
seche dans son milieu, si petite enfin, même du
temps de Henri IV, toujours si dépourvue de grands
monuments, si étrangere à ces belles découvertes
qui ont illustré d'autres nations, qu'il était obligé
de lutter contre l'ennui pour lire tous ces détails
de calamités obscures resserrées dans un coin du
monde.

Gordon pensait comme lui. Tous deux riaient de
pitié quand il était question des souverains de Fe-
zensac, de Fesansaguet, et d'Astarac : cette étude en
effet ne serait bonne que pour leurs héritiers, s'ils
en avaient. Les beaux siecles de la république ro-
maine le rendirent quelque temps indifférent pour
le reste de la terre. Le spectacle de Rome victorieuse
et législatrice des nations occupait son ame entiere.
Il s'échauffait en contemplant ce peuple qui fut gouverné sept cents ans par l'enthousiasme de la liberté
et de la gloire.

Ainsi se passaient les jours, les semaines, les

5.

mois, ét il se serait cru heureux dans le séjour du désespoir, s'il n'avait point aimé.

Son bon naturel s'attendrissait encore sur le prieur de Notre-Dame de la Montagne, et sur la sensible Kerkabon : Que penseront-ils, répétait-il souvent, quand ils n'auront point de mes nouvelles ? ils me croiront un ingrat : cette idée le tourmentait ; il plaignait ceux qui l'aimaient, beaucoup plus qu'il ne se plaignait lui-même.

CHAPITRE XI..

Comment l'Ingénu développe son génie.

La lecture agrandit l'ame, et un ami éclairé la console. Notre captif jouissait de ces deux avantages, qu'il n'avait pas soupçonnés auparavant. Je serais tenté, dit-il, de croire aux métamorphoses, car j'ai été changé de brute en homme. Il se forma une bibliotheque choisie d'une partie de son argent dont on lui permettait de disposer. Son ami l'encouragea à mettre par écrit ses réflexions. Voici ce qu'il écrivit sur l'histoire ancienne.

« Je m'imagine que les nations ont été long-temps
« comme moi, qu'elles ne se sont instruites que fort
« tard, qu'elles n'ont été occupées pendant des sie-
« cles que du moment présent qui coulait, très peu
« du passé, et jamais de l'avenir. J'ai parcouru cinq
« ou six cents lieues du Canada, je n'y ai pas trouvé
« un seul monument ; personne n'y sait rien de ce
« qu'a fait son bisaïeul. Ne serait-ce pas là l'état na-
« turel de l'homme ? L'espece de ce continent-ci me

« paraît supérieure à celle de l'autre : elle a aug-
« menté son être depuis plusieurs siecles par les arts
« et par les connaissances. Est-ce parcequ'elle a de
« la barbe au menton, et que Dieu a refusé la
« barbe aux Américains ? je ne le crois pas ; car je
« vois que les Chinois n'ont presque point de barbe,
« et qu'ils cultivent les arts depuis plus de cinq
« mille années : en effet, s'ils ont plus de quatre
« mille ans d'annales, il faut bien que la nation ait
« été rassemblée et florissante depuis plus de cin-
« quante siecles.

« Une chose me frappe sur-tout dans cette an-
« cienne histoire de la Chine, c'est que presque tout
« y est vraisemblable et naturel : je l'admire en ce
« qu'il n'y a rien de merveilleux.

« Pourquoi toutes les autres nations se sont-elles
« donné des origines fabuleuses ? Les anciens chro-
« niqueurs de l'histoire de France, qui ne sont pas
« fort anciens, font venir les Français d'un Francus,
« fils d'Hector : les Romains se disaient issus d'un
« Phrygien, quoiqu'il n'y eût pas dans leur langue
« un seul mot qui eût le moindre rapport à la
« langue de Phrygie : les dieux avaient habité dix
« mille ans en Egypte, et les diables en Scythie, où
« ils avaient engendré les Huns. Je ne vois, avant
« Thucydide, que des romans semblables aux Ama-
« dis, et beaucoup moins amusants : ce sont par-tout
« des apparitions, des oracles, des prodiges, des
« sortileges, des métamorphoses, des songes expli-
« qués, et qui font la destinée des plus grands em-
« pires et des plus petits états : ici des bêtes qui
« parlent, là des bêtes qu'on adore, des dieux

« transformés en hommes, et des hommes transfor-
« més en dieux. Ah ! s'il nous faut des fables, que
« ces fables soient du moins l'emblême de la vérité !
« J'aime les fables des philosophes, je ris de celles
« des enfants, et je hais celles des imposteurs. »

Il tomba un jour sur une histoire de l'empereur
Justinien. On y lisait que des apédeutes de Constantinople avaient donné, en très mauvais grec, un
édit contre le plus grand capitaine du siecle, parceque ce héros avait prononcé ces paroles dans la
chaleur de la conversation : « La vérité luit de sa
« propre lumiere, et on n'éclaire pas les esprits avec
« les flammes des bûchers ». Les apédeutes assure-
rent que cette proposition était hérétique, sentant
l'hérésie, et que l'axiôme contraire était catholique,
universel, et grec : « On n'éclaire les esprits qu'avec
« la flamme des bûchers, et la vérité ne saurait luire
« de sa propre lumiere ». Ces linostoles condam-
nerent ainsi plusieurs discours du capitaine, et
donnerent un édit.

Quoi! s'écria l'Ingénu, des édits rendus par ces
gens-là ! Ce ne sont point des édits, répliqua Gordon, ce sont des contr'édits dont tout le monde se
moquait à Constantinople, et l'empereur tout le
premier : c'était un sage prince qui avait su réduire
les apédeutes linostoles à ne pouvoir faire que du
bien. Il savait que ces messieurs-là et plusieurs autres pastophores avaient lassé de contr'édits la patience des empereurs ses prédécesseurs, en matiere
plus grave. Il fit fort bien, dit l'Ingénu ; on doit
soutenir les pastophores et les contenir.

Il mit par écrit beaucoup d'autres réflexions qui

épouvanterent le vieux Gordon. Quoi! dit-il en lui-même, j'ai consumé cinquante ans à m'instruire, et je crains de ne pouvoir atteindre au bon sens naturel de cet enfant presque sauvage! Je tremble d'avoir laborieusement fortifié des préjugés; il n'écoute que la simple nature.

Le bon homme avait quelques uns de ces petits livres de critique, de ces brochures périodiques, où des hommes incapables de rien produire dénigrent les productions des autres, où les Visé insultent aux Racine, et les Faydit aux Fénélon. L'Ingénu en parcourut quelques uns: Je les compare, disait-il, à certains moucherons qui vont déposer leurs œufs dans le derriere des plus beaux chevaux; cela ne les empêche pas de courir. A peine les deux philosophes daignerent-ils jeter les yeux sur ces excréments de la littérature.

Ils lurent bientôt ensemble les éléments de l'astronomie; l'Ingénu fit venir des spheres: ce grand spectacle le ravissait. Qu'il est dur, disait-il, de ne commencer à connaître le ciel que lorsqu'on me ravit le droit de le contempler! Jupiter et Saturne roulent dans ces espaces immenses; des millions de soleils éclairent des milliards de mondes; et, dans le coin de terre où je suis jeté, il se trouve des êtres qui me privent, moi, être voyant et pensant, de tous ces mondes où ma vue pourrait atteindre, et de celui où Dieu m'a fait naître! la lumiere faite pour tout l'univers est perdue pour moi. On ne me la cachait pas dans l'horizon septentrional où j'ai passé mon enfance et ma jeunesse. Sans vous, mon cher Gordon, je serais ici dans le néant.

CHAPITRE XII.

Ce que l'Ingénu pense des pieces de théâtre.

LE jeune Ingénu ressemblait à un de ces arbres vigoureux qui, nés dans un sol ingrat, étendent en peu de temps leurs racines et leurs branches quand ils sont transplantés dans un terrein favorable; et il était bien extraordinaire qu'une prison fût ce terrein.

Parmi les livres qui occupaient le loisir des deux captifs il se trouva des poésies, des traductions de tragédies grecques, quelques pieces du théâtre français. Les vers qui parlaient d'amour porterent à la fois dans l'ame de l'Ingénu le plaisir et la douleur: ils lui parlaient tous de sa chere Saint-Yves: la fable des deux pigeons lui perça le cœur; il était bien loin de pouvoir revenir à son colombier.

Moliere l'enchanta: il lui faisait connaître les mœurs de Paris et du genre humain. — A laquelle de ses comédies donnez-vous la préférence? — Au Tartuffe, sans difficulté. Je pense comme vous, dit Gordon; c'est un tartuffe qui m'a plongé dans ce cachot, et peut-être ce sont des tartuffes qui ont fait votre malheur.

Comment trouvez-vous ces tragédies grecques? Bonnes pour des Grecs, dit l'Ingénu. Mais quand il lut l'Iphigénie moderne, Phedre, Andromaque, Athalie, il fut en extase, il soupira, il versa des larmes; il les sut par cœur sans avoir envie de les apprendre.

Lisez Rodogune, lui dit Gordon, on dit que c'est le chef-d'œuvre du théâtre; les autres pieces qui vous ont fait tant de plaisir sont peu de chose en comparaison. Le jeune homme, dès la premiere page, lui dit: Cela n'est pas du même auteur. A quoi le voyez-vous?—Je n'en sais rien encore; mais ces vers-là ne vont ni à mon oreille ni à mon cœur. Oh! ce n'est rien que les vers, répliqua Gordon. L'Ingénu répondit: Pourquoi donc en faire?

Après avoir lu très attentivement la piece, sans autre dessein que celui d'avoir du plaisir, il regardait son ami avec des yeux secs et étonnés, et ne savait que dire; enfin, pressé de rendre compte de ce qu'il avait senti, voici ce qu'il répondit: Je n'ai guere entendu le commencement; j'ai été révolté du milieu; la derniere scene m'a beaucoup ému, quoiqu'elle me paraisse peu vraisemblable: je ne me suis intéressé pour personne, et je n'ai pas retenu vingt vers, moi qui les retiens tous quand ils me plaisent.

Cette piece passe pourtant pour la meilleure que nous ayons.—Si cela est, répliqua-t-il, elle est peut-être comme bien des gens qui ne méritent pas leurs places. Après tout, c'est ici une affaire de goût; le mien ne doit pas encore être formé: je peux me tromper; mais vous savez que je suis assez accoutumé à dire ce que je pense, ou plutôt ce que je sens. Je soupçonne qu'il y a souvent de l'illusion, de la mode, du caprice, dans les jugements des hommes. J'ai parlé d'après la nature; il se peut que chez moi la nature soit très imparfaite; mais il se peut aussi qu'elle soit quelquefois peu consultée par la plupart des hommes. Alors il récita des vers d'Iphigénie, dont il était plein ; et quoiqu'il ne déclamât pas bien, il y mit tant de vérité et d'onction, qu'il fit pleurer le vieux janséniste. Il lut ensuite Cinna ; il ne pleura point, mais il admira.

CHAPITRE XIII.

La belle Saint-Yves va à Versailles.

PENDANT que notre infortuné s'éclairait plus qu'il ne se consolait, pendant que son génie, étouffé depuis si long-temps, se déployait avec tant de rapidité et de force, pendant que la nature, qui se perfectionnait en lui, le vengeait des outrages de la fortune, que devinrent monsieur le prieur et sa bonne sœur, et la belle recluse Saint-Yves ? Le premier mois on fut inquiet ; au troisieme on fut plongé dans la douleur ; les fausses conjectures, les bruits mal fondés alarmerent ; au bout de six mois on le crut mort. Enfin monsieur et mademoiselle de Kerkabon apprirent par une ancienne lettre qu'un garde du roi avait écrite en Bretagne, qu'un jeune homme semblable à l'Ingénu était arrivé un soir à Versailles, mais qu'il avait été enlevé pendant la nuit, et que depuis ce temps personne n'en avait entendu parler.

Hélas ! dit mademoiselle de Kerkabon, notre neveu aura fait quelque sottise, et se sera attiré de fâcheuses affaires ! Il est jeune, il est bas-Breton, il ne peut savoir comme on doit se comporter à la cour. Mon cher frere, je n'ai jamais vu Versailles ni Paris, voici une belle occasion ; nous retrouverons peut-être notre pauvre neveu : c'est le fils de notre frere, notre devoir est de le secourir. Qui sait si nous ne pourrons point parvenir enfin à le faire sous-diacre, quand la fougue de la jeunesse sera amortie? Il avait beaucoup de disposition pour les sciences : vous souvenez-vous comme il raisonnait sur l'ancien et sur le nouveau Testament? Nous sommes responsables de son ame; c'est nous qui l'avons fait baptiser : sa chere maîtresse Saint-Yves passe les journées à pleurer. En vérité il faut aller à Paris : s'il est caché dans quelqu'une de ces vilaines maisons de joie dont on m'a fait tant de récits, nous l'en tirerons. Le prieur fut touché des discours de sa sœur. Il alla trouver l'évêque de Saint-Malo, qui avait baptisé le Huron, et lui demanda sa protection et ses conseils. Le prélat approuva le voyage : il donna au prieur des lettres de recommandation pour le P. de la Chaise, confesseur du roi, qui avait la premiere dignité du royaume, pour l'archevêque de Paris, Harlay, et pour l'évêque de Meaux, Bossuet.

Enfin le frere et la sœur partirent : mais quand ils furent arrivés à Paris, ils se trouverent égarés comme dans un vaste labyrinthe sans fil et sans issue. Leur fortune était médiocre, et il leur fallait tous les jours des voitures pour aller à la découverte, et ils ne découvraient rien.

Le prieur se présenta chez le révérend P. de la Chaise : il était avec mademoiselle du Tron, et ne pouvait donner audience à des prieurs. Il alla à la porte de l'archevêque : le prélat était enfermé avec la belle madame de Lesdiguieres pour les affaires de l'église. Il courut à la maison de campagne de l'évêque de Meaux : celui-ci examinait, avec mademoiselle de Mauléon, l'*amour mystique* de madame Guyon. Cependant il parvint à se faire entendre de ces deux prélats : tous deux lui déclarerent qu'ils ne pouvaient se mêler de son neveu, attendu qu'il n'était pas sous-diacre.

Enfin il vit le jésuite : celui-ci le reçut à bras ouverts, lui protesta qu'il avait toujours eu pour lui une estime particuliere, ne l'ayant jamais connu ; il jura que la société avait toujours été attachée aux bas-Bretons. Mais, dit-il, votre neveu n'aurait-il pas le malheur d'être huguenot ? —Non assurément, mon révérend pere. — Serait-il point janséniste ? — Je puis assurer à votre révérence qu'à peine est-il chrétien ; il y a environ onze mois que nous l'avons baptisé.—Voilà qui est bien, voilà qui est bien ; nous aurons soin de lui. Votre bénéfice est-il considérable ? — Oh ! fort peu de chose, et mon neveu nous coûte beaucoup. — Y a-t-il quelques jansénistes dans le voisinage ? prenez bien garde, mon cher monsieur le prieur, ils sont plus dangereux que les huguenots et les athées. — Mon révérend pere, nous n'en avons point ; on ne sait ce que c'est que le jansénisme à Notre-Dame de la Montagne. —Tant mieux ; allez, il n'y a rien que je ne fasse pour vous. Il congédia affectueusement le prieur, et n'y pensa plus.

Le temps s'écoulait, le prieur et la bonne sœur se désespéraient.

Cependant le maudit bailli pressait le mariage de son grand benêt de fils avec la belle Saint-Yves, qu'on avait fait sortir exprès du couvent. Elle aimait

toujours son cher filleul autant qu'elle détestait le
mari qu'on lui présentait : l'affront d'avoir été mise
dans un couvent augmentait sa passion ; l'ordre d'é-
pouser le fils du bailli y mettait le comble ; les regrets, la tendresse, et l'horreur, bouleversaient son
ame. L'amour, comme on sait, est bien plus ingénieux et plus hardi dans une jeune fille, que l'amitié
ne l'est dans un vieux prieur et dans une tante de
quarante-cinq ans passés ; de plus elle s'était bien
formée dans son couvent par les romans qu'elle avait
lus à la dérobée.

La belle Saint-Yves se souvenait de la lettre qu'un
garde du corps avait écrite en basse-Bretagne, et
dont on avait parlé dans la province. Elle résolut
d'aller elle-même prendre des informations à Versailles, de se jeter aux pieds des ministres, si son
mari était en prison, comme on le disait, et d'obtenir justice pour lui. Je ne sais quoi l'avertissait
secrètement qu'à la cour on ne refuse rien à une jolie
fille ; mais elle ne savait pas ce qu'il en coûtait.

Sa résolution prise, elle est consolée, elle est
tranquille, elle ne rebute plus son sot prétendu ;
elle accueille le détestable beau-pere, caresse son
frere, répand l'alégresse dans la maison ; puis,
le jour destiné à la cérémonie, elle part secrètement
à quatre heures du matin avec ses petits présents de
noce, et tout ce qu'elle a pu rassembler. Ses mesures
étaient si bien prises qu'elle était déja à plus de dix
lieues lorsqu'on entra dans sa chambre vers le
midi. La surprise et la consternation furent grandes.
L'interrogant bailli fit ce jour-là plus de questions
qu'il n'en avait fait dans toute la semaine ; le mari

resta plus sot qu'il ne l'avait jamais été. L'abbé de
Saint-Yves en colere prit le parti de courir après sa
sœur : le bailli et son fils voulurent l'accompagner.
Ainsi la destinée conduisait à Paris presque tout ce
canton de la basse-Bretagne.

La belle Saint-Yves se doutait bien qu'on la sui-
vrait. Elle était à cheval ; elle s'informait adroitement des couriers s'ils n'avaient point rencontré un
gros abbé, un énorme bailli, et un jeune benêt, qui
couraient sur le chemin de Paris. Ayant appris au
troisieme jour qu'ils n'étaient pas loin, elle prit une
route différente ,et eut assez d'habileté et de bonheur
pour arriver à Versailles tandis qu'on la cherchait
inutilement dans Paris.

Mais comment se conduire à Versailles? jeune ,
belle , sans conseil , sans appui , inconnue , exposée
à tout, comment oser chercher un garde du roi ?
Elle imagina de s'adresser à un jésuite du bas étage;
il y en avait pour toutes les conditions de la vie :
comme Dieu . disaient-ils , a donné différentes nour-
ritures aux diverses especes d'animaux, il avait
donné au roi son confesseur, que tous les solliciteurs
de bénéfices appelaient *le chef de l'église gallicane* : ensuite venaient les confesseurs des princesses ; les ministres n'en avaient point, ils n'étaient
pas si sots. Il y avait les jésuites du grand commun,
et sur-tout les jésuites des femmes de chambre, par
lesquelles on savait les secrets des maîtresses ; et ce
n'était pas un petit emploi. La belle Saint-Yves
s'adressa à un de ces derniers qui s'appelait le
P. Tout-à-tous. Elle se confessa à lui, lui exposa ses
aventures, son état, son danger, et le conjura de la

loger chez quelque bonne dévote qui la mît à l'abri des tentations.

Le pere Tout-à-tous l'introduisit chez la femme d'un officier du gobelet, l'une de ses plus affidées pénitentes. Dès qu'elle y fut, elle s'empressa de gagner la confiance et l'amitié de cette femme ; elle s'informa du garde breton, et le fit prier de venir chez elle. Ayant su de lui que son amant avait été enlevé après avoir parlé à un premier commis, elle court chez ce commis : la vue d'une belle femme l'adoucit ; car il faut convenir que Dieu n'a créé les femmes que pour apprivoiser les hommes.

Le plumitif attendri lui avoua tout : Votre amant est à la Bastille depuis près d'un an, et sans vous il y serait peut-être toute sa vie. La tendre Saint-Yves s'évanouit. Quand elle eut repris ses sens, le plumitif lui dit : Je suis sans crédit pour faire du bien, tout mon pouvoir se borne à faire du mal quelquefois. Croyez-moi, allez chez M. de Saint-Pouange, qui fait le bien et le mal, cousin et favori de monseigneur de Louvois : ce ministre a deux ames ; M. de Saint-Pouange en est une, madame du Fresnoi l'autre ; mais elle n'est pas à présent à Versailles ; il ne vous reste que de fléchir le protecteur que je vous indique.

La belle Saint-Yves, partagée entre un peu de joie et d'extrêmes douleurs, entre quelque espérance et de tristes craintes, poursuivie par son frere, adorant son amant, essuyant ses larmes et en versant encore, tremblante, affaiblie, et reprenant courage, courut vite chez M. de Saint-Pouange.

6.

CHAPITRE XIV.

Progrès de l'esprit de l'Ingénu.

L'INGÉNU faisait des progrès rapides dans les sciences, et sur-tout dans la science de l'homme. La cause du développement rapide de son esprit était due à son éducation sauvage presque autant qu'à la trempe de son ame ; car n'ayant rien appris dans son enfance, il n'avait point appris de préjugés ; son entendement, n'ayant point été courbé par l'erreur, était demeuré dans toute sa rectitude : il voyait les choses comme elles sont, au lieu que les idées qu'on nous donne dans l'enfance nous les font voir toute notre vie comme elles ne sont point. Vos persécuteurs sont abominables, disait-il à son ami Gordon : je vous plains d'être opprimé, mais je vous plains d'être janséniste : toute secte me paraît le ralliement de l'erreur. Dites-moi s'il y a des sectes en géométrie. Non, mon cher enfant, lui dit en soupirant le bon Gordon ; tous les hommes sont d'accord sur la vérité quand elle est démontrée, mais ils sont trop partagés sur les vérités obscures. — Dites sur les faussetés obscures : s'il y avait eu une seule vérité cachée dans vos amas d'arguments qu'on ressasse depuis tant de siecles, on l'aurait découverte sans doute, et l'univers aurait été d'accord au moins sur ce point-là : si cette vérité était nécessaire comme le soleil l'est à la terre, elle serait brillante comme lui. C'est une absurdité, c'est un outrage au genre humain, c'est un attentat contre l'Etre infini et

suprême, de dire, Il y a une vérité essentielle à
l'homme, et Dieu l'a cachée.

Tout ce que disait ce jeune ignorant instruit
par la nature faisait une impression profonde sur
l'esprit du vieux savant infortuné. Serait-il bien
vrai, s'écria-t-il, que je me fusse rendu malheureux
pour des chimeres ? je suis bien plus sûr de mon
malheur que de la grace efficace : j'ai consumé mes
jours à raisonner sur la liberté de Dieu et du genre
humain, mais j'ai perdu la mienne ; ni S. Augustin ni S. Prosper ne me tireront de l'abyme où je
suis.

L'Ingénu livré à son caractere dit enfin : Voulez-
vous que je vous parle avec une confiance hardie ?
ceux qui se font persécuter pour ces vaines disputes
de l'école me semblent peu sages ; ceux qui persécutent me paraissent des monstres.

Les deux captifs étaient fort d'accord sur l'injustice de leur captivité. Je suis cent fois plus à plaindre
que vous, disait l'Ingénu ; je suis né libre comme
l'air : j'avais deux vies, la liberté et l'objet de mon
amour ; on me les ôte : nous voici tous deux dans
les fers, sans en savoir la raison et sans pouvoir la
demander. J'ai vécu Huron vingt ans : on dit que
ce sont des barbares, parcequ'ils se vengent de leurs
ennemis ; mais ils n'ont jamais opprimé leurs amis.
A peine ai-je mis le pied en France que j'ai versé
mon sang pour elle ; j'ai peut-être sauvé une province, et pour récompense je suis englouti dans ce
tombeau des vivants, où je serais mort de rage sans
vous. Il n'y a donc point de lois dans ce pays ?
on condamne les hommes sans les entendre ! il

n'en est pas ainsi en Angleterre. Ah ! ce n'était pas contre les Anglais que je devais me battre! Ainsi sa philosophie naissante ne pouvait domter la nature outragée dans le premier de ses droits , et laissait un libre cours à sa juste colere.

Son compagnon ne le contredit point. L'absence augmente toujours l'amour qui n'est pas satisfait, et la philosophie ne le diminue pas. Il parlait aussi souvent de sa chere Saint-Yves que de morale et de métaphysique. Plus ses sentiments s'épuraient, et plus il aimait. Il lut quelques romans nouveaux; il en trouva peu qui lui peignissent la situation de son ame; il sentait que son cœur allait toujours au-delà de ce qu'il lisait. Ah! disait-il, presque tous ces auteurs-là n'ont que de l'esprit et de l'art. Enfin le bon prêtre janséniste devenait insensiblement le confident de sa tendresse : il ne connaissait l'amour auparavant que comme un péché dont on s'accuse en confession; il apprit à le connaître comme un sentiment aussi noble que tendre, qui peut élever l'ame autant que l'amollir, et produire même quelquefois des vertus. Enfin, pour dernier prodige, un Huron convertissait un janséniste.

CHAPITRE XV.

La belle Saint-Yves résiste à des propositions délicates.

La belle Saint-Yves , plus tendre encore que son amant, alla donc chez M. de Saint-Pouange , accompagnée de l'amie chez qui elle logeait , toutes deux cachées dans leurs coiffes. La premiere chose qu'elle vit à la porte ce fut l'abbé de Saint-Yves son frere, qui en sortait. Elle fut intimidée ; mais la dévote amie la rassura : C'est précisément parcequ'on a parlé contre vous qu'il faut que vous parliez ; soyez sûre que dans ce pays les accusateurs ont toujours raison, si on ne se hâte de les confondre : votre présence d'ailleurs, ou je me trompe fort, fera plus d'effet que les paroles de votre frere.

Pour peu qu'on encourage une amante passionnée, elle est intrépide. La Saint-Yves se présente à l'audience : sa jeunesse, ses charmes, ses yeux tendres mouillés de quelques pleurs attirerent tous les regards ; chaque courtisan du sous-ministre oublia un moment l'idole du pouvoir pour contempler celle de la beauté. Le Saint-Pouange la fit entrer dans un cabinet : elle parla avec attendrissement et avec grace. Saint-Pouange se sentit touché. Elle tremblait ; il la rassura. Revenez ce soir, lui dit-il : vos affaires méritent qu'on y pense et qu'on en parle à loisir ; il y a ici trop de monde ; on expédie les audiences trop rapidement : il faut que je vous entretienne à fond de tout ce qui vous regarde. Ensuite, ayant fait l'éloge de sa beauté et de ses sentiments, il lui recommanda de venir à sept heures du soir.

Elle n'y manqua pas : la dévote amie l'accompagna encore ; mais elle se tint dans le salon, et lut le Pédagogue chrétien pendant que le Saint-Pouange et la belle Saint-Yves étaient dans l'arriere-cabinet. Croiriez-vous bien, mademoiselle, lui dit-il d'abord, que votre frere est venu me demander une lettre de cachet contre vous ? en vérité j'en expédie-

rais plutôt une pour le renvoyer en basse-Bretagne.
— Hélas ! monsieur, on est donc bien libéral de
lettres de cachet dans vos bureaux , puisqu'on en
vient solliciter du fond du royaume comme des
pensions : je suis bien loin d'en demander une contre
mon frere. J'ai beaucoup à me plaindre de lui, mais
je respecte la liberté des hommes ; je demande celle
d'un homme que je veux épouser , d'un homme à
qui le roi doit la conservation d'une province , qui
peut le servir utilement, et qui est le fils d'un officier tué à son service : de quoi est-il accusé ? comment a-t-on pu le traiter si cruellement sans l'entendre ?

Alors le sous-ministre lui montra la lettre du
jésuite espion et celle du perfide bailli. — Quoi ! il
y a de pareils monstres sur la terre ! et on veut me
forcer ainsi à épouser le fils ridicule d'un homme
ridicule et méchant ! et c'est sur de pareils avis
qu'on décide ici de la destinée des citoyens ! Elle
se jeta à genoux , elle demanda avec des sanglots la
liberté du brave homme qui l'adorait : ses charmes
en cet état parurent dans leur plus grand avantage.
Elle était si belle que le Saint-Pouange , perdant
toute honte , lui insinua qu'elle réussirait si elle
commençait par lui donner les prémices de ce
qu'elle réservait à son amant. La Saint-Yves, épouvantée et confuse, feignit long-temps de ne le pas
entendre ; il fallut s'expliquer plus clairement : un
mot lâché d'abord avec retenue en produisait un
plus fort, suivi d'un autre plus expressif. On offrit
non seulement la révocation de la lettre de cachet,
mais des récompenses, de l'argent, des honneurs ;

des établissements ; et plus on promettait, plus le desir de n'être pas refusé augmentait.

La Saint-Yves pleurait, elle était suffoquée, à demi-renversée sur un sofa, croyant à peine ce qu'elle voyait, ce qu'elle entendait. Le Saint-Pouange à son tour se jeta à ses genoux. Il n'était pas sans agréments, et aurait pu ne pas effaroucher un cœur moins prévenu ; mais Saint-Yves adorait son amant, et croyait que c'était un crime horrible de le trahir pour le servir. Saint-Pouange redoublait les prieres et les promesses : enfin la tête lui tourna au point qu'il lui déclara que c'était le seul moyen de tirer de sa prison l'homme auquel elle prenait un intérêt si violent et si tendre. Cet étrange entretien se prolongeait ; la dévote de l'antichambre, en lisant son Pédagogue chrétien, disait : Mon Dieu ! que peuvent-ils faire là depuis deux heures ? jamais monseigneur de Saint-Pouange n'a donné une si longue audience ; peut-être qu'il a tout refusé à cette pauvre fille, puisqu'elle le prie encore.

Enfin sa compagne sortit de l'arriere-cabinet, tout éperdue, sans pouvoir parler, réfléchissant profondément sur le caractere des grands et des demi-grands qui sacrifient si légèrement la liberté des hommes et l'honneur des femmes.

Elle ne dit pas un mot pendant tout le chemin : arrivée chez l'amie, elle éclata, elle lui conta tout. La dévote fit de grands signes de croix : Ma chere amie, il faut consulter dès demain le P. Tout-à-tous, notre directeur ; il a beaucoup de crédit auprès de M. de Saint-Pouange ; il confesse plusieurs servantes de sa maison : c'est un homme pieux et accommodant,

qui dirige aussi des femmes de qualité; abandon-
nez-vous à lui; c'est ainsi que j'en use; je m'en suis
toujours bien trouvée. Nous autres pauvres femmes,
nous avons besoin d'être conduites par un homme.
— Eh bien donc! ma chere amie, j'irai trouver demain le P. Tout-à-tous.

CHAPITRE XVI.

Elle consulte un jésuite.

Dès que la belle et désolée Saint-Yves fut avec
son bon confesseur, elle lui confia qu'un homme
puissant et voluptueux lui proposait de faire sortir
de prison celui qu'elle devait épouser légitimement,
et qu'il demandait un grand prix de son service;
qu'elle avait une répugnance horrible pour une
telle infidélité, et que, s'il ne s'agissait que de sa
propre vie, elle la sacrifierait plutôt que de succomber.

Voilà un abominable pécheur, lui dit le P. Tout-
à-tous. Vous devriez bien me dire le nom de ce
vilain homme; c'est à coup sûr quelque janséniste;
je le dénoncerai à sa révérence le P. de la Chaise,
qui le fera mettre dans le gîte où est à présent la
chere personne que vous devez épouser.

La pauvre fille, après un long embarras et de
grandes irrésolutions, lui nomma enfin Saint-
Pouange.

Monséigneur de Saint-Pouange! s'écria le jésuite;
ah! ma fille, c'est tout autre chose; il est cousin
du plus grand ministre que nous ayons jamais eu,

homme de bien, protecteur de la bonne cause, bon chrétien; il ne peut avoir eu une telle pensée; il faut que vous ayez mal entendu. — Ah! mon pere, je n'ai entendu que trop bien; je suis perdue quoi que je fasse; je n'ai que le choix du malheur et de la honte; il faut que mon amant reste enseveli tout vivant, ou que je me rende indigne de vivre; je ne puis le laisser périr, et je ne puis le sauver.

Le P. Tout-à-tous tâcha de la calmer par ces douces paroles:

Premièrement, ma fille, ne dites jamais ce mot *mon amant;* il a quelque chose de mondain qui pourrait offenser Dieu: dites *mon mari;* car, bien qu'il ne le soit pas encore, vous le regardez comme tel, et rien n'est plus honnête.

Secondement, bien qu'il soit votre époux en idée, en espérance, il ne l'est pas en effet: ainsi vous ne commettriez pas un adultere, péché énorme qu'il faut toujours éviter autant qu'il est possible.

Troisièmement, les actions ne sont pas d'une malice de coulpe quand l'intention est pure; et rien n'est plus pur que de délivrer votre mari.

Quatrièmement, vous avez des exemples dans la sainte antiquité qui peuvent merveilleusement servir à votre conduite. S. Augustin rapporte que, sous le proconsulat de Septimius Acyndinus, en l'an 340 de notre salut, un pauvre homme, ne pouvant payer à César ce qui appartenait à César, fut condamné à la mort, comme il est juste, malgré la maxime: *Où il n'y a rien le roi perd ses droits.* Il s'agissait d'une livre d'or; le condamné avait une femme en qui Dieu avait mis la beauté et la prudence. Un vieux richard promit de donner une livre d'or et même plus à la dame, à condition qu'il commettrait avec elle le péché immonde. La dame ne crut point faire mal en sauvant la vie à son mari. S. Augustin approuve fort sa généreuse résignation. Il est vrai que le vieux richard la trompa, et peut-être même son mari n'en fut pas moins pendu; mais elle avait fait tout ce qui était en elle pour sauver sa vie.

Soyez sûre, ma fille, que quand un jésuite vous cite S. Augustin, il faut que ce saint ait pleinement raison. Je ne vous conseille rien; vous êtes sage; il est à présumer que vous serez utile à votre mari. Monseigneur de Saint-Pouange est un honnête homme, il ne vous trompera pas; c'est tout ce que je puis vous dire: je prierai Dieu pour vous, et j'espere que tout se passera à sa plus grande gloire.

La belle Saint-Yves, non moins effrayée des discours du jésuite que des propositions du sous-ministre, s'en retourna éperdue chez son amie. Elle était tentée de se délivrer par la mort de l'horreur de laisser dans une captivité affreuse l'amant qu'elle adorait, et de la honte de le délivrer au prix de ce qu'elle avait de plus cher, et qui ne devait appartenir qu'à cet amant infortuné.

CHAPITRE XVII.

Elle succombe par vertu.

ELLE priait son amie de la tuer ; mais cette femme, non moins indulgente que le jésuite, lui parla plus clairement encore. Hélas ! dit-elle, les affaires ne se font guere autrement dans cette cour si aimable, si galante, si renommée : les places les plus médiocres et les plus considérables n'ont souvent été données qu'au prix qu'on exige de vous. Ecoutez ; vous m'avez inspiré de l'amitié et de la confiance : je vous avouerai que, si j'avais été aussi difficile que vous l'êtes, mon mari ne jouirait pas du petit poste qui le fait vivre : il le sait, et, loin d'en être fâché, il voit en moi sa bienfaitrice, et se regarde comme ma créature. Pensez-vous que tous ceux qui ont été à la tête des provinces, ou même des armées, aient dû leurs honneurs et leur fortune à leurs seuls services ? il en est qui en sont redevables à mesdames leurs femmes. Les dignités de la guerre ont été sollicitées par l'amour, et la place a été donnée au mari de la plus belle.

Vous êtes dans une situation bien plus intéressante ; il s'agit de rendre votre amant au jour et de l'épouser : c'est un devoir sacré qu'il vous faut remplir. On n'a point blâmé les belles et grandes dames dont je vous parle : on vous applaudira ; on dira que vous ne vous êtes permis une faiblesse que par un excès de vertu. — Ah ! quelle vertu ! s'écria la belle Saint-Yves ; quel labyrinthe d'iniquité !

quel pays ! et que j'apprends à connaître les hommes !
Un P. de la Chaise et un bailli ridicule font mettre
mon amant en prison , ma famille me persécute, on
ne me tend la main dans mon désastre que pour me
déshonorer. Un jésuite a perdu un brave homme, un
autre jésuite veut me perdre ; je ne suis entourée que
de pieges, et je touche au moment de tomber dans
la misere ! ll faut que je me tue, ou que je parle au
roi ; je me jeterai à ses pieds sur son passage,
quand il ira à la messe ou à la comédie.

On ne vous laissera pas approcher, lui dit sa
bonne amie ; et si vous aviez le malheur de parler,
mons de Louvois et le révérend P. de la Chaise
pourraient vous enterrer dans le fond d'un couvent
pour le reste de vos jours.

Tandis que cette brave personne augmentait les
perplexités de cette ame désespérée , et enfonçait
le poignard dans son cœur, arrive un exprès de
M. de Saint-Pouange avec une lettre et deux beaux
pendants d'oreille. Saint - Yves rejeta le tout en
pleurant ; mais l'amie s'en chargea.

Dès que le messager fut parti, la confidente lit
la lettre , dans laquelle on propose un petit souper
aux deux amies pour le soir : Saint-Yves jure qu'elle
n'ira point. La dévote veut lui essayer les deux
boucles de diamants; Saint-Yves ne le put souffrir;
elle combattit la journée entiere: enfin, n'ayant en
vue que son amant, vaincue, entraînée, ne sachant
où on la mene, elle se laisse conduire au souper
fatal. Rien n'avait pu la déterminer à se parer des
pendants d'oreille ; la confidente les apporta ; elle
les lui ajusta malgré elle avant qu'on se mît à table:

Saint-Yves était si confuse, si troublée, qu'elle se laissait tourmenter ; et le patron en tirait un augure très favorable. Vers la fin du repas, la confidente se retira discrètement : le patron montra alors la révocation de la lettre de cachet, le brevet d'une gratification considérable, celui d'une compagnie, et n'épargna pas les promesses. Ah ! lui dit Saint-Yves, que je vous aimerais si vous ne vouliez pas être tant aimé !

Enfin, après une longue résistance, après des sanglots, des cris, des larmes, affaiblie du combat, éperdue, languissante, il fallut se rendre. Elle n'eut d'autre ressource que de se promettre de ne penser qu'à l'Ingénu, tandis que le cruel jouirait impitoyablement de la nécessité où elle était réduite.

CHAPITRE XVIII.

Elle délivre son amant et un janséniste.

Au point du jour elle vole à Paris, munie de l'ordre du ministre. Il est difficile de peindre ce qui se passait dans son cœur pendant ce voyage. Qu'on imagine une ame vertueuse et noble, humiliée de son opprobre, enivrée de tendresse, déchirée les remords d'avoir trahi son amant, pénétrée du plaisir de délivrer ce qu'elle adore ; ses amertumes, ses combats, son succès, partageaient toutes ses réflexions. Ce n'était plus cette fille simple dont une éducation provinciale avait retréci les idées ; l'amour et le malheur l'avaient formée ; le sentiment avait fait autant de progrès en elle que la raison en avait fait dans l'esprit de son amant infortuné. Les filles apprennent à sentir plus aisément que les hommes n'apprennent à penser. Son aventure était plus instructive que quatre ans de couvent.

Son habit était d'une simplicité extrême : elle voyait avec horreur les ajustements sous lesquels elle avait paru devant son funeste bienfaiteur ; elle avait laissé ses boucles de diamants à sa compagne sans même les regarder. Confuse et charmée, idolâtre de l'Ingénu, et se haïssant elle-même, elle arrive enfin à la porte

De cet affreux château, palais de la vengeance,
Qui renferme souvent le crime et l'innocence.

Quand il fallut descendre du carrosse les forces lui manquerent ; on l'aida : elle entra, le cœur palpitant, les yeux humides, le front consterné : on la présente au gouverneur ; elle veut lui parler, sa voix expire ; elle montre son ordre en articulant à peine quelques paroles. Le gouverneur aimait son prisonnier ; il fut très aise de sa délivrance ; son cœur n'était pas endurci comme celui de quelques honorables geoliers ses confreres, qui, ne pensant qu'à la rétribution attachée à la garde de leurs captifs, fondant leur revenu sur leurs victimes, et vivant du malheur d'autrui, se faisaient en secret une joie affreuse des larmes des infortunés.

Il fait venir le prisonnier dans son appartement. Les deux amants se voient, et tous deux s'évanouissent : la belle Saint-Yves resta long-temps sans mouvement et sans vie ; l'autre rappela bientôt son cou-

rage. C'est apparemment là madame votre femme ?
lui dit le gouverneur ; vous ne m'aviez point dit
que vous fussiez marié : on me mande que c'est à
ses soins généreux que vous devez votre délivrance.
Ah ! je ne suis pas digne d'être sa femme, dit la
belle Saint-Yves d'une voix tremblante, et elle re-
tomba encore en faiblesse.

Quand elle eut repris ses sens, elle présenta, toujours tremblante, le brevet de la gratification, et
la promesse par écrit d'une compagnie. L'Ingénu,
aussi étonné qu'attendri, s'éveillait d'un songe pour
retomber dans un autre. Pourquoi ai-je été renfermé
ici ? comment avez-vous pu m'en tirer ? où sont les
monstres qui m'y ont plongé ? Vous êtes une divinité qui descendez du ciel à mon secours.

La belle Saint-Yves baissait la vue, regardait son
amant, rougissait, et détournait le moment d'après
ses yeux mouillés de pleurs. Elle lui apprit enfin
tout ce qu'elle savait, et tout ce qu'elle avait éprou-
vé, excepté ce qu'elle aurait voulu se cacher pour
jamais, et ce qu'un autre que l'Ingénu, plus accoutumé au monde et plus instruit des usages de la
cour, aurait deviné facilement.

Est-il possible qu'un misérable comme ce bailli
ait eu le pouvoir de me ravir ma liberté ! Ah ! je vois
bien qu'il en est des hommes comme des plus vils animaux ; tous peuvent nuire : mais est-il possible qu'un
moine, un jésuite confesseur du roi, ait contribué à
mon infortune autant que ce bailli, sans que je puisse
imaginer sous quel prétexte ce détestable frippon m'a
persécuté ? M'a-t-il fait passer pour un janséniste ?
enfin comment vous êtes-vous souvenue de moi ?

je ne le méritais pas, je n'étais alors qu'un sauvage.
Quoi! vous avez pu sans conseils, sans secours, entreprendre le voyage de Versailles! vous y avez paru, et on a brisé mes fers! Il est donc dans la beauté et dans la vertu un charme invincible qui fait tomber les portes de fer, et qui amollit les cœurs de bronze!

A ce mot de vertu des sanglots échapperent à la belle Saint-Yves: elle ne savait pas combien elle était vertueuse dans le crime qu'elle se reprochait.

Son amant continua ainsi: Ange qui avez rompu mes liens, si vous avez eu (ce que je ne comprends pas encore) assez de crédit pour me faire rendre justice, faites-la donc rendre aussi à un vieillard qui m'a le premier appris à penser, comme vous m'avez appris à aimer. La calamité nous a unis; je l'aime comme un pere, je ne peux vivre ni sans vous ni sans lui.

Moi! que je sollicite le même homme qui...! Oui, je veux tout vous devoir, et je ne veux devoir jamais rien qu'à vous: écrivez à cet homme puissant, comblez-moi de vos bienfaits, achevez ce que vous avez commencé, achevez vos prodiges. Elle sentait qu'elle devait faire tout ce que son amant exigeait: elle voulut écrire, sa main ne pouvait obéir; elle recommença trois fois sa lettre, la déchira trois fois; elle écrivit enfin, et les deux amants sortirent après avoir embrassé le vieux martyr de la grace efficace.

L'heureuse et désolée Saint-Yves savait dans quelle maison logeait son frere; elle y alla; son amant prit un appartement dans la même maison.

A peine y furent-ils arrivés que son protecteur lui envoya l'ordre de l'élargissement du bon homme Gordon, et lui demanda un rendez-vous pour le lendemain. Ainsi, à chaque action honnête et généreuse qu'elle faisait, son déshonneur en était le prix. Elle regardait avec exécration cet usage de vendre le malheur et le bonheur des hommes. Elle donna l'ordre de l'élargissement à son amant, et refusa le rendez-vous d'un bienfaiteur qu'elle ne pouvait plus voir sans expirer de douleur et de honte. L'Ingénu ne pouvait se séparer d'elle que pour aller délivrer un ami; il y vola: il remplit ce devoir en réfléchissant sur les étranges évènements de ce monde, et en admirant la vertu courageuse d'une jeune fille à qui deux infortunés devaient plus que la vie.

CHAPITRE XIX.

L'Ingénu, la belle Saint-Yves et leurs parents sont rassemblés.

La généreuse et respectable infidele était avec son frere l'abbé de Saint-Yves, le bon prieur de la Montagne, et la dame de Kerkabon: tous étaient également étonnés; mais leur situation et leurs sentiments étaient bien différents. L'abbé de Saint-Yves pleurait ses torts aux pieds de sa sœur qui lui pardonnait; le prieur et sa tendre sœur pleuraient aussi, mais de joie: le vilain bailli et son insupportable fils ne troublaient point cette scene touchante; ils étaient partis au premier bruit de l'élargissement de leur ennemi ; ils couraient ensevelir dans leur province leur sottise et leur crainte.

Les quatre personnages, agités de cent mouvements divers, attendaient que le jeune homme revînt avec l'ami qu'il devait délivrer. L'abbé de Saint-Yves n'osait lever les yeux devant sa sœur : la bonne Kerkabon disait : Je reverrai donc mon cher neveu. Vous le reverrez, dit la charmante Saint-Yves : mais ce n'est plus le même homme ; son maintien, son ton, ses idées, son esprit, tout est changé ; il est devenu aussi respectable qu'il était naïf et étranger à tout : il sera l'honneur et la consolation de votre famille : que ne puis-je être aussi le bonheur de la mienne ! Vous n'êtes point non plus la même, dit le prieur ; que vous est-il donc arrivé qui ait fait en vous un si grand changement ?

Au milieu de cette conversation l'Ingénu arrive tenant par la main son janséniste. La scene alors devint plus neuve et plus intéressante : elle commença par les tendres embrassements de l'oncle et de la tante : l'abbé de Saint-Yves se mettait presque aux genoux de l'Ingénu, qui n'était plus l'Ingénu ; les deux amants se parlaient par des regards qui exprimaient tous les sentiments dont ils étaient pénétrés ; on voyait éclater la satisfaction, la reconnaissance, sur le front de l'un ; l'embarras était peint dans les yeux tendres et un peu égarés de l'autre : on était étonné qu'elle mêlât de la douleur à tant de joie.

Le vieux Gordon devint en peu de moments cher à toute la famille : il avait été malheureux avec le jeune prisonnier, et c'était un grand titre. Il devait sa délivrance aux deux amants, cela seul le réconciliait avec l'amour ; l'âpreté de ses anciennes opinions sortait de son cœur : il était changé en homme, ainsi que le Huron. Chacun raconta ses aventures avant le souper : les deux abbés, la tante, écoutaient comme des enfants qui entendent des histoires de revenants, et comme des hommes qui s'intéressaient tous à tant de désastres. Hélas ! dit Gordon, il y a peut-être plus de cinq cents personnes vertueuses qui sont à présent dans les mêmes fers que mademoiselle de Saint-Yves a brisés ! leurs malheurs sont inconnus : on trouve assez de mains qui frappent sur la foule des malheureux, et rarement une secourable. Cette réflexion si vraie augmentait sa sensibilité et sa reconnaissance. Tout redoublait le triomphe de la belle Saint-Yves ; on admirait la grandeur et la fermeté de son ame ; l'admiration était mêlée de ce respect qu'on sent malgré soi pour une personne qu'on croit avoir du crédit à la cour : mais l'abbé de Saint-Yves disait quelquefois : Comment ma sœur a-t-elle pu faire pour obtenir sitôt ce crédit ?

On allait se mettre à table de très bonne heure : voilà que la bonne amie de Versailles arrive, sans rien savoir de tout ce qui s'était passé ; elle était en carrosse à six chevaux, et on voit bien à qui appartient l'équipage. Elle entre avec l'air imposant d'une personne de cour qui a de grandes affaires, salue très légèrement la compagnie, et tirant la belle Saint-Yves à l'écart : Pourquoi vous faire tant attendre ? suivez-moi : voilà vos diamants que vous aviez ou-

bliés. Elle ne put dire ces paroles si bas que l'Ingénu
ne les entendît ; il vit les diamants: le frere fut in-
terdit ; l'oncle et la tante n'éprouverent qu'une surprise de bonnes gens qui n'avaient jamais vu une
telle magnificence ; le jeune homme qui s'était formé par un an de réflexions en fit malgré lui, et
parut troublé un moment : son amante s'en apperçut ; une pâleur mortelle se répandit sur son beau
visage, un frisson la saisit, elle se soutenait à peine :
Ah ! madame, dit-elle à la fatale amie , vous m'avez
perdue! vous me donnez la mort! Ces paroles percerent le cœur de l'Ingénu ; mais il avait déja appris
à se posséder ; il ne les releva point, de peur d'in-
quiéter sa maîtresse devant son frere, mais il pâlit
comme elle.

Saint-Yves, éperdue de l'altération qu'elle apper-
cevait sur le visage de son amant, entraîne cette
femme hors de la chambre dans un petit passage ,
jette les diamants à terre devant elle : Ah ! ce ne sont
pas eux qui m'ont séduite, vous le savez; mais celui qui me les a donnés ne me reverra jamais. L'amie
les ramassait, et Saint-Yves ajoutait : Qu'il les reprenne ou qu'il vous les donne ; allez, ne me rendez plus honteuse de moi-même. L'ambassadrice
enfin s'en retourna, ne pouvant comprendre les remords dont elle était témoin.

La belle Saint-Yves, oppressée, éprouvant dans
son corps une révolution qui la suffoquait, fut obli-
gée de se mettre au lit; mais, pour n'alarmer personne, elle ne parla point de ce qu'elle souffrait ;
et , ne prétextant que sa lassitude, elle demanda la
permission de prendre du repos, mais ce fut après

avoir rassuré la compagnie par des paroles consolantes et flatteuses, et jeté sur son amant des regards qui portaient le feu dans son ame.

Le souper, qu'elle n'animait pas, fut triste dans le commencement, mais de cette tristesse intéressante qui fournit de ces conversations attachantes et utiles, si supérieures à la frivole joie qu'on recherche, et qui n'est d'ordinaire qu'un bruit importun.

Gordon fit en peu de mots l'histoire et du jansénisme, et du molinisme, et des persécutions dont un parti accablait l'autre, et de l'opiniâtreté de tous les deux ; l'Ingénu en fit la critique, et plaignit les hommes qui, non contents de tant de discordes que leurs intérêts allument, se font de nouveaux maux pour des intérêts chimériques, et pour des absurdités inintelligibles. Gordon racontait, l'autre jugeait ; les convives écoutaient avec émotion, et s'éclairaient d'une lumiere nouvelle. On parla de la longueur de nos infortunes et de la briéveté de la vie ; on remarqua que chaque profession a un vice et un danger qui lui sont attachés, et que, depuis le prince jusqu'au dernier des mendiants, tout semble accuser la nature. Comment se trouve-t-il tant d'hommes qui, pour si peu d'argent, se font les persécuteurs, les satellites, les bourreaux des autres hommes ? Avec quelle indifférence inhumaine un homme en place signe la destruction d'une famille ! et avec quelle joie plus barbare des mercenaires l'exécutent !

J'ai vu dans ma jeunesse, dit le bon homme Gordon, un parent du maréchal de Marillac, qui, étant poursuivi dans sa province pour la cause de cet illustre malheureux, se cachait dans Paris sous un nom supposé : c'était un vieillard de soixante et douze ans; sa femme, qui l'accompagnait, était à-peu-près de son âge. Ils avaient eu un fils libertin, qui, à l'âge de quatorze ans, s'était enfui de la maison paternelle; devenu soldat, puis déserteur, il avait passé par tous les degrés de la débauche et de la misere : enfin ayant pris un nom de terre, il était dans les gardes du cardinal de Richelieu (car ce prêtre, ainsi que le Mazarin, avait des gardes) ; il avait obtenu un bâton d'exempt dans cette compagnie de satellites. Cet aventurier fut chargé d'arrêter le vieillard et son épouse, et s'en acquitta avec toute la dureté d'un homme qui voulait plaire à son maître. Comme il les conduisait, il entendit ces deux victimes déplorer la longue suite des malheurs qu'elles avaient éprouvés depuis leur berceau ; le pere et la mere comptaient parmi leurs plus grandes infortunes les égarements et la perte de leur fils. Il les reconnut, il ne les conduisit pas moins en prison, en les assurant que son éminence devait être servie de préférence à tout. Son éminence récompensa son zele.

J'ai vu un espion du P. de la Chaise trahir son propre frere, dans l'espérance d'un petit bénéfice qu'il n'eut point ; et je l'ai vu mourir, non de remords, mais de douleur d'avoir été trompé par le jésuite.

L'emploi de confesseur, que j'ai long-temps exercé, m'a fait connaître l'intérieur des familles ; je n'en ai guere vu qui ne fussent plongées dans l'amertume, tandis qu'au dehors, couvertes du masque du bonheur, elles paraissaient nager dans la joie ; et j'ai toujours remarqué que les grands chagrins étaient le fruit de notre cupidité effrénée.

Pour moi, dit l'Ingénu, je pense qu'une ame noble, reconnaissante, et sensible, peut vivre heureuse ; et je compte bien jouir d'une félicité sans mélange avec la belle et généreuse Saint-Yves ; car je me flatte, ajouta-t-il en s'adressant à son frere avec le sourire de l'amitié, que vous ne me refuserez pas, comme l'année passée, et que je m'y prendrai d'une maniere plus décente. L'abbé se confondit en excuses du passé et en protestations d'un attachement éternel.

L'oncle Kerkabon dit que ce serait le plus beau jour de sa vie. La bonne tante, en s'extasiant et en pleurant de joie, s'écriait : Je vous l'avais bien dit que vous ne seriez jamais sous-diacre ; ce sacrement-ci vaut mieux que l'autre ; plût à Dieu que j'en eusse été honorée ! mais je vous servirai de mere. Alors ce fut à qui renchérirait sur les louanges de la tendre Saint-Yves.

Son amant avait le cœur trop plein de ce qu'elle avait fait pour lui, il l'aimait trop pour que l'aventure des diamants eût fait sur son cœur une impression dominante ; mais ces mots qu'il avait trop entendus, *Vous me donnez la mort !* l'effrayaient encore en secret, et corrompaient toute sa joie, tandis que les éloges de sa belle maîtresse augmentaient encore son amour. Enfin on n'était plus occupé que d'elle ; on ne parlait que du bonheur que ces deux amants méritaient : on s'arrangeait pour vivre tous ensemble dans Paris ; on faisait des projets de fortune.

et d'agrandissement ; on se livrait à toutes ces espérances que la moindre lueur de félicité fait naître si aisément ; mais l'Ingénu, dans le fond de son cœur, éprouvait un sentiment secret qui repoussait cette illusion : il relisait ces promesses signées Saint-Pouange, et les brevets signés Louvois : on lui dépeignit ces deux hommes tels qu'ils étaient, ou qu'on les croyait être ; chacun parla des ministres et du ministere avec cette liberté de table, regardée en France comme la plus précieuse liberté qu'on puisse goûter sur la terre.

Si j'étais roi de France, dit l'Ingénu, voici le ministre de la guerre que je choisirais : je voudrais un homme de la plus haute naissance, par la raison qu'il donne des ordres à la noblesse ; j'exigerais qu'il eût été lui-même officier, qu'il eût passé par tous les grades, qu'il fût au moins lieutenant-général des armées, et digne d'être maréchal de France ; car n'est-il pas nécessaire qu'il ait servi lui-même, pour mieux connaître les détails du service ? et les officiers n'obéiront-ils pas avec cent fois plus d'alégresse à un homme de guerre qui aura comme eux signalé son courage, qu'à un homme de cabinet qui ne peut que deviner tout au plus les opérations d'une campagne, quelque esprit qu'il puisse avoir ? Je ne serais pas fâché que mon ministre fût généreux, quoique mon garde du trésor royal en fût quelquefois un peu embarrassé. J'aimerais qu'il eût un travail facile, et que même il se distinguât par cette gaieté d'esprit, partage d'un homme supérieur aux affaires, qui plaît tant à la nation, et qui rend tous les devoirs moins pénibles. Il desirait que ce ministre eût ce caractere, parcequ'il avait toujours remarqué que cette belle humeur est incompatible avec la cruauté.

Mons de Louvois n'aurait peut-être pas été satisfait des souhaits de l'Ingénu; il avait une autre sorte de mérite.

Mais pendant qu'on était à table la maladie de cette fille malheureuse prenait un caractere funeste; son sang s'était allumé, une fievre dévorànte s'était déclarée; elle souffrait, et ne se plaignait point, attentive à ne pas troubler la joie des convives.

Son frere, sachant qu'elle ne dormait pas, alla au chevet de son lit; il fut surpris de l'état où elle était: tout le monde accourut; l'amant se présentait à la suite du frere: il était sans doute le plus alarmé et le plus attendri de tous; mais il avait appris à joindre la discrétion à tous les dons heureux que la nature lui avait prodigués, et le sentiment prompt des bienséances commençait à dominer dans lui.

On fit venir aussitôt un médecin du voisinage: c'était un de ceux qui visitent leurs malades en courant, qui confondent la maladie qu'ils viennent de voir avec celle qu'ils voient, qui mettent une pratique aveugle dans une science à laquelle toute la maturité d'un discernement sain et réfléchi ne peut ôter son incertitude et ses dangers. Il redoubla le mal par sa précipitation à prescrire un remede alors à la mode. De la mode jusque dans la médecine! cette manie était trop commune dans Paris.

La triste Saint-Yves contribuait encore plus que son médecin à rendre sa maladie dangereuse: son ame tuait son corps; la foule des pensées qui l'agi-

taient portait dans ses veines un poison plus dangereux que celui de la fievre la plus brûlante.

CHAPITRE XX.

La belle Saint-Yves meurt, et ce qui en arrive.

On appela un autre médecin : celui-ci, au lieu
d'aider la nature, et de la laisser agir dans une jeune
personne dans qui tous les organes rappelaient la
vie, ne fut occupé que de contrecarrer son confrere.
La maladie devint mortelle en deux jours ; le cerveau, qu'on croit le siege de l'entendement, fut attaqué aussi violemment que le cœur, qui est, dit-
on, le siege des passions.

Quelle mécanique incompréhensible a soumis les
organes au sentiment et à la pensée ? comment une
seule idée douloureuse dérange - t-elle le cours du
sang ? et comment le sang à son tour porte-t-il ses
irrégularités dans l'entendement humain ? quel est
ce fluide inconnu et dont l'existence est certaine,
qui, plus prompt, plus actif que la lumiere, vole en
moins d'un clin d'œil dans tous les canaux de la vie,
produit les sensations, la mémoire, la tristesse ou
la joie, la raison ou le vertige, rappelle avec horreur ce qu'on voudrait oublier, et fait d'un animal
pensant ou un objet d'admiration ou un sujet de
pitié et de larmes ?

C'était là ce que disait le bon Gordon ; et cette
réflexion si naturelle, que rarement font les hommes, ne dérobait rien à son attendrissement ; car
il n'était pas de ces malheureux philosophes qui

s'efforcent d'être insensibles. Il était touché du sort de cette jeune fille, comme un pere qui voit mourir lentement son enfant chéri; l'abbé de Saint-Yves était désespéré; le prieur et sa sœur répandaient des ruisseaux de larmes. Mais qui pourrait peindre l'état de son amant? nulle langue n'a des expressions qui répondent à ce comble de douleurs; les langues sont trop imparfaites.

La tante, presque sans vie, tenait la tête de la mourante dans ses faibles bras; son frere était à genoux au pied du lit; son amant pressait sa main qu'il baignait de pleurs, et éclatait en sanglots: il la nommait sa bienfaitrice, son espérance, sa vie, la moitié de lui-même, sa maîtresse, son épouse. A ce mot d'*épouse* elle soupira, le regarda avec une tendresse inexprimable, et soudain jeta un cri d'horreur; puis, dans un de ces intervalles où l'accablement, et l'oppression des sens, et les souffrances suspendues laissent à l'ame sa liberté et sa force, elle s'écria: Moi votre épouse! ah! cher amant, ce nom, ce bonheur, ce prix, ne sont plus faits pour moi; je meurs, et je le mérite. O dieu de mon cœur, ô vous que j'ai sacrifié à des démons infernaux! c'en est fait, je suis punie, vivez heureux. Ces paroles tendres et terribles ne pouvaient être comprises, mais elles portaient dans tous les cœurs l'effroi et l'attendrissement: elle eut le courage de s'expliquer. Chaque mot fit frémir d'étonnement, de douleur, et de pitié, tous les assistants: tous se réunissaient à détester l'homme puissant qui n'avait réparé une horrible injustice que par un crime, et qui avait forcé la plus respectable innocence à être sa complice.

Qui? vous coupable ! lui dit son amant ; non, vous ne l'êtes pas : le crime ne peut être que dans le cœur ; le vôtre est à la vertu et à moi.

Il confirmait ce sentiment par des paroles qui semblaient ramener à la vie la belle Saint-Yves : elle se sentit consolée, et s'étonnait d'être aimée encore. Le vieux Gordon l'aurait condamnée dans le temps qu'il n'était que janséniste ; mais, étant devenu sage, il l'estimait, et il pleurait.

Au milieu de tant de larmes et de craintes, pendant que le danger de cette fille si chere remplissait tous les cœurs, que tout était consterné, on annonce un courier de la cour. Un courier ! et de qui ? et pourquoi ? c'était de la part du confesseur du roi pour le prieur de la Montagne : ce n'était pas le P. de la Chaise qui écrivait, c'était le frere Vadbled son valet de chambre, homme très important dans ce temps-là, lui qui mandait aux archevêques les volontés du révérend pére, lui qui donnait audience, lui qui promettait des bénéfices, lui qui faisait quelquefois expédier des lettres de cachet. Il écrivait à l'abbé de la Montagne « que sa révé- « rence était informée des aventures de son neveu, « que sa prison n'était qu'une méprise, que ces pe- « tites disgraces arrivaient fréquemment, qu'il ne « fallait pas y faire attention, qu'enfin il convenait « que lui prieur vînt lui présenter son neveu le « lendemain, qu'il devait amener avec lui le bon- « homme Gordon, que lui frere Vadbled les intro- « duirait chez sa révérence et chez mons de Louvois, « lequel leur dirait un mot dans son antichambre. »

Il ajoutait que l'histoire de l'Ingénu et son

combat contre les Anglais avaient été contés au roi,
que sûrement le roi daignerait le remarquer quand
il passerait dans la galerie, et peut-être même lui
ferait un signe de tête. La lettre finissait par l'espérance dont on le flattait que toutes les dames de
la cour s'empresseraient de faire venir son neveu à
leur toilette, que plusieurs d'entre elles lui diraient,
Bon jour, monsieur l'Ingénu, et qu'assurément
il serait question de lui au souper du roi. La lettre
était signée, *Votre affectionné Vadbled, frere
jésuite.*

Le prieur ayant lu la lettre tout haut, son neveu
furieux, et commandant un moment à sa colere, ne
dit rien au porteur; mais, se tournant vers le compagnon de ses infortunes, il lui demanda ce qu'il
pensait de ce style. Gordon lui répondit: C'est donc
ainsi qu'on traite les hommes comme des singes! on
les bat et on les fait danser. L'Ingénu, reprenant
son caractere, qui revient toujours dans les grands
mouvements de l'ame, déchira la lettre par morceaux, et les jeta au nez du courier: Voilà ma réponse. Son oncle épouvanté crut voir le tonnerre
et vingt lettres de cachet tomber sur lui: il alla vite
écrire, et excuser comme il put ce qu'il prenait
pour l'emportement d'un jeune homme, et qui était
la saillie d'une grande ame.

Mais des soins plus douloureux s'emparaient de
tous les cœurs. La belle et infortunée Saint-Yves
sentait déja sa fin approcher; elle était dans le
calme, mais dans ce calme affreux de la nature
affaissée qui n'a plus la force de combattre. O mon
cher amant! dit-elle d'une voix tombante, la mort

me punit de ma faiblesse ; mais j'expire avec la
consolation de vous savoir libre : je vous ai adoré
en vous trahissant, et je vous adore en vous disant
un éternel adieu.

Elle ne se parait pas d'une vaine fermeté ; elle ne
concevait pas cette misérable gloire de faire dire à
quelques voisins, Elle est morte avec courage. Qui
peut perdre à vingt ans son amant, sa vie, et ce
qu'on appelle l'*honneur,* sans regrets et sans dé-
chirements? Elle sentait toute l'horreur de son état,
et le faisait sentir par ces mots et par ces regards
mourants qui parlent avec tant d'empire : enfin elle
pleurait comme les autres dans les moments où elle
eut la force de pleurer.

Que d'autres cherchent à louer les morts fas-
tueuses de ceux qui entrent dans la destruction avec
insensibilité ; c'est le sort de tous les animaux :
nous ne mourons, comme eux, avec indifférence,
que quand l'âge ou la maladie nous rend semblables à eux par la stupidité de nos organes. Quiconque
fait une grande perte a de grands regrets ; s'il les
étouffe, c'est qu'il porte la vanité jusque dans les
bras de la mort.

Lorsque le moment fatal fut arrivé, tous les assistants jeterent des larmes et des cris : l'Ingénu
perdit l'usage de ses sens. Les ames fortes ont des
sentiments bien plus violents que les autres quand
elles sont tendres. Le bon Gordon le connaissait
assez pour craindre qu'étant revenu à lui il ne se
donnât la mort. On écarta toutes les armes ; le malheureux jeune homme s'en apperçut ; il dit à ses
parents et à Gordon , sans pleurer, sans gémir,

sans s'émouvoir : Pensez-vous donc qu'il y ait quelqu'un sur la terre qui ait le droit et le pouvoir de m'empêcher de finir ma vie? Gordon se garda bien de lui étaler ces lieux communs fastidieux par lesquels on essaie de prouver qu'il n'est pas permis d'user de sa liberté pour cesser d'être quand on est horriblement mal, qu'il ne faut pas sortir de sa maison quand on ne peut plus y demeurer, que l'homme est sur la terre comme un soldat à son poste; comme s'il importait à l'Etre des êtres que l'assemblage de quelques parties de matiere fût dans un lieu ou dans un autre! raisons impuissantes qu'un désespoir ferme et réfléchi dédaigne d'écouter, et auxquelles Caton ne répondit que par un coup de poignard.

Le morne et terrible silence de l'Ingénu, ses yeux sombres, ses levres tremblantes, les frémissements de son corps, portaient dans l'ame de tous ceux qui le regardaient ce mélange de compassion et d'effroi qui enchaîne toutes les puissances de l'ame, qui exclut tout discours, et qui ne se manifeste que par des mots entrecoupés. L'hôtesse et sa famille étaient accourues; on tremblait de son désespoir, on le gardait à vue, on observait tous ses mouvements. Déja le corps glacé de la belle Saint-Yves avait été porté dans une salle basse, loin des yeux de son amant, qui semblait la chercher encore, quoiqu'il ne fût plus en état de rien voir.

Au milieu de ce spectacle de la mort, tandis que le corps est exposé à la porte de la maison, que deux prêtres à côté d'un bénitier récitent des prieres d'un air distrait, que des passants jettent quelques

gouttes d'eau bénite sur la bière par oisiveté, que
d'autres poursuivent leur chemin avec indifférence,
que les parents pleurent, et qu'un amant est près
de s'arracher la vie, le Saint-Pouange arrive avec
l'amie de Versailles.

Son goût passager, n'ayant été satisfait qu'une
fois, était devenu de l'amour: le refus de ses bienfaits l'avait piqué. Le P. de la Chaise n'aurait jamais
pensé à venir dans cette maison; mais Saint-Pouange,
ayant tous les jours devant les yeux l'image de la
belle Saint-Yves, brûlant d'assouvir une passion qui
par une seule jouissance avait enfoncé dans son
cœur l'aiguillon des desirs, ne balança pas à venir
lui-même chercher celle qu'il n'aurait pas peut-être
voulu revoir trois fois, si elle était venue d'elle-
même.

Il descend de carrosse; le premier objet qui se
présente à lui est une bière; il détourne les yeux
avec ce simple dégoût d'un homme nourri dans les
plaisirs, qui pense qu'on doit lui épargner tout
spectacle qui pourrait le ramener à la contemplation
de la misere humaine. Il veut monter: la femme de
Versailles demande par curiosité qui on va enterrer;
on prononce le nom de mademoiselle de Saint-Yves.
A ce nom elle pâlit et poussa un cri affreux; Saint-
Pouange se retourne; la surprise et la douleur remplissent son ame. Le bon Gordon était là, les yeux
remplis de larmes: il interrompt ses tristes prieres
pour apprendre à l'homme de cour toute cette horrible catastrophe; il lui parle avec cet empire que
donnent la douleur et la vertu. Saint-Pouange n'était
point né méchant; le torrent des affaires et des

amusements avait emporté son ame qui ne se connaissait pas encore. Il ne touchait point à la vieillesse, qui endurcit d'ordinaire le cœur des ministres; il écoutait Gordon, les yeux baissés, et il en
essayait quelques pleurs qu'il était étonné de ré-
pandre : il connut le repentir.

Je veux voir absolument, dit-il, cet homme extraordinaire dont vous m'avez parlé; il m'attendrit
presque autant que cette innocente victime dont
j'ai causé la mort. Gordon le suit jusqu'à la chambre
où le prieur, la Kerkabon, l'abbé de Saint-Yves, et
quelques voisins, rappelaient à la vie le jeune homme
retombé en défaillance.

J'ai fait votre malheur, lui dit le sous-ministre,
j'emploierai ma vie à le réparer. La premiere idée
qui vint à l'Ingénu fut de le tuer, et de se tuer
lui-même après. Rien n'était plus à sa place; mais
il était sans armes et veillé de près. Saint-Pouange
ne se rebuta point des refus accompagnés du reproche, du mépris, et de l'horreur, qu'il avait mé-
rités, et qu'on lui prodigua. Le temps adoucit tout.
Mons de Louvois vint enfin à bout de faire un excellent officier de l'Ingénu, qui a paru sous un autre
nom à Paris et dans les armées, avec l'approbation
de tous les honnêtes gens, et qui a été à la fois un
guerrier et un philosophe intrépide.

Il ne parlait jamais de cette aventure sans gémir;
et cependant sa consolation était d'en parler : il
chérit la mémoire de la tendre Saint-Yves jusqu'au
dernier moment de sa vie. L'abbé de Saint-Yves et
le prieur eurent chacun un bon bénéfice; la bonne
Kerkabon aima mieux voir son neveu dans les

honneurs militaires que dans le sous-diaconat. La
dévote de Versailles garda les boucles de diamants,
et reçut encore un beau présent; le P. Tout-à-tous
eut des boîtes de chocolat, de café, de sucre candi,
de citrons confits, avec les Méditations du révérend
P. Croiset, et la Fleur des Saints, reliées en ma-
roquin. Le bon Gordon vécut avec l'Ingénu jusqu'à
sa mort dans la plus intime amitié; il eut un
bénéfice aussi, et oublia pour jamais la grace efficace et le concours concomitant: il prit pour sa
devise, *Malheur est bon à quelque chose.* Combien d'honnêtes gens dans le monde ont pu dire:
Malheur n'est bon à rien !

FIN DE L'INGÉNU.

L'HOMME

AUX QUARANTE ÉCUS.

Un vieillard, qui *toujours plaint le présent et vante le passé*, me disait : Mon ami, la France n'est pas aussi riche qu'elle l'a été sous Henri IV. Pourquoi ? c'est que les terres ne sont pas si bien cultivées ; c'est que les hommes manquent à la terre, et que le journalier ayant enchéri son travail, plusieurs colons laissent leurs héritages en friche.

D'où vient cette disette de manœuvres ? — De ce que quiconque s'est senti un peu d'industrie a embrassé les métiers de brodeur, de ciseleur, d'horloger, d'ouvrier en soie, de procureur, ou de théologien. C'est que la révocation de l'édit de Nantes a laissé un très grand vide dans le royaume ; que les religieuses et les mendiants se sont multipliés, et qu'enfin chacun a fui, autant qu'il a pu, le travail pénible de la culture, pour laquelle Dieu nous a fait naître, et que nous avons rendue ignominieuse, tant nous sommes sensés !

Une autre cause de notre pauvreté est dans nos besoins nouveaux : il faut payer à nos voisins quatre millions d'un article, et cinq ou six d'un autre, pour mettre dans notre nez une poudre puante venue de l'Amérique ; le café, le thé, le chocolat, la cochenille, l'indigo, les épiceries, nous coûtent plus de soixante millions par an. Tout cela était inconnu du temps de Henri IV, aux épiceries près, dont la consommation était bien moins grande. Nous brûlons cent fois plus de bougie; et nous tirons plus de la moitié de notre cire de l'étranger, parceque nous négligeons les ruches. Nous voyons cent fois plus de diamants aux oreilles, au cou, aux mains de nos citoyennes de Paris, et de nos grandes villes, qu'il n'y en avait chez toutes les dames de la cour de Henri IV, en comptant la reine. Il a fallu payer presque toutes ces superfluités argent comptant.

Observez sur-tout que nous payons plus de quinze millions de rentes sur l'hôtel-de-ville aux étrangers, et que Henri IV, à son avènement, en ayant trouvé pour deux millions en tont sur cet hôtel imaginaire, en remboursa sagement une partie, pour délivrer l'état de ce fardeau.

Considérez que nos guerres civiles avaient fait verser en France les trésors du Mexique, lorsque *don Phelippo el discreto* voulait acheter la France, et que depuis ce temps-là les guerres étrangeres nous ont débarrassés de la moitié de notre argent.

Voilà en partie les causes de notre pauvreté. Nous la cachons sous des lambris vernis et par l'artifice des marchandes de modes : nous sommes pauvres avec goût. Il y a des financiers, des entrepreneurs, des négociants très riches; leurs enfants, leurs gendres sont très riches : en général la nation ne l'est pas.

Le raisonnement de ce vieillard, bon ou mauvais, fit sur moi une impression profonde; car le curé de ma paroisse, qui a toujours eu de l'amitié pour moi, m'a enseigné un peu de géométrie et d'histoire, et je commence à réfléchir, ce qui est très rare dans ma province. Je ne sais s'il avait raison en tout; mais, étant fort pauvre, je n'eus pas grand'peine à croire que j'avais beaucoup de compagnons (1).

Désastre de l'homme aux quarante écus.

Je suis bien aise d'apprendre à l'univers que j'ai une terre qui me vaudrait net quarante écus de rente, n'était la taxe à laquelle elle est imposée.

Il parut plusieurs édits de quelques personnes qui, se trouvant de loisir, gouvernent l'état au coin de leur feu. Le préambule de ces édits était que la puissance *législatrice et exécutrice est née de droit divin copropriétaire de ma terre*, et que je lui dois au moins la moitié de ce que je mange. L'énormité de l'estomac de la puissance législatrice

---

(1) Madame de Maintenon, qui en tout genre était une femme fort entendue, excepté dans celui sur lequel elle consultait le trigaud et processif abbé Gobelin, son confesseur; madame de Maintenon, dis-je, dans une de ses lettres, fait le compte du ménage de son frere et de sa femme, en 1680. Le mari et la femme avaient à payer le loyer d'une maison agréable; leurs domestiques étaient au nombre de dix; ils avaient quatre chevaux et deux cochers, un bon diner tous les jours. Madame de Maintenon évalue le tout à neuf mille francs par an, et met trois mille livres pour le jeu, les spectacles, les fantaisies, et les magnificences de monsieur et de madame. Il faudrait à présent environ quarante mille livres pour mener une telle vie dans Paris : il n'en eût fallu que six mille du temps de Henri IV. Cet exemple prouve assez que le vieux bon-homme ne radote pas absolument.

et exécutrice me fit faire un grand signe de croix. Que serait-ce si cette puissance qui préside à *l'ordre essentiel des sociétés* avait ma terre en entier ? l'un est encore plus divin que l'autre.

Monsieur le contrôleur-général sait que je ne payais en tout que douze livres, que c'était un fardeau très pesant pour moi, et que j'y aurais succombé, si Dieu ne m'avait donné le génie de faire des paniers d'osier qui m'aidaient à supporter ma misere. Comment donc pourrai-je tout d'un coup donner au roi vingt écus ?

Les nouveaux ministres disaient encore dans leur préambule qu'on ne doit taxer que les terres, parceque tout vient de la terre jusqu'à la pluie, et que par conséquent il n'y a que les fruits de la terre qui doivent l'impôt.

Un de leurs huissiers vint chez moi, dans la derniere guerre ; il me demanda pour ma quote-part trois setiers de blé et un sac de feves, le tout valant vingt écus, pour soutenir la guerre qu'on faisait, et dont je n ai jamais su la raison, ayant seulement entendu dire que, dans cette guerre, il n'y avait rien à gagner du tout pour mon pays, et beaucoup à perdre. Comme je n'avais alors ni blé, ni feves, ni argent, la puissance législatrice et exécutrice me fit traîner en prison, et on fit la guerre comme on put.

En sortant de mon cachot, n'ayant que la peau sur les os, je rencontrai un homme joufflu et vermeil dans un carrosse à six chevaux; il avait six laquais, et donnait à chacun d'eux pour gages le double de mon revenu; son maitre-d'hôtel, aussi vermeil que lui, avait deux mille francs d'appointements, et lui en volait par an vingt mille; sa maitresse lui coûtait quarante mille écus en six mois: je l'avais connu autrefois dans le temps qu'il était moins riche que moi: il m'avoua, pour me consoler, qu'il jouissait de quatre cent mille livres de rente. Vous en payez donc deux cent mille à l'état, lui dis-je, pour soutenir la guerre avantageuse que nous avons; car moi, qui n'ai juste que mes cent vingt livres, il faut que j'en paye la moitié?

Moi! dit-il, que je contribue aux besoins de l'état? vous voulez rire, mon ami: j'ai hérité d'un oncle qui avait gagné huit millions à Cadix et à Surate; je n'ai pas un pouce de terre, tout mon bien est en contrats, en billets sur la place: je ne dois rien à l'état; c'est à vous de donner la moitié de votre subsistance, vous qui êtes un seigneur terrien; ne voyez-vous pas que, si le ministre des finances exigeait de moi quelques secours pour la patrie, il serait un imbécille qui ne saurait pas calculer: car tout vient de la terre; l'argent et les billets ne sont que des gages d'échange; au lieu de mettre sur une carte au pharaon cent setiers de blé, cent bœufs, mille moutons, et deux cents sacs d'avoine, je joue des rouleaux d'or qui représentent ces denrées dégoûtantes: si, après avoir mis l'impôt unique sur ces denrées, on venait encore me demander de l'argent, ne voyez-vous pas que ce serait un double emploi? que ce serait demander deux fois la même chose? Mon oncle vendit à Cadix pour deux millions de votre blé, et pour deux millions d'étoffes fabriquées avec votre laine ; il gagna plus de cent pour cent dans ces deux affaires. Vous concevez bien que ce profit fut fait sur des terres déja taxées : ce que mon oncle achetait dix sous de vous, il le revendait plus de cinquante francs au Mexique ; et, tous frais faits, il est revenu avec huit millions.

Vous sentez bien qu'il serait d'une horrible injustice de lui redemander quelques oboles sur les dix sous qu'il vous donna. Si vingt neveux comme moi, dont les oncles auraient gagné dans le bon temps chacun huit millions au Mexique, à Buénos-Ayres, à Lima, à Surate, ou à Pondichéri, prêtaient seulement à l'état chacun deux cents mille francs dans les besoins urgents de la patrie, cela produirait quatre millions : quelle horreur ! Payez, mon ami, vous qui jouissez en paix d'un revenu clair et net de quarante écus ; servez bien la patrie, et venez quelquefois dîner avec ma livrée.

Ce discours plausible me fit beaucoup réfléchir, et ne me consola guere.

Entretien avec un géometre.

Il arrive quelquefois qu'on ne peut rien répondre, et qu'on n'est pas persuadé ; on est atterré sans pouvoir être convaincu ; on sent dans le fond de son ame un scrupule, une répugnance qui nous empêche de croire ce qu'on nous a prouvé. Un géometre vous démontre qu'entre un cercle et une tangente vous pouvez faire passer une infinité de lignes courbes, et que vous n'en pouvez faire passer une droite : vos yeux, votre raison, vous disent le contraire : le géometre vous répond gravement que c'est là un infini du second ordre ; vous vous taisez, et vous vous en retournez tout stupéfait, sans avoir aucune idée nette, sans rien comprendre, et sans répliquer.

Vous consultez un géometre de meilleure foi, qui vous explique le mystere : Nous supposons, dit-il, ce qui ne peut être dans la nature, des lignes qui ont de la longueur sans largeur : il est impossible, physiquement parlant, qu'une ligne réelle en pénetre une autre ; nulle courbe, ni nulle droite réelle ne peut passer entre deux lignes réelles qui se touchent : ce ne sont là que des jeux de l'entendement, des chimeres idéales ; et la véritable géométrie est l'art de mesurer les choses existantes.

Je fus très content de l'aveu de ce sage mathématicien, et je me mis à rire, dans mon malheur, d'apprendre qu'il y avait de la charlatanerie jusque dans la science qu'on appelle la *haute science*.

Mon géometre était un citoyen philosophe qui avait daigné quelquefois causer avec moi dans ma chaumiere. Je lui dis : Monsieur, vous avez tâché d'éclairer les badauds de Paris sur le plus grand intérêt des hommes, la durée de la vie humaine ; le ministere a connu par vous seul ce qu'il doit donner aux rentiers viagers selon leurs différents âges ; vous avez proposé de donner aux maisons de la ville l'eau qui leur manque, et de nous sauver enfin de l'opprobre et du ridicule d'entendre toujours crier *à l'eau*, et de voir des femmes enfermées dans un cerceau oblong porter deux seaux d'eau, pesant ensemble trente livres, à un quatrieme étage, auprès d'un privé : faites-moi, je vous prie, l'amitié

de me dire combien il y a d'animaux à deux mains
et à deux pieds en France.

LE GÉOMETRE.

On prétend qu'il y en a environ vingt millions ;
et je veux bien adopter ce calcul très probable (1),
en attendant qu'on le vérifie, ce qui serait très aisé,
et qu'on n'a pas encore fait, parcequ'*on ne s'avise
jamais de tout.*

L'HOMME AUX QUARANTE ÉCUS.

Combien croyez-vous que le territoire de France
contienne d'arpents ?

LE GÉOMETRE.

Cent trente millions, dont presque la moitié est
en chemins, en villes, villages, landes, bruyeres,
marais, sables, terres stériles, couvents inutiles,
jardins de plaisance plus agréables qu'utiles, terrains incultes, mauvais terrains mal cultivés. On
pourrait réduire les terres d'un bon rapport à soixante
et quinze millions d'arpents carrés ; mais comptons-
en quatre-vingts millions : on ne saurait trop faire
pour sa patrie.

L'HOMME AUX QUARANTE ÉCUS.

Combien croyez-vous que chaque arpent rapporte
l'un dans l'autre, année commune, en blés, en se-

---

(1) Cela est prouvé par les mémoires des intendants,
faits à la fin du dix-septieme siecle, combinés avec le
dénombrement par feux, composé en 1753 par ordre
de M. le comte d'Argenson, et sur-tout avec l'ouvrage
très exact de M. de Mézence, fait sous les yeux de
M. l'intendant de la Michaudiere, l'un des hommes les
plus éclairés.

mences de toute espece , vins , étangs , bois , métaux, bestiaux , fruits , laines , soies, lait , huiles , tous frais faits , sans compter l'impôt ?

LE GÉOMETRE.

Mais , s'ils produisent chacun vingt-cinq livres , c'est beaucoup ; cependant mettons trente livres, pour ne pas décourager nos concitoyens : il y a des arpents qui produisent des valeurs renaissantes estimées trois cents livres ; il y en a qui produisent trois livres : la moyenne proportionnelle entre trois et trois cents est trente ; car vous voyez bien que trois est à trente comme trente est à trois cents : il est vrai que s'il y avait beaucoup d'arpents à trente livres, et très peu à trois cents livres, notre compte ne s'y trouverait pas ; mais , encore une fois , je ne veux point chicaner.

L'HOMME AUX QUARANTE ÉCUS.

Eh bien! monsieur, combien les quatre-vingts millions d'arpents donneront-ils de revenu , estimé en argent ?

LE GÉOMETRE.

Le compte est tout fait : cela produit par an deux milliars quatre cents millions de livres numéraires, au cours de ce jour.

L'HOMME AUX QUARANTE ÉCUS.

J'ai lu que Salomon possédait lui seul vingt-cinq milliars d'argent comptant ; et certainement il n'y a pas deux milliars quatre cents millions d'especes circulantes dans la France, qu'on m'a dit être beaucoup plus grande et plus riche que le pays de Salomon.

LE GÉOMETRE.

C'est là le mystere : il y a peut-être à présent environ neuf cents millions d'argent circulant dans le royaume ; et cet argent, passant de main en main, suffit pour payer toutes les denrées et tous les travaux ; le même écu peut passer mille fois de la poche du cultivateur dans celle du cabaretier et du commis des aides.

L'HOMME AUX QUARANTE ÉCUS.

J'entends. Mais vous m'avez dit que nous sommes vingt millions d'habitants, hommes et femmes, vieillards et enfants, combien pour chacun, s'il vous plaît ?

LE GÉOMETRE.

Cent vingt livres ou quarante écus.

L'HOMME AUX QUARANTE ÉCUS.

Vous avez deviné tout juste mon revenu ; j'ai quatre arpents, qui, en comptant les années de repos mêlées avec les années de produit, me valent cent vingt livres : c'est peu de chose.

Quoi ! si chacun avait une portion égale, comme dans l'âge d'or, chacun n'aurait que cinq louis d'or par an ?

LE GÉOMETRE.

Pas davantage suivant notre calcul, que j'ai un peu enflé : tel est l'état de la nature humaine. La vie et la fortune sont bien bornées ; on ne vit à Paris, l'un portant l'autre, que vingt-deux à vingt-trois ans ; l'un portant l'autre, on n'a tout au plus que cent vingt livres par an à dépenser ; c'est-à-dire que votre nourriture, votre vêtement, votre logement, vos meubles, sont représentés par la somme de cent vingt livres.

L'HOMME AUX QUARANTE ÉCUS.

Hélas ! que vous ai-je fait pour m'ôter ainsi la fortune et la vie ? Est-il vrai que je n'aie que vingt-trois ans à vivre, à moins que je ne vole la part de mes camarades ?

LE GÉOMETRE.

Cela est incontestable dans la bonne ville de Paris : mais de ces vingt-trois ans il en faut retrancher au moins dix de votre enfance ; car l'enfance n'est pas une jouissance de la vie, c'est une préparation, c'est le vestibule de l'édifice, c'est l'arbre qui n'a pas encore donné de fruits, c'est le crépuscule d'un jour : retranchez de treize années qui vous restent le temps du sommeil et celui de l'ennui, c'est au moins la moitié; reste six ans et demi, que vous passez dans le chagrin, les douleurs, quelques plaisirs, et l'espérance.

L'HOMME AUX QUARANTE ÉCUS.

Miséricorde ! votre compte ne va pas à trois ans d'une existence supportable.

LE GÉOMETRE.

Ce n'est pas ma faute. La nature se soucie fort peu des individus. Il y a d'autres insectes qui ne vivent qu'un jour, mais dont l'espece dure à jamais. La nature est comme ces grands princes qui comptent pour rien la perte de quatre cents mille hommes, pourvu qu'ils viennent à bout de leurs augustes desseins.

L'HOMME AUX QUARANTE ÉCUS.

Quarante écus et trois ans à vivre ! quelle res-

source imagineriez-vous contre ces deux malédictions ?

LE GÉOMETRE.

Pour la vie, il faudrait rendre dans Paris l'air
plus pur, que les hommes mangeassent moins,
qu'ils fissent plus d'exercice, que les meres allai-
tassent leurs enfants, qu'on ne fût plus assez mal-
avisé pour craindre l'inoculation ; c'est ce que j'ai
dit : et pour la fortune, il n'y a qu'à se marier, faire
des garçons et des filles.

L'HOMME AUX QUARANTE ÉCUS.

Quoi ! le moyen de vivre commodément est d'as-
socier ma misere à celle d'un autre ?

LE GÉOMETRE.

Cinq ou six miseres ensemble font un établisse-
ment très tolérable. Ayez une brave femme, deux
garçons et deux filles seulement, cela fait sept cents
vingt livres pour votre petit ménage, supposé que
justice soit faite, et que chaque individu ait cent
vingt livres de rente. Vos enfants en bas âge ne vous
coûtent presque rien ; devenus grands ils vous sou-
lagent ; leurs secours mutuels vous sauvent presque
toutes les dépenses, et vous vivez très heureusement
en philosophe, pourvu que ces messieurs qui gouvernent l'état n'aient pas la barbarie de vous extor-
quer à chacun vingt écus par an : mais le malheur
est que nous ne sommes plus dans l'âge d'or, où
les hommes, nés tous égaux, avaient également part
aux productions succulentes d'une terre non cultivée : il s'en faut beaucoup aujourd'hui que chaque
être à deux mains et à deux pieds possede un fonds
de cent vingt livres de revenu.

L'HOMME AUX QUARANTE ÉCUS.

Ah ! vous nous ruinez ! Vous nous disiez tout à l'heure que dans un pays où il y a quatre-vingts millions d'arpents de terre assez bonne, et vingt millions d'habitants, chacun doit jouir de cent vingt livres de rente, et vous nous les ôtez.

LE GÉOMETRE.

Je comptais suivant les registres du siecle d'or, et il faut compter suivant le siecle de fer. Il y a beaucoup d'habitants qui n'ont que la valeur de dix écus de rente, d'autres qui n'en ont que quatre ou cinq, et plus de six millions d'hommes qui n'ont absolument rien.

L'HOMME AUX QUARANTE ÉCUS.

Mais s'ils mouraient de faim au bout de trois jours ?

LE GÉOMETRE.

Point du tout : les autres qui possedent leurs portions les font travailler, et partagent avec eux ; c'est ce qui paye le théologien, le confiturier, l'apothicaire, le prédicateur, le comédien, le procureur, et le fiacre. Vous vous êtes cru à plaindre de n'avoir que cent vingt livres à dépenser par an, réduites à cent huit livres à cause de votre taxe de douze francs ; mais regardez les soldats qui donnent leur sang pour la patrie ; ils ne disposent, à quatre sous par jour, que de soixante et treize livres, et ils vivent gaiement en s'associant par chambrées.

L'HOMME AUX QUARANTE ÉCUS.

Ainsi donc un ex-jésuite a plus de cinq fois la paye d'un soldat ; cependant les soldats ont rendu plus de services à l'état sous les yeux du roi à Fontenoy, à Lawfelt, au siege de Fribourg, que n'en a jamais rendu le révérend P. la Valette.

LE GÉOMETRE.

Rien n'est plus vrai ; et même chaque jésuite devenu libre a plus à dépenser qu'il ne coûtait à son couvent : il y en a même qui ont gagné beaucoup d'argent à faire des brochures contre les parlements, comme le révérend P. Patouillet et le révérend P. Nonotte. Chacun s'ingénie dans ce monde : l'un est à la tête d'une manufacture d'étoffes, l'autre de porcelaines ; un autre entreprend l'opéra ; celui-ci fait la gazette ecclésiastique, cet autre une tragédie bourgeoise, ou un roman dans le goût anglais ; il entretient le papetier, le marchand d'encre, le libraire, le colporteur, qui sans lui demanderaient l'aumône. Ce n'est enfin que la restitution de cent vingt livres à ceux qui n'ont rien qui fait fleurir l'état.

L'HOMME AUX QUARANTE ÉCUS.

Parfaite maniere de fleurir !

LE GÉOMETRE.

Il n'y en a point d'autre : par tout pays le riche fait vivre le pauvre : voilà l'unique source de l'industrie du commerce. Plus la nation est industrieuse, plus elle gagne sur l'étranger. Si nous attrapions de l'étranger dix millions par an pour la balance du commerce, il y aurait dans vingt ans deux cents millions de plus dans l'état ; ce serait dix francs de plus à répartir loyalement sur chaque tète ; c'est-à-dire que les négociants feraient gagner à chaque pauvre dix francs de plus, dans l'espérance de faire des gains encore plus considérables. Mais le commerce a ses bornes comme la fertilité de la terre, autrement la progression irait à l'infini; et puis il n'est pas sûr que la balance de notre commerce nous soit toujours favorable : il y a des temps où nous perdons.

L'HOMME AUX QUARANTE ÉCUS.

J'ai entendu parler beaucoup de population. Si nous nous avisions de faire le double d'enfants de ce que nous en faisons, si notre patrie était peuplée du double, si nous avions quarante millions d'habitants au lieu de vingt, qu'arriverait-il ?

LE GÉOMETRE.

Il arriverait que chacun n'aurait à dépenser que vingt écus l'un portant l'autre, ou qu'il faudrait que la terre rendît le double de ce qu'elle rend, ou qu'il y aurait le double de pauvres, ou qu'il faudrait avoir le double d'industrie, et gagner le double sur l'étranger, ou envoyer la moitié de la nation en Amérique, ou que la moitié de la nation mangeât l'autre.

L'HOMME AUX QUARANTE ÉCUS.

Contentons-nous donc de nos vingt millions d'hommes, et de nos cent vingt livres par tête, réparties comme il plaît à Dieu : mais cette situation est triste, et votre siecle de fer est bien dur.

LE GÉOMETRE.

Il n'y a aucune nation qui soit mieux; et il en est beaucoup qui sont plus mal. Croyez-vous qu'il y ait dans le Nord de quoi donner la valeur de cent vingt livres à chaque habitant? S'ils avaient eu l'équivalent, les Huns, les Goths, les Vandales, et les Francs, n'auraient pas déserté leur patrie pour aller s'établir ailleurs le fer et la flamme à la main.

L'HOMME AUX QUARANTE ÉCUS.

Si je vous laissais dire, vous me persuaderiez bientôt que je suis heureux avec mes cent vingt francs.

LE GÉOMETRE.

Si vous pensiez être heureux, en ce cas vous le seriez.

L'HOMME AUX QUARANTE ÉCUS.

On ne peut s'imaginer être ce qu'on n'est pas, à moins qu'on ne soit fou.

LE GÉOMETRE.

Je vous ai déja dit que, pour être plus à votre aise et plus heureux que vous n'êtes, il faut que vous preniez une femme; mais j'ajouterai qu'elle doit avoir comme vous cent vingt livres de rente, c'est-à-dire quatre arpents à dix écus l'arpent. Les anciens Romains n'en avaient chacun que trois. Si vos enfants sont industrieux, ils pourront en gagner chacun autant en travaillant pour les autres.

L'HOMME AUX QUARANTE ÉCUS.

Ainsi ils ne pourront avoir de l'argent sans que d'autres en perdent?

LE GÉOMETRE.

C'est la loi de toutes les nations; on ne respire qu'à ce prix.

L'HOMME AUX QUARANTE ÉCUS.

Et il faudra que ma femme et moi nous donnions chacun la moitié de notre récolte à la puissance législatrice et exécutrice, et que les nouveaux ministres d'état nous enlevent la moitié du prix de nos sueurs et de la substance de nos pauvres enfants avant qu'ils puissent gagner leur vie! Dites-moi, je vous prie, combien nos nouveaux ministres font entrer d'argent de droit divin dans les coffres du roi?

LE GÉOMETRE.

Vous payez vingt écus pour quatre arpents qui vous en rapportent quarante: l'homme riche qui possede quatre cents arpents paiera deux mille écus par ce nouveau tarif, et les quatre-vingts millions d'arpents rendront au roi douze cents millions de livres par année, ou quatre cents millions d'écus.

L'HOMME AUX QUARANTE ÉCUS.

Cela me paraît impraticable et impossible.

LE GÉOMETRE.

Vous avez très grande raison, et cette impossibilité est une démonstration géométrique qu'il y a un vice fondamental de raisonnement dans nos nouveaux ministres.

L'HOMME AUX QUARANTE ÉCUS.

N'y a-t-il pas aussi une prodigieuse injustice démontrée à me prendre la moitié de mon blé, de mon chanvre, de la laine de mes moutons, etc., et de n'exiger aucun secours de ceux qui auront gagné dix, ou vingt, ou trente mille livres de rente avec mon chanvre dont ils ont tissu de la toile, avec ma laine dont ils ont fabriqué des draps, avec mon blé qu'ils auront vendu plus cher qu'ils ne l'ont acheté?

LE GÉOMETRE.

L'injustice de cette administration est aussi évidente que son calcul est erroné. Il faut que l'industrie soit favorisée, mais il faut que l'industrie opulente secoure l'état. Cette industrie vous a certainement ôté une partie de vos cent vingt livres, et se l'est appropriée en vous vendant vos chemises et votre habit vingt fois plus cher qu'ils ne vous auraient coûté si vous les aviez faits vous-même. Le manufacturier qui s'est enrichi à vos dépens a, je l'avoue, donné un salaire à ses ouvriers, qui n'avaient rien par eux-mêmes; mais il a retenu pour lui, chaque année, une somme qui lui a valu enfin trente mille livres de rente: il a donc acquis cette fortune à vos dépens; vous ne pourrez donc jamais lui vendre vos denrées assez cher pour vous rembourser de ce qu'il a gagné sur vous; car si vous tentiez ce surhaussement, il en ferait venir de l'étranger à meilleur prix. Une preuve que cela est ainsi, c'est qu'il reste toujours possesseur de ses trente mille livres de rente, et vous restez avec vos cent vingt livres, qui diminuent souvent bien loin d'augmenter.

Il est donc nécessaire et équitable que l'industrie raffinée du négociant paye plus que l'industrie grossiere du laboureur. Il en est de même des receveurs des deniers publics. Votre taxe avait été jusqu'ici de douze francs avant que nos grands ministres vous eussent pris vingt écus: sur ces douze francs le publicain retenait dix sous pour lui. Si dans votre province il y a cinq cents mille ames, il aura gagné deux cents cinquante mille francs par an. Qu'il en dépense cinquante, il est clair qu'au bout de dix ans il aura deux millions de bien. Il est très juste qu'il contribue à proportion, sans quoi tout serait perverti et bouleversé.

L'HOMME AUX QUARANTE ÉCUS.

Je vous remercie d'avoir taxé ce financier ; cela soulage mon imagination : mais puisqu'il a si bien augmenté son superflu, comment puis-je faire pour accroître aussi ma petite fortune ?

LE GÉOMETRE.

Je vous l'ai déja dit, en vous mariant, en travaillant, en tâchant de tirer de votre terre quelques gerbes de plus que ce qu'elle vous produisait.

L'HOMME AUX QUARANTE ÉCUS.

Je suppose que j'aie bien travaillé, que toute la nation en ait fait autant, que la puissance législatrice et exécutrice en ait reçu un plus gros tribut, combien la nation a-t-elle gagné au bout de l'année?

LE GÉOMETRE.

Rien du tout, à moins qu'elle n'ait fait un commerce étranger utile ; mais elle aura vécu plus commodément. Chacun aura eu à proportion plus d'habits, de chemises, de meubles, qu'il n'en avait auparavant. Il y aura eu dans l'état une circulation plus abondante ; les salaires auront été augmentés avec le temps à-peu-près en proportion du nombre des gerbes de blé, des toisons de mouton, des cuirs de bœufs, de cerfs, et de chevres, qui auront été employés, des grappes de raisin qu'on aura foulées dans le pressoir. On aura payé au roi plus de valeurs de denrées en argent, et le roi aura rendu plus de valeurs à tous ceux qu'il aura fait travailler sous ses ordres ; mais il n'y aura pas un écu de plus dans le royaume.

L'HOMME AUX QUARANTE ÉCUS.

Que restera-t-il donc à la puissance au bout de l'année?

LE GÉOMÈTRE.

Rien, encore une fois ; c'est ce qui arrive à toute puissance : elle ne thésaurise pas ; elle a été nourrie, vêtue, logée, meublée ; tout le monde l'a été aussi, chacun suivant son état : et si elle thésaurise, elle a arraché à la circulation autant d'argent qu'elle en a entassé ; elle a fait autant de malheureux qu'elle a mis de fois quarante écus dans ses coffres.

L'HOMME AUX QUARANTE ÉCUS.

Mais ce grand Henri IV n'était donc qu'un vilain, un ladre, un pillard ; car on m'a conté qu'il avait encaqué dans la Bastille plus de cinquante millions de notre monnaie d'aujourd'hui.

LE GÉOMÈTRE.

C'était un homme aussi bon, aussi prudent que valeureux : il allait faire une juste guerre ; et, en amassant dans ses coffres vingt-deux millions de son temps, en ayant encore à recevoir plus de vingt autres qu'il laissait circuler, il épargnait à son peuple plus de cent millions qu'il en aurait coûté s'il n'avait pas pris ces utiles mesures. Il se rendait moralement sûr du succès contre un ennemi qui n'avait pas les mêmes précautions : le calcul des probabilités était prodigieusement en sa faveur.

L'HOMME AUX QUARANTE ÉCUS.

Mon vieillard me l'avait bien dit qu'on était à proportion plus riche sous l'administration du duc de Sulli que sous celle des nouveaux ministres qui ont mis l'impôt unique, et qui m'ont pris vingt écus sur quarante. Dites-moi, je vous prie, y a-t-il une nation au monde qui jouisse de ce beau bénéfice de l'impôt unique ?

LE GÉOMETRE.

Pas une nation opulente. Les Anglais, qui ne rient guere, se sont mis à rire quand ils ont appris que des gens d'esprit avaient proposé parmi nous cette administration. Les Chinois exigent une taxe de tous les vaisseaux marchands qui abordent à Kanton; les Hollandais payent à Nangasaqui quand ils sont reçus au Japon, sous prétexte qu'ils ne sont pas chrétiens; les Lappons et les Samoïedes, à la vérité, sont soumis à un impôt unique en peaux de martre; la république de Saint-Marin ne paye que des dixmes pour entretenir l'état dans sa splendeur.

Il y a dans notre Europe une nation célebre par son équité et par sa valeur, qui ne paye aucune taxe; c'est le peuple helvétien: mais voici ce qui est arrivé; ce peuple s'est mis à la place des ducs d'Autriche et de Zeringen. Les petits cantons sont démocratiques et très pauvres; chaque habitant y paye une somme très modique pour les besoins de la petite république; dans les cantons riches on est chargé envers l'état des redevances que les archiducs d'Autriche et les seigneurs fonciers exigeaient. Les cantons protestants sont à proportion du double plus riches que les catholiques, parceque l'état y possede les biens des moines. Ceux qui étaient sujets des archiducs d'Autriche, des ducs de Zeringen, et des moines, le sont aujourd'hui de la patrie; ils payent à cette patrie les mêmes dixmes, les mêmes droits, les mêmes lods et ventes qu'ils payaient à leurs anciens maîtres; et comme les sujets en général ont très peu de commerce, le négoce n'est assujetti à

aucune charge, excepté de petits droits d'entrepôt :
les hommes trafiquent de leur valeur avec les puissances étrangeres, et se vendent pour quelques années ; ce qui fait entrer quelque argent dans leur
pays à nos dépens ; et c'est un exemple aussi unique
dans le monde policé que l'est l'impôt établi par
vos nouveaux législateurs.

L'HOMME AUX QUARANTE ÉCUS.

Ainsi, monsieur, les Suisses ne sont pas de droit
divin dépouillés de la moitié de leurs biens, et
celui qui possede quatre vaches n'en donne pas
deux à l'état ?

LE GÉOMETRE.

Non, sans doute. Dans un canton, sur treize
tonneaux de vin on en donne un et on en boit
douze ; dans un autre canton, on paye la douzieme
partie et on en boit onze.

L'HOMME AUX QUARANTE ÉCUS.

Ah ! qu'on me fasse Suisse ! Le maudit impôt que
l'impôt unique et inique qui m'a réduit à demander l'aumône ! mais trois ou quatre cents impôts,
dont les noms même me sont impossibles à retenir
et à prononcer, sont-ils plus justes et plus honnêtes ? Y a-t-il jamais eu un législateur qui, en fondant un état, ait imaginé de créer des conseillers
du roi mesureurs de charbon, jaugeurs de vin, mou-
leurs de bois, langueyeurs de porc, contrôleurs de
beurre salé ; d'entretenir une armée de faquins deux
fois plus nombreuse que celle d'Alexandre, com-
mandée par soixante généraux qui mettent le pays
à contribution, qui remportent des victoires signa-
lées tous les jours, qui font des prisonniers, et

qui quelquefois les sacrifient en l'air ou sur un petit théâtre de planches, comme faisaient les anciens Scythes, à ce que m'a dit mon curé?

Une telle législation, contre laquelle tant de cris s'élevaient, et qui faisait verser tant de larmes, valait-elle mieux que celle qui m'ôte tout d'un coup nettement et paisiblement la moitié de mon existence? J'ai peur qu'à bien compter on ne m'en prît en détail les trois quarts sous l'ancienne finance.

LE GÉOMETRE.

Iliacos intra muros peccatur et extra.

Est modus in rebus. . . . . . .

Caveas ne quid nimis.

L'HOMME AUX QUARANTE ÉCUS.

J'ai appris un peu d'histoire et de géométrie, mais je ne sais pas le latin.

LE GÉOMETRE.

Cela signifie à-peu-près: « On a tort des deux « côtés: gardez le milieu en tout: rien de trop. »

L'HOMME AUX QUARANTE ÉCUS.

Oui, rien de trop; c'est ma situation: mais je n'ai pas assez.

LE GÉOMETRE.

Je conviens que vous périrez de faim, et moi aussi, et l'état aussi, supposé que la nouvelle administration dure seulement deux ans; mais il faut espérer que Dieu aura pitié de nous.

L'HOMME AUX QUARANTE ÉCUS.

On passe sa vie à espérer, et on meurt en espérant. Adieu, monsieur; vous m'avez instruit, mais j'ai le cœur navré.

LE GÉOMÈTRE.

C'est souvent le fruit de la science.

Aventure avec un carme.

QUAND j'eus bien remercié l'académicien de l'académie des sciences de m'avoir mis au fait, je m'en allai tout pantois, louant la Providence, mais grommelant entre mes dents ces tristes paroles : « Vingt écus de rente seulement pour vivre, et n'a- « voir que vingt-deux ans à vivre » ! Hélas ! puisse notre vie être encore plus courte, puisqu'elle est si malheureuse !

Je me trouvai bientôt vis-à-vis d'une maison su- perbe ; je sentais déjà la faim ; je n'avais pas seule- ment la cent vingtieme partie de la somme qui ap- partient de droit à chaque individu. Mais, dès qu'on m'eut appris que ce palais était le couvent des révé- rends peres carmes déchanssés, je conçus de grandes espérances ; et je dis, Puisque ces saints sont assez humbles pour marcher pieds nus, ils seront assez charitables pour me donner à dîner.

Je sonnai ; un carme vint : Que voulez-vous, mon fils ?—Du pain, mon révérend pere ; les nouveaux édits m'ont tout ôté.—Mon fils, nous demandons nous-mêmes l'aumône, nous ne la faisons pas.—Quoi! votre saint institut vous ordonne de n'avoir pas de bas, et vous avez une maison de prince, et vous me refusez à manger !—Mon fils, il est vrai que nous sommes sans souliers et sans bas ; c'est une dépense de moins : mais nous n'avons pas plus froid aux pieds qu'aux mains ; et si notre saint institut nous avait ordonné d'aller cu nu, nous n'aurions point froid au derriere. A l'égard de notre belle maison, nous l'avons aisément bàtie, parceque nous avons cent mille livres de rente en maisons dans la même rue.

Ah! ah! vous me laissez mourir de faim, et vous avez cent mille livres de rente! vous en rendez donc cinquante mille au nouveau gouvernement?

Dien nous préserve de payer une obole! Le seul produit de la terre cultivée par des mains laborieuses, endurcies de calus, et mouillées de larmes, doit des tributs à la puissance législatrice et exécutrice. Les aumônes qu'on nous a données nous ont mis en état de faire bâtir ces maisons dont nous tirons cent mille livres par an; mais ces aumônes venant des fruits de la terre, ayant déja payé le tribut, elles ne doivent pas payer deux fois: elles ont sanctifié les fideles qui se sont appauvris en nous enrichissant; et nous continuons à demander l'aumône et à mettre à contribution le faubourg Saint-Germain pour sanctifier encore les fideles. Ayant dit ces mots, le carme me ferma la porte au nez.

Je passai par-devant l'hôtel des mousquetaires gris; je contai la chose à un de ces messieurs: ils me donnerent un bon dîner et un écu. L'un d'eux proposa d'aller brûler le couvent; mais un mousquetaire plus sage lui montra que le temps n'était pas encore venu, et le pria d'attendre encore deux ou trois ans.

Audience de M. le contrôleur-général.

J'ALLAI avec mon écu présenter un placet à M. le contrôleur-général, qui donnait audience ce jour-là.

Son antichambre était remplie de gens de toute espece : il y avait sur-tout des visages encore plus pleins, des ventres plus rebondis, des mines plus fieres que mon homme aux huit millions. Je n'osais m'approcher; je les voyais, et ils ne me voyaient pas.

Un moine gros décimateur avait intenté un procès à des citoyens qu'il appelait *ses paysans:* il avait déja plus de revenu que la moitié de ses paroissiens ensemble; et de plus il était seigneur de fief. Il prétendait que ses vassaux ayant converti avec des peines extrèmes leurs bruyeres en vignes, ils lui devaient la dixieme partie de leur vin; ce qui faisait, en comptant le prix du travail et des échalas, et des futailles, et du cellier, plus du quart de la récolte : Mais comme les dixmes, disait-il, sont de droit divin, je demande le quart de la substance de mes paysans au nom de Dieu. Le ministre lui dit : Je vois combien vous êtes charitable.

Un fermier-général, fort intelligent dans les aides, lui dit alors : Monseigneur, ce village ne peut rien donner à ce moine; car, ayant fait payer aux paroissiens l'année passée trente-deux impôts pour leur vin, et les ayant fait condamner ensuite à payer le trop bu, ils sont entièrement ruinés. J'ai fait vendre leurs bestiaux et leurs meubles, ils sont encore mes redevables ; je m'oppose aux prétentions du révérend pere.

Vous avez raison d'être son rival, repartit le ministre ; vous aimez l'un et l'autre également votre prochain, et vous m'édifiez tous deux.

Un troisieme, moine et seigneur, dont les paysans sont main-mortables, attendait aussi un arrêt du conseil qui le mît en possession de tout le bien d'un badaud de Paris, qui, ayant par inadvertance demeuré un an et un jour dans une maison sujette à cette servitude, et enclavée dans les états de ce prètre, y était mort au bout de l'année ; le moine réclamait tout le bien du badaud, et cela de droit divin.

Le ministre trouva le cœur du moine aussi juste et aussi tendre que les deux premiers.

Un quatrieme, qui était contrôleur du domaine, présenta un beau mémoire par lequel il se justifiait d'avoir réduit vingt familles à l'aumône : elles avaient hérité de leurs oncles ou tantes, ou freres ou cousins ; il avait fallu payer les droits : le domanier leur avait prouvé généreusement qu'elles n'avaient pas assez estimé leurs héritages, qu'elles étaient beaucoup plus riches qu'elles ne croyaient ; et en conséquence les ayant condamnées à l'amende du triple, les ayant ruinées en frais, et fait mettre en prison les peres de famille, il avait acheté leurs meilleures possessions sans bourse délier. (1)

_____

(1) Le cas à-peu-près semblable est arrivé dans la province que j'habite, et le contrôleur du domaine a été forcé à faire restitution ; mais il n'a pas été puni.

Le contrôleur-général lui dit (d'un ton un peu amer à la vérité): *Euge, contrôleur bone et fidelis; quia super pauca fuisti fidelis, fermier-général te constituam* (1). Cependant il dit tout bas à un maître des requêtes qui était à côté de lui: Il faudra bien faire rendre gorge à ces sangsues sacrées et à ces sangsues profanes; il est temps de soulager le peuple, qui, sans nos soins et notre équité, n'aurait jamais de quoi vivre que dans l'autre monde.

Des hommes d'un génie profond lui présentèrent des projets: l'un avait imaginé de mettre des impôts sur l'esprit. Tout le monde, disait-il, s'empressera de payer, personne ne voulant passer pour un sot. Le ministre lui dit: Je vous déclare exempt de la taxe.

Un autre proposa d'établir l'impôt unique sur les chansons et sur le rire, attendu que la nation était la plus gaie du monde, et qu'une chanson la consolait de tout. Mais le ministre observa que depuis quelque temps on ne faisait plus guere de chansons plaisantes, et il craignit que pour échapper à la taxe on ne devînt trop sérieux.

Vint un sage et brave citoyen qui offrit de donner au roi trois fois plus, en faisant payer par la nation trois fois moins. Le ministre lui conseilla d'apprendre l'arithmétique.

Un cinquieme prouvait au roi, *par amitié*, qu'il ne pouvait recueillir que soixante et quinze mil-

---

(1) Je me fis expliquer ces paroles par un savant à quarante écus: elles me réjouirent.

lions, mais qu'il allait lui en donner deux cents vingt-cinq. Vous me ferez plaisir, dit le ministre, quand nous aurons payé les dettes de l'état.

Enfin arriva un commis de l'auteur nouveau qui fait la puissance législatrice copropriétaire de toutes nos terres par le droit divin, et qui donnait au roi douze cents millions de rente. Je reconnus l'homme qui m'avait mis en prison pour n'avoir pas payé mes vingt écus; je me jetai aux pieds de M. le contrôleur-général, et je lui demandai justice : il fit un grand éclat de rire, et me dit que c'était un tour qu'on m'avait joué; il ordonna à ces mauvais plaisants de me donner cent écus de dédommagement, et m'exempta de taille pour le reste de ma vie. Je lui dis : Monseigneur, Dieu vous bénisse !

Lettre à l'homme aux quarante écus.

QUOIQUE je sois trois fois aussi riche que vous, c'est-à-dire quoique je possede trois cents soixante livres ou francs de revenu, je vous écris cependant comme d'égal à égal, sans affecter l'orgueil des grandes fortunes.

J'ai lu l'histoire de votre désastre et de la justice que M. le contrôleur-général vous a rendue, je vous en fais mon compliment; mais, par malheur, je viens de lire le Financier citoyen, malgré la répugnance que m'avait inspirée le titre qui paraît contradictoire à bien des gens. Ce citoyen vous ôte vingt francs de vos rentes, et à moi soixante; il n'accorde que cent francs à chaque individu sur la totalité des habitants; mais, en récompense, un homme non moins

illustre enfle nos rentes jusqu'à cent cinquante livres :
je vois que votre géometre a pris un juste milieu ; il
n'est point de ces magnifiques seigneurs qui d'un
trait de plume peuplent Paris d'un million d'habitants, et vous font rouler quinze cents millions d'especes sonnantes dans le royaume, après tout ce que
nous en avons perdu dans nos guerres dernieres.

Comme vous êtes grand lecteur, je vous prêterai
le Financier citoyen : mais n'allez pas le croire en tout ;
il cite le Testament du grand ministre Colbert, et il
ne sait pas que c'est une rapsodie ridicule faite par
un Gatien de Courtilz ; il cite la Dixme du maréchal
de Vauban , et il ne sait pas qu'elle est d'un Boisguil-
bert ; il cite le Testament du cardinal de Richelieu,
et il ne sait pas qu'il est de l'abbé de Bourzeis : il
suppose que ce cardinal assure que *quand la viande
enchérit, on donne une paye plus forte au soldat;*
cependant la viande enchérit beaucoup sous son ministere , et la paye du soldat n'augmenta point : ce
qui prouve, indépendamment de cent autres preuves, que ce livre, reconnu pour supposé dès qu'il
parut, et ensuite attribué au cardinal même, ne lui
appartient pas plus que les testaments du cardinal
Albéroni et du maréchal de Bellisle ne leur appar-
tiennent.

Défiez-vous toute votre vie des testaments et des
systêmes ; j'en ai été la victime comme vous. Si les
Solons et les Lycurgues modernes se sont moqués de
vous, les nouveaux Triptolêmes se sont encore plus
moqués de moi ; et, sans une petite succession qui
m'a ranimé, j'étais mort de misere.

J'ai cent vingt arpents labourables dans le plus

beau pays de la nature, et le sol le plus ingrat; chaque arpent ne rend, tous frais faits, dans mon pays, qu'un écu de trois livres. Dès que j'eus lu dans les journaux qu'un célèbre agriculteur avait inventé un nouveau semoir, et qu'il labourait sa terre par planches, afin qu'en semant moins il recueillit davantage, j'empruntai vite de l'argent, j'achetai un semoir, je labourai par planches : je perdis ma peine et mon argent, aussi-bien que l'illustre agriculteur, qui ne seme plus par planches. (1)

Mon malheur voulut que je lusse le Journal économique qui se vend à Paris chez Boudet. Je tombai sur l'expérience d'un Parisien ingénieux qui, pour se rejouir, avait fait labourer son parterre quinze fois, et y avait semé du froment, au lieu d'y planter des tulipes : il eut une récolte très abondante. J'empruntai encore de l'argent : Je n'ai qu'à donner trente labours, me disais-je, j'aurai le double de la récolte de ce digne Parisien, qui s'est formé des principes d'agriculture à l'opéra et à la comédie, et me voilà enrichi par ses leçons et par son exemple.

Labourer seulement quatre fois dans mon pays est une chose impossible ; la rigueur et le changement soudain des saisons ne le permettent pas ; et d'ailleurs le malheur que j'avais eu de semer par planches, comme l'illustre agriculteur dont j'ai parlé, m'avait forcé à vendre mon attelage. Je fais labourer trente fois mes cent vingt arpents par toutes les charrues qui sont à quatre lieues à la ronde. Trois labours

---

(1) M. Duhamel.

pour chaque arpent coûtent douze livres, c'est un prix fait; il fallut donner trente façons par arpent; le labour de chaque arpent me coûta cent vingt livres : la façon de mes cent vingt arpents me revint à quatorze mille quatre cents livres; ma récolte, qui se monte, année commune, dans mon maudit pays, à trois cents setiers, monta, il est vrai, à trois cents trente, qui, à vingt livres le setier, me produisirent six mille six cents livres : je perdis sept mille huit cents livres; il est vrai que j'eus la paille.

J'étais ruiné, abymé, sans une vieille tante, qu'un grand médecin dépêcha dans l'autre monde en raisonnant aussi-bien en médecine que moi en agriculture.

Qui croirait que j'eus encore la faiblesse de me laisser séduire par le journal de Boudet? cet homme-là après tout n'avait pas juré ma perte. Je lis dans son recueil qu'il n'y a qu'à faire une avance de quatre mille francs pour avoir quatre mille livres de rente en artichauts : certainement Boudet me rendra en artichauts ce qu'il m'a fait perdre en blé. Voilà mes quatre mille francs dépensés, et mes artichauts mangés par des rats de campagne. Je fus hué dans mon canton comme le diable de Papefiguiere.

J'écrivis une lettre de reproches fulminante à Boudet. Pour toute réponse le traître s'égaya dans son journal à mes dépens : il me nia impudemment que les Caraïbes fussent nés rouges; je fus obligé de lui envoyer une attestation d'un ancien procureur du roi de la Guadeloupe comme quoi Dieu a fait les Caraïbes rouges ainsi que les Negres noirs : mais cette petite victoire ne m'empêcha pas de perdre jusqu'au dernier sou toute la succession de ma tante, pour avoir trop cru les nouveaux systêmes. Mon cher monsieur, encore une fois, gardez-vous des charlatans.

Nouvelles douleurs occasionnées par les nouveaux systémes.

(Ce petit morceau est tiré des manuscrits d'un vieux solitaire.)

Je vois que si de bons citoyens se sont amusés à gouverner les états, et à se mettre à la place des rois, si d'autres se sont crus des Triptolêmes et des Cérès, il y en a de plus fiers qui se sont mis sans façon à la place de Dieu, et qui ont créé l'univers avec leur plume, comme Dieu le créa autrefois par la parole.

Un des premiers qui se présenta à mes adorations fut un descendant de Talès, nommé Telliamed, qui m'apprit que les montagnes et les hommes sont produits par les eaux de la mer : il y eut d'abord de beaux hommes marins qui ensuite devinrent amphibies ; leur belle queue fourchue se changea en cuisses et en jambes. J'étais encore tout plein des Métamorphoses d'Ovide, et d'un livre où il était démontré que la race des hommes était bâtarde d'une race de babouins : j'aimais autant descendre d'un poisson que d'un singe.

Avéc le temps j'eus quelques doutes sur cette généalogie, et même sur la formation des montagnes. Quoi ! me dit-il, vous ne savez pas que les courants de la mer, qui jettent toujours du sable à droite et à

gauche à dix ou douze pieds de hauteur tout au plus,
ont produit, dans une suite infinie de siecles, des
montagnes de vingt mille pieds de haut, lesquelles
ne sont pas de sable ? Apprenez que la mer a néces-
sairement couvert tout le globe ; la preuve en est
qu'on a vu des ancres de vaisseau sur le mont Saint-
Bernard, qui étaient là plusieurs siecles avant que
les hommes eussent des vaisseaux.

Figurez-vous que la terre est un globe de verre
qui a été long-temps tout couvert d'eau. Plus il
m'endoctrinait, plus je devenais incrédule. Quoi
donc ! me dit-il, n'avez vous pas vu le falun de Touraine, à trente-six lieues de la mer ? c'est un amas
de coquilles avec lesquelles on engraisse la terre
comme avec du fumier ; or, si la mer a déposé dans
la succession des temps une mine entiere de coquilles
à trente-six lieues de l'océan, pourquoi n'aura-t-elle
pas été jusqu'à trois mille lieues pendant plusieurs
siecles sur notre globe de verre ?

Je lui répondis : Monsieur Telliamed, il y a des
gens qui font quinze lieues par jour, à pied ; mais
ils ne peuvent en faire cinquante : je ne crois pas que
mon jardin soit de verre : et quant à votre falun, je
doute encore qu'il soit un lit de coquilles de mer ;
il se pourrait bien que ce ne fût qu'une mine de petites pierres calcaires qui prennent aisément la forme
des fragments de coquilles, comme il y a des pierres
qui sont figurées en langues, et qui ne sont pas des
langues, en étoiles, et qui ne sont point des astres,
en serpents roulés sur eux-mêmes, et qui ne sont
point des serpents, en parties naturelles du beau
sexe, et qui ne sont point pourtant les dépouilles

des dames ; on voit des dendrites, des pierres figurées qui représentent des arbres et des maisons, sans
que jamais ces petites pierres aient été des maisons
et des chênes.

Si la mer avait déposé tant de lits de coquilles en
Touraine, pourquoi aurait-elle négligé la Bretagne, la
Normandie, la Picardie, et toutes les autres côtes ? j'ai
bien peur que ce falun tant vanté ne vienne pas plus
de la mer que les hommes ; et quand la mer se serait
répandue à trente - six lieues, ce n'est pas à dire
qu'elle ait été jusqu'à trois cents, et même jusqu'à
trois mille, et que toutes les montagnes aient été
produites par les eaux. J'aimerais autant dire que le
Caucase a formé la mer, que de prétendre que la mer
a fait le Caucase.

Mais, monsieur l'incrédule, que répondrez-vous
aux huîtres pétrifiées qu'on a trouvées sur le som-
met des Alpes ?

Je répondrai, monsieur le créateur, que je n'ai
pas vu plus d'huîtres pétrifiées que d'ancres de vaisseau sur le haut du mont Cénis ; je répondrai ce
qu'on a déja dit, qu'on a trouvé des écailles d'huître
(qui se pétrifient aisément) à de très grandes dis-
tances de la mer, comme on a déterré des médailles
romaines à cent lieues de Rome ; et j'aime mieux
croire que des pélerins de Saint-Jacques ont laissé
quelques coquilles vers Saint-Maurice, que d'imaginer que la mer a formé le mont Saint-Bernard.

Il y a des coquillages par-tout ; mais est-il bien
sûr qu'ils ne soient pas les dépouilles des testacées
et des crustacées de nos lacs et de nos rivieres, aussi-
bien que des petits poissons marins ?

— Monsieur l'incrédule, je vous tournérai en ridicule dans le monde que je me propose de créer.

— Monsieur le créateur, à vous permis, chacun est le maître dans ce monde ; mais vous ne me ferez jamais croire que celui où nous sommes soit de verre, ni que quelques coquilles soient des démonstrations que la mer a produit les Alpes et le mont Taurus. Vous savez qu'il n'y a aucune coquille dans les montagnes d'Amérique ; il faut que ce ne soit pas vous qui ayez créé cet hémisphere, et que vous vous soyez contenté de former l'ancien monde ; c'est bien assez.

— Monsieur, monsieur, si on n'a pas découvert de coquilles sur les montagnes d'Amérique, on en découvrira.

— Monsieur, c'est parler en créateur qui sait son secret, et qui est sûr de son fait : je vous abandonne, si vous voulez, votre falun, pourvu que vous me laissiez mes montagnes ; je suis d'ailleurs le très humble et très obéissant serviteur de votre providence.

Dans le temps que je m'instruisais ainsi avec Telliamed, un jésuite irlandais déguisé en homme, d'ailleurs grand observateur, et ayant de bons microscopes, fit des anguilles avec de la farine de blé ergoté. On ne douta pas alors qu'on ne fît des hommes avec de la farine de bon froment ; aussitôt on créa des particules organiques qui composerent des hommes. Pourquoi non ? le grand géometre Fatio avait bien ressuscité des morts à Londres ; on pouvait tout aussi aisément faire à Paris des vivants avec des particules organiques : mais malheureusement les nouvelles anguilles de Néedham ayant disparu, les nouveaux hommes disparurent aussi, et s'enfuirent chez les monades, qu'ils rencontrerent dans le plein, au milieu de la matiere subtile, globuleuse, et cannelée.

Ce n'est pas que ces créateurs de systêmes n'aient rendu de grands services à la physique ; à Dieu ne plaise que je méprise leurs travaux ! on les a comparés à des alchimistes qui, en faisant de l'or (qu'on ne fait point), ont trouvé de bons remedes, ou du moins des choses très curieuses. On peut être un homme d'un rare mérite, et se tromper sur la formation des animaux et sur la structure du globe.

Les poissons changés en hommes, et les eaux changées en montagnes, ne m'avaient pas fait autant de mal que M. Boudet ; je me bornais tranquillement à douter, lorsqu'un Lappon me prit sous sa protection. C'était un profond philosophe, mais qui ne pardonnait jamais aux gens qui n'étaient pas de son avis : il me fit d'abord connaître clairement l'avenir en exaltant mon ame ; je fis de si prodigieux efforts d'exaltation que j'en tombai malade ; mais il me guérit en m'enduisant de poix résine de la tête aux pieds. A peine fus-je en état de marcher qu'il me proposa un voyage aux terres australes pour y disséquer des têtes de géants, ce qui nous ferait connaître clairement la nature de l'ame. Je ne pouvais supporter la mer ; il eut la bonté de me mener par terre : il fit creuser un grand trou dans le globe terraqué ; ce trou allait droit chez les Patagons. Nous partîmes ; je me cassai une jambe à l'entrée du trou ; on eut beaucoup de peine à me redresser la jambe : il s'y forma un calus qui m'a beaucoup soulagé.

J'ai déja parlé de tout cela dans une de mes dia-
tribes, pour instruire l'univers très attentif à ces
grandes choses (1). Je suis bien vieux ; j'aime quelquefois à répéter mes contes, afin de les inculquer
mieux dans la tête des petits garçons, pour lesquels
je travaille depuis si long-temps.

Mariage de l'homme aux quarante écus.

L'HOMME aux quarante écus s'étant beaucoup formé, et ayant fait une petite fortune, épousa une jolie
fille qui possédait cent écus de rente : sa femme devint bientôt grosse ; il alla trouver son géometre, et
lui demanda si elle lui donnerait un garçon ou une
fille : le géometre lui répondit que les sages-femmes,
les femmes de chambre, le savaient pour l'ordinaire ;
mais que les physiciens qui prédisent les éclipses
n'étaient pas si éclairés qu'elles.

Il voulut savoir ensuite si son fils ou sa fille avait
déja une ame. Le géometre dit que ce n'était pas son
affaire, et qu'il en fallait parler au théologien du
coin.

L'homme aux quarante écus, qui était déja
l'homme aux deux cents pour le moins, demanda
en quel endroit était son enfant. Dans une petite
poche, lui dit son ami, entre la vessie et l'intestin
rectum. O Dieu paternel ! s'écria-t-il ; l'ame immor-
telle de mon fils née et logée entre de l'urine et quel-

---

(1) Voyez la diatribe du docteur Akakia.

que chose de pis! Oui, mon cher voisin ; l'ame d'un cardinal n'a point eu d'autre berceau ; et avec cela on fait le fier, on se donne des airs.

Ah! monsieur le savant, ne pourriez-vous point me dire comment les enfants se font?

Non, mon ami ; mais, si vous voulez, je vous dirai ce que les philosophes ont imaginé, c'est-à-dire comment les enfants ne se font point.

Premièrement le révérend P. Sanchez, dans son excellent livre *de Matrimonio*, est entièrement de l'avis d'Hippocrate. Il croit, comme un article de foi, que les deux véhicules fluides de l'homme et de la femme s'élancent et s'unissent ensemble, et que dans le moment l'enfant est conçu par cette union ; et il est si persuadé de ce système physique, devenu théologique, qu'il examine, chapitre XXI du livre second, *Utrùm virgo Maria semen emiserit in copulatione cum Spiritu Sancto*.

Eh! monsieur, je vous ai déja dit que je n'entends pas le latin ; expliquez-moi en français l'oracle du P. Sanchez. Le géometre lui traduisit le texte, et tous deux frémirent d'horreur.

Le nouveau marié, en trouvant Sanchez prodigieusement ridicule, fut pourtant assez content d'Hippocrate ; et il se flattait que sa femme avait rempli toutes les conditions imposées par ce médecin pour faire un enfant.

Malheureusement, lui dit le voisin, il y a beaucoup de femmes qui ne répandent aucune liqueur, qui ne reçoivent qu'avec aversion les embrassements de leurs maris, et qui cependant en ont des enfants. Cela seul décide contre Hippocrate et Sanchez.

De plus il y a très grande apparence que la nature agit toujours dans les mêmes cas par les mêmes principes ; or il y a beaucoup d'especes d'animaux qui engendrent sans copulation, comme les poissons écaillés, les huitres, les pucerons : il a donc fallu que les physiciens cherchassent une mécanique de génération qui convint à tous les animaux. Le célebre Harvei, qui le premier démontra la circulation, et qui était digne de découvrir le secret de la nature, crut l'avoir trouvé dans les poules : elles pondent des œufs ; il jugea que les femmes pondaient aussi. Les mauvais plaisants dirent que c'est pour cela que les bourgeois, et même quelques gens de cour, appellent leur femme ou leur maîtresse *ma poule*, et qu'on dit que toutes les femmes sont coquettes, parcequ'elles voudraient que les coqs les trouvassent belles : malgré ces railleries, Harvei ne changea point d'avis, et il fut établi dans toute l'Europe que nous venons d'un œuf.

L'HOMME AUX QUARANTE ÉCUS.

Mais, monsieur, vous m'avez dit que la nature est toujours semblable à elle-même, qu'elle agit toujours par le même principe dans le même cas: les femmes, les juments, les ânesses, les anguilles, ne pondent point ; vous vous moquez de moi.

LE GÉOMETRE.

Elles ne pondent point en dehors, mais elles pondent en dedans ; elles ont des ovaires, comme tous les oiseaux ; les juments, les anguilles, en ont aussi ; un œuf se détache de l'ovaire, il est couvé dans la matrice. Voyez tous les poissons écaillés, les grenouilles ; ils jettent des œufs que le mâle féconde : les baleines

et les autres animaux marins de cette espece font
éclore leurs œufs dans leur matrice ; les mites , les
teignes, les plus vils insectes sont visiblement formés
d'un œuf, tout vient d'un œuf ; et notre globe est un
grand œuf qui contient tous les autres.

L'HOMME AUX QUARANTE ÉCUS.

Mais vraiment ce système porte tous les carac-
téres de la vérité ; il est simple , il est uniforme, il
est démontré aux yeux dans plus de la moitié des
animaux : j'en suis fort content, je n'en veux point
d'autre ; les œufs de ma femme me sont fort chers.

LE GÉOMETRE.

On s'est lassé à la longue de ce système ; on a fait
les enfants d'une autre façon.

L'HOMME AUX QUARANTE ÉCUS.

Et pourquoi, puisque celle-là est si naturelle ?

LE GÉOMETRE.

C'est qu'on a prétendu que nos femmes n'ont
point d'ovaire, mais seulement de petites glandes.

L'HOMME AUX QUARANTE ÉCUS.

Je soupçonne que des gens qui avaient un autre
système à débiter ont voulu décréditer les œufs.

LE GÉOMETRE.

Cela pourrait bien être. Deux Hollandais s'avi-
serent d'examiner la liqueur séminale au microscope, celle de l'homme, celle de plusieurs animaux ;
et ils crurent y appercevoir des animaux déja tout
formés qui couraient avec une vitesse inconcevable :
ils en virent même dans le fluide séminal du coq.
Alors on jugea que les mâles faisaient tout, et les
femelles rien : elles ne servirent plus qu'à porter le
trésor que le mâle leur avait confié.

L'HOMME AUX QUARANTE ÉCUS.

Voilà qui est bien étrange : j'ai quelques doutes sur tous ces petits animaux qui fretillent si prodigieusement dans une liqueur, pour être ensuite immobiles dans les œufs des oiseaux, et pour être non moins immobiles neuf mois, à quelques culbutes près, dans le ventre de la femme ; cela ne me paraît pas conséquent : ce n'est pas, autant que j'en puis juger, la marche de la nature. Comment sont faits, s'il vous plaît, ces petits hommes qui sont si bons nageurs dans la liqueur dont vous me parlez?

LE GÉOMÈTRE.

Comme des vermisseaux. Il y avait sur-tout un médecin, nommé Andry, qui voyait des vers partout, et qui voulait absolument détruire le systême d'Harvei : il aurait, s'il l'avait pu, anéanti la circulation du sang, parcequ'un autre l'avait découverte. Enfin deux Hollandais et M. Andry, à force de tomber dans le péché d'Onan et de voir les choses au microscope, réduisirent l'homme à être chenille. Nous sommes d'abord un ver comme elles ; de là , dans notre enveloppe, nous devenons comme elles pendant neuf mois une vraie chrysalide, que les paysans appellent *feve ;* ensuite, si la chenille devient papillon , nous devenons hommes : voilà nos métamorphoses.

L'HOMME AUX QUARANTE ÉCUS.

Eh bien, s'en est-on tenu là? n'y a-t-il point eu depuis de nouvelle mode?

LE GÉOMÈTRE.

On s'est dégoûté d'être chenille. Un philosophe extrêmement plaisant a découvert dans une Vénus physique (1) que l'attraction faisait les enfants ; et voici comment la chóse s'opere : le sperme étant tombé dans la matrice, l'œil droit attire l'œil gauche, qui arrive pour s'unir à lui en qualité d'œil ; mais il en est empêché par le nez qu'il rencontre en chemin, et qui l'oblige de se placer à gauche ; il en est de même des bras, des cuisses, et des jambes qui tiennent aux cuisses : il est difficile d'expliquer, dans cette hypothese, la situation des mamelles et des fesses. Ce grand philosophe n'admet aucun dessein de l'Etre créateur dans la formation des animaux ; il est bien loin de croire que le cœur soit fait pour recevoir le sang et pour le chasser, l'estomac pour digérer, les yeux pour voir, les oreilles pour entendre ; cela lui paraît trop vulgaire : tout se fait par attraction.

L'HOMME AUX QUARANTE ÉCUS.

Voilà un maître fou. Je me flatte que personne n'a pu adopter une idée aussi extravagante.

LE GÉOMETRE.

On en rit beaucoup ; mais ce qu'il y eut de triste, c'est que cet insensé ressemblait aux théologiens qui persécutent autant qu'ils le peuvent ceux qu'ils font rire.

D'autres philosophes ont imaginé d'autres manieres, qui n'ont pas fait une plus grande fortune ; ce n'est plus le bras qui court après le bras, ce n'est plus la cuisse qui court après la cuisse ; ce sont de petites molécules, de petites particules de bras et de

---

(1) Maupertuis.

cuisse qui se placent les unes sur les autres. On sera peut-être enfin obligé d'en revenir aux œufs, après avoir perdu bien du temps.

L'HOMME AUX QUARANTE ÉCUS.

J'en suis ravi : mais quel a été le résultat de toutes ces disputes ?

LE GÉOMETRE.

Le doute. Si la question avait été débattue entre des théologaux, il y aurait eu des excommunications et du sang répandu ; mais entre des physiciens, la paix est bientôt faite : chacun a couché avec sa femme, sans penser le moins du monde à son ovaire, ni à ses trompes de Fallope ; les femmes sont devenues grosses ou enceintes, sans demander seulement comment ce mystere s'opere : c'est ainsi que vous semez du blé et que vous ignorez comment le blé germe en terre.

L'HOMME AUX QUARANTE ÉCUS.

Oh ! je le sais bien ; on me l'a dit il y a long-temps, c'est par pourriture : cependant il me prend quelquefois envie de rire de tout ce qu'on m'a dit.

LE GÉOMETRE.

C'est une fort bonne envie ; je vous conseille de douter de tout, excepté que les trois angles d'un triangle sont égaux à deux droits, et que les triangles qui ont même base et même hauteur sont égaux entre eux, ou autres propositions pareilles, comme, par exemple, que deux et deux font quatre.

L'HOMME AUX QUARANTE ÉCUS.

Oui, je crois qu'il est fort sage de douter ; mais je sens que je suis curieux depuis que j'ai fait fortune, et que j'ai du loisir. Je voudrais, quand ma volonté remue mon bras ou ma jambe, découvrir le ressort par lequel ma volonté les remue, car sûrement il y en a un ; je suis quelquefois tout étonné de pouvoir lever et abaisser mes yeux, et de ne pouvoir dresser mes oreilles : je pense, et je voudrais connaître un peu... là.... toucher au doigt ma pensée ; cela doit être fort curieux. Je cherche si je pense par moi-même, si Dieu me donne mes idées, si mon ame est venue dans mon corps à six semaines ou à un jour, comment elle s'est logée dans mon cerveau, si je pense beaucoup quand je dors profondément, et quand je suis en léthargie. Je me creuse la cervelle pour savoir comment un corps en pousse un autre : mes sensations ne m'étonnent pas moins ; j'y trouve du divin, et sur-tout dans le plaisir.

J'ai fait quelquefois mes efforts pour imaginer un nouveau sens, et je n'ai jamais pu y parvenir. Les géometres savent toutes ces choses ; ayez la bonté de m'instruire.

LE GÉOMETRE.

Hélas ! nous sommes aussi ignorants que vous : adressez-vous à la Sorbonne.

L'homme aux quarante écus, devenu pere, raisonne sur les moines.

Quand l'homme aux quarante écus se vit pere d'un garçon, il commença à se croire un homme de quelque poids dans l'état ; il espéra donner au moins dix sujets au roi, qui seraient tous utiles. C'était l'homme du monde qui faisait le mieux des paniers ; et sa femme était une excellente couturiere. Elle était née dans le voisinage d'une grosse abbaye de cent mille livres de rente. Son mari me demanda un jour pourquoi ces messieurs, qui étaient en petit nombre, avaient englouti tant de parts de quarante écus : sont-ils plus utiles que moi à la patrie ? — Non, mon cher voisin. — Servent-ils comme moi à la population du pays ? — Non, au moins en apparence. — Cultivent-ils la terre ? défendent-ils l'état, quand il est attaqué ? — Non, ils prient Dieu pour vous. — Eh bien ! je prierai Dieu pour eux ; partageons.

Combien croyez-vous que les couvents renferment de ces gens utiles, soit en hommes, soit en filles, dans le royaume ?

Par les mémoires des intendants, faits sur la fin du dernier siècle, il y en avait environ quatre-vingt-dix mille.

Par notre ancien compte, ils ne devraient, à quarante écus par tête, posséder que dix millions huit cents mille livres ; combien en ont-ils ?

Cela va à cinquante millions, en comptant les messes et les quêtes des moines mendiants qui mettent réellement un impôt considérable sur le peuple. Un frere quêteur d'un couvent de Paris s'est vanté publiquement que sa besace valait quatre-vingts mille livres de rente.

Voyons combien cinquante millions, répartis entre quatre-vingt-dix mille têtes tondues, donnent à chacune. — Cinq cents cinquante-cinq livres.

C'est une somme considérable dans une société nombreuse, où les dépenses diminuent par la quantité même des consommateurs ; car il en coûte bien moins à dix personnes pour vivre ensemble que si chacun avait séparément son logis et sa table.

Les ex-jésuites, à qui on donne aujourd'hui quatre cents livres de pension, ont donc réellement perdu à ce marché ?

Je ne le crois pas, car ils sont presque tous retirés chez des parents qui les aident ; plusieurs disent la messe pour de l'argent, ce qu'ils ne faisaient pas auparavant ; d'autres se sont faits précepteurs ; d'autres ont été soutenus par des dévotes ; chacun s'est tiré d'affaire ; et peut-être y en a-t-il peu aujourd'hui qui, ayant goûté du monde et de la liberté, voulussent reprendre leurs anciennes chaînes. La vie monacale, quoi qu'on en dise, n'est point du tout à envier. C'est une maxime assez connue que les moines sont des gens qui s'assemblent sans se connaître, vivent sans s'aimer, et meurent sans se regretter.

Vous pensez donc qu'on leur rendrait un très grand service de les défroquer tous ?

Ils y gagneraient beaucoup sans doute, et l'état encore davantage ; on rendrait à la patrie des citoyens et des citoyennes qui ont sacrifié témérairement leur liberté dans un âge où les lois ne permettent pas qu'on dispose d'un fonds de dix sous de rente ; on tirerait ces cadavres de leurs tombeaux : ce serait une vraie résurrection. Leurs maisons deviendraient des hôtels-de-ville, des hôpitaux, des écoles publiques, ou seraient affectées à des manufactures : la population deviendrait plus grande ; tous les arts seraient mieux cultivés. On pourrait du moins diminuer le nombre de ces victimes volontaires, en

fixant le nombre des novices ; la patrie aurait plus
d'hommes utiles, et moins de malheureux : c'est le
sentiment de tous les magistrats, c'est le vœu una-
nime du public, depuis que les esprits sont éclairés.
L'exemple de l'Angleterre et de tant d'autres états
est une preuve évidente de la nécessité de cette ré-
forme. Que ferait aujourd'hui l'Angleterre, si, au
lieu de quarante mille hommes de mer, elle avait
quarante mille moines ? Plus les arts se sont multipliés, plus le nombre des sujets laborieux est devenu nécessaire. Il y a certainement dans les cloîtres
beaucoup de talents ensevelis qui sont perdus pour
l'état. Il faut, pour faire fleurir un royaume, le
moins de prêtres possible, et le plus d'artisans.
L'ignorance et la barbarie de nos peres, loin d'être
une regle pour nous, n'est qu'un avertissement de
faire ce qu'ils feraient s'ils étaient en notre place
avec nos lumieres.

Ce n'est donc point par haine contre les moines
que vous voulez les abolir ? c'est par pitié pour eux,
c'est par amour pour la patrie. Je pense comme vous.
Je ne voudrais point que mon fils fût moine ; et si
je croyais que je dusse avoir des enfants pour le
cloître, je ne coucherais plus avec ma femme.

Quel est en effet le bon pere de famille qui ne
gémisse de voir son fils et sa fille perdus pour la
société ? Cela s'appelle se sauver ; mais un soldat qui
se sauve quand il faut combattre est puni. Nous
sommes tous les soldats de l'état ; nous sommes à la
solde de la société, nous devenons des déserteurs
quand nous la quittons. Que dis-je ! les moines sont

des parricides qui étouffent une postérité tout entiere. Quatre-vingt-dix mille cloîtrés, qui braillent ou qui nasillent du latin, pourraient donner à l'état chacun deux sujets : cela fait cent soixante mille hommes qu'ils font périr dans leur germe. Au bout de cent ans la perte est immense; cela est démontré.

Pourquoi donc le monachisme a-t-il prévalu? parceque le gouvernement fut presque par-tout détestable et absurde depuis Constantin; parceque l'empire romain eut plus de moines que de soldats; parcequ'il y en avait cent mille dans la seule Egypte; parcequ'ils étaient exempts de travail et de taxe; parceque les chefs des nations barbares qui détruisirent l'empire, s'étant faits chrétiens pour gouverner des chrétiens, exercerent la plus horrible tyrannie; parcequ'on se jetait en foule dans les cloîtres, pour échapper aux fureurs de ces tyrans, et qu'on se plongeait dans un esclavage pour en éviter un autre; parceque les papes, en instituant tant d'ordres différents de fainéants sacrés, se firent autant de sujets dans les autres états; parcequ'un paysan aime mieux être appelé mon révérend pere, et donner des bénédictions, que de conduire la charrue; parcequ'il ne sait pas que la charrue est plus noble que le froc; parcequ'il aime mieux vivre aux dépens des sots, que par un travail honnête; enfin parcequ'il ne sait pas qu'en se faisant moine, il se prépare des jours malheureux, tissus d'ennui et de repentir.

Allons, monsieur, plus de moines, pour leur bonheur et pour le nôtre. Mais je suis fâché d'entendre dire au seigneur de mon village, pere de quatre garçons et de trois filles, qu'il ne saura où les placer, s'il ne fait pas ses filles religieuses.

Cette allégation trop souvent répétée est inhumaine . anti-patriotique, destructive de la société.

Toutes les fois qu'on peut dire d'un état de vie, quel qu'il puisse être, si tout le monde embrassait cet état, le genre humain serait perdu, il est démontré que cet état ne vaut rien, et que celui qui le prend nuit au genre humain autant qu'il est en lui.

Or il est clair que, si tous les garçons et toutes les filles s'encloîtraient, le monde périrait : donc la moinerie est par cela seul l'ennemie de la nature humaine, indépendamment des maux affreux qu'elle a causés quelquefois.

Ne pourrait-on pas en dire autant des soldats ?

Non, assurément ; car si chaque citoyen porte les armes à son tour, comme autrefois dans toutes les républiques, et sur-tout dans celle de Rome, le soldat n'en est que meilleur cultivateur; le soldat citoyen se marie . il combat pour sa femme et pour ses enfants. Plût à Dieu que tous les laboureurs fussent soldats et mariés ! ils seraient d'excellents citoyens; mais un moine, en tant que moine, n'est bon qu'à dévorer la substance de ses compatriotes : il n'y a point de vérité plus reconnue.

Mais les filles, monsieur, les filles des pauvres gentilshommes, qu'on ne peut marier, que feront-elles ?

Elles feront, on l'a dit mille fois , comme les filles d'Angleterre, d'Ecosse, d'Irlande, de Suisse, de

Hollande, de la moitié de l'Allemagne, de Suede, de Norwege, du Danemarck, de Tartarie, de Turquie, d'Afrique, et de presque tout le reste de la terre : elles seront bien meilleures épouses, bien meilleures meres, quand on se sera accoutumé, ainsi qu'en Allemagne, à prendre des femmes sans dot. Une femme ménagere et laborieuse fera plus de bien dans une maison que la fille d'un financier, qui dépense plus en superfluités qu'elle n'a porté de revenu chez son mari.

Il faut qu'il y ait des maisons de retraite pour la vieillesse, pour l'infirmité, pour la difformité; mais, par le plus détestable des abus, les fondations ne sont que pour la jeunesse et pour les personnes bien conformées. On commence dans le cloître par faire étaler aux novices des deux sexes leur nudité, malgré toutes les lois de la pudeur, on les examine attentivement devant et derriere : qu'une vieille bossue aille se présenter pour entrer dans un cloître, on la chassera avec mépris, à moins qu'elle ne donne une dot immense : que dis-je ! toute religieuse doit être dotée, sans quoi elle est le rebut du couvent. Il n'y eut jamais d'abus plus intolérable.

Allez, allez, monsieur, je vous jure que mes filles ne seront jamais religieuses; elles apprendront à filer, à coudre, à faire de la dentelle, à broder, à se rendre utiles. Je regarde les vœux comme un attentat contre la patrie et contre soi-même. Expliquez-moi, je vous prie, comment il se peut faire qu'un de mes amis, pour contredire le genre humain, prétende que les moines sont très utiles à la population

d'un état, parceque leurs bâtiments sont mieux en-
tretenus que ceux des seigneurs, et leurs terres mieux
cultivées.

Eh ! quel est donc votre ami qui avance une proposition si étrange ?

C'est l'ami des hommes, ou plutôt celui des
moines.

Il a voulu rire ; il sait trop bien que dix familles
qui ont chacune cinq mille livres de rente en terre,
sont cent fois, mille fois plus utiles qu'un couvent
qui jouit d'un revenu de cinquante mille livres, et
qui a toujours un trésor secret. Il vante les belles
maisons bâties par les moines, et c'est précisément
ce qui irrite les citoyens ; c'est le sujet des plaintes
de l'Europe. Le vœu de pauvreté condamne les palais,
comme le vœu d'humilité contredit l'orgueil, et
comme le vœu d'anéantir sa race contredit la nature.

Je commence à croire qu'il faut beaucoup se défier
des livres.

Il faut en user avec eux comme avec les hommes,
choisir les plus raisonnables, les examiner, et ne se
rendre jamais qu'à l'évidence.

Des impôts payés à l'étranger.

Il y a un mois que l'homme aux quarante écus
vint me trouver en se tenant les côtés de rire, et il
riait de si grand cœur, que je me mis à rire aussi
sans savoir de quoi il était question ; tant l'homme
est né imitateur, tant l'instinct nous maîtrise, tant

les grands mouvements de l'ame sont contagieux !

Ut ridentibus arrident, ita flentibus adflent (1)
Humani vultus.

Quand il eut bien ri, il me dit qu'il venait de rencontrer un homme qui se disait protonotaire du saint-siege, et que cet homme envoyait une grosse somme d'argent à trois cents lieues d'ici à un Italien, au nom d'un Français à qui le roi avait donné un petit fief, et que ce Français ne pourrait jamais jouir des bienfaits du roi, s'il ne donnait à cet Italien la premiere année de son revenu.

La chose est très vraie, lui dis-je ; mais elle n'est pas si plaisante. Il en coûte à la France environ quatre cents mille livres par an en menus droits de cette espece ; et depuis environ deux siecles et demi que cet usage dure nous avons déja porté en Italie quatre-vingts millions.

Dieu paternel ! s'écria-t-il, que de fois quarante écus ! cet Italien-là nous subjugua donc il y a deux siecles et demi ! il nous imposa ce tribut ! Vraiment, répondis-je, il nous en imposait autrefois d'une façon bien plus onéreuse : ce n'est là qu'une bagatelle en comparaison de ce qu'il leva long-temps sur notre pauvre nation et sur les autres pauvres nations de l'Europe. Alors je lui racontai comment ces saintes

_____

(1) Le jésuite Sanadon a mis *adsunt* pour *adflent*. Un amateur d'Horace prétend que c'est pour cela qu'on a chassé les jésuites.

usurpations s'étaient établies : il sait un peu d'histoire ; il a du bon sens ; il comprit aisément que
nous avions été des esclaves auxquels il restait encore
un petit bout de chaîne. Il parla long-temps avec
énergie contre cet abus ; mais avec quel respect pour
la religion en général ! comme il révérait les évêques !
comme il leur souhaitait beaucoup de quarante écus,
afin qu'ils les dépensassent dans leurs dioceses en
bonnes œuvres !

Il voulait aussi que tous les curés de campagne
eussent un nombre de quarante écus suffisant pour
les faire vivre avec décence : il est triste, disait-il,
qu'un curé soit obligé de disputer trois gerbes de
blé à son ouaille, et qu'il ne soit pas largement payé
par la province : il est honteux que ces messieurs
soient toujours en procès avec leurs seigneurs : ces
contestations éternelles pour des droits imaginaires,
pour des dixmes, détruisent la considération qu'on
leur doit. Le malheureux cultivateur qui a déja payé
aux préposés son dixieme, et les deux sous pour livre,
et la taille, et la capitation, et le rachat du logement
des gens de guerre, après qu'il a logé des gens de
guerre, etc., etc. ; cet infortuné, dis-je, qui se voit
encore enlever le dixieme de sa récolte par son curé,
ne le regarde plus comme son pasteur, mais comme
son écorcheur qui lui arrache le peu de peau qui lui
reste : il sent bien qu'en lui enlevant la dixieme gerbe
de droit divin, on a la cruauté diabolique de ne pas
lui tenir compte de ce qui lui en a coûté pour faire
croître cette gerbe. Que lui reste-t-il pour lui et pour
sa famille ? les pleurs, la disette, le découragement,
le désespoir ; et il meurt de fatigue et de misere. Si

le curé était payé par la province, il serait la consolation de ses paroissiens, au lieu d'être regardé par eux comme leur ennemi.

Ce digne homme s'attendrissait en prononçant ces paroles : il aimait sa patrie, et était idolâtre du bien public; il s'écriait quelquefois : Quelle nation que la française, si on voulait !

Nous allâmes voir son fils, à qui sa mere, bien propre et bien lavée, donnait un gros teton blanc. L'enfant était fort joli. Hélas ! dit le pere, te voilà donc, et tu n'as pas vingt-trois ans de vie, et quarante écus à prétendre !

Des proportions.

Le produit des extrêmes est égal au produit des moyens ; mais deux sacs de blé volés ne sont pas à ceux qui les ont pris comme la perte de leur vie l'est à l'intérêt de la personne volée.

Le prieur de ***, à qui deux de ses domestiques de campagne avaient dérobé deux setiers de blé, vient de faire pendre les deux délinquants. Cette exécution lui a plus coûté que toute sa récolte ne lui a valu, et depuis ce temps il ne trouve plus de valets.

Si les lois avaient ordonné que ceux qui voleraient le blé de leur maître laboureraient son champ toute leur vie les fers aux pieds et une sonnette au cou attachée à un carcan, ce prieur aurait beaucoup gagné.

Il faut effrayer le crime : oui, sans doute ; mais le travail forcé et la honte durable l'intimident plus que la potence.

Il y a quelques mois qu'à Londres un malfaiteur fut condamné à être transporté en Amérique pour y travailler aux sucreries avec les Negres. Tous les criminels en Angleterre, comme en bien d'autres pays, sont reçus à présenter requête au roi, soit pour obtenir grace entiere, soit pour diminution de peine. Celui-ci présenta requête pour être pendu : il alléguait qu'il haïssait mortellement le travail, et qu'il aimait mieux être étranglé une minute, que de faire du sucre toute sa vie.

D'autres peuvent penser autrement, chacun a son goût; mais on a déja dit, et il faut le répéter, qu'un pendu n'est bon à rien, et que les supplices doivent être utiles.

Il y a quelques années que l'on condamna dans la Tartarie (1) deux jeunes gens à être empalés, pour avoir regardé, leur bonnet sur la tête, passer une procession de lamas. L'empereur de la Chine (2), qui est un homme de beaucoup d'esprit, dit qu'il les aurait condamnés à marcher nu tête à la procession pendant trois mois.

Proportionnez les peines aux délits, a dit le marquis Beccaria : ceux qui ont fait les lois n'étaient pas géometres.

Si l'abbé Guyon, ou Cogé, ou l'ex-jésuite Nonotte, ou l'ex-jésuite Patouillet, ou le prédicant la Beaumelle, font de misérables libelles, où il n'y a ni vérité, ni raison, ni esprit, irez-vous les faire

---

(1) A Abbeville.
(2) Le roi de Prusse.

pendre comme le prieur de *** a fait pendre ses deux
domestiques, et cela sous prétexte que les calomnia-
teurs sont plus coupables que les voleurs ?

Condamnerez-vous Fréron même aux galeres, pour
avoir insulté le bon goût, et pour avoir menti toute
sa vie, dans l'espérance de payer son cabaretier ?

Ferez-vous mettre au pilori le sieur Larcher, parcequ'il a été très pesant, parcequ'il a entassé erreur
sur erreur, parcequ'il n'a jamais su distinguer aucun
degré de probabilité, parcequ'il veut que dans une
antique et immense cité, renommée par sa police et
par la jalousie des maris, dans Babylone enfin, où
les femmes étaient gardées par des eunuques, toutes
les princesses allassent par dévotion donner publiquement leurs faveurs dans la cathédrale aux étrangers pour de l'argent ? Contentons-nous de l'envoyer
sur les lieux courir les bonnes fortunes ; soyons mo-
dérés en tout ; mettons de la proportion entre les
délits et les peines.

Pardonnons à ce pauvre Jean-Jacques, lorsqu'il
n'écrit que pour se contredire, lorsqu'après avoir
donné une comédie sifflée sur le théâtre de Paris, il
injurie ceux qui en font jouer à cent lieues de là ;
lorsqu'il cherche des protecteurs, et qu'il les outrage; lorsqu'il déclame contre les romans, et qu'il
fait des romans dont le héros est un sot précepteur qui
reçoit l'aumône d'une Suissesse à laquelle il a fait un
enfant, et qui va dépenser son argent dans un bordel
de Paris ; laissons-le croire qu'il a surpassé Fénélon
et Xénophon en élevant un jeune homme de qualité
dans le métier de menuisier : ces extravagantes pla-
titudes ne méritent pas un décret de prise de corps ;

les petites-maisons suffisent, avec de bons bouillons, de la saignée, et du régime.

Je hais les lois de Dracon qui punissaient également les crimes et les fautes, la méchanceté et la folie. Ne traitons point le jésuite Nonotte, qui n'est coupable que d'avoir écrit des bêtises et des injures, comme on a traité les jésuites Malagrida, Oldecorne, Garnet, Guignard, Gueret, et comme on devait traiter le jésuite le Tellier, qui trompa son roi, et qui troubla la France. Distinguous principalement dans tout procès, dans toute contention, dans toute querelle, l'agresseur de l'outragé, l'oppresseur de l'opprimé. La guerre offensive est d'un tyran ; celui qui se défend est un homme juste.

Comme j'étais plongé dans ces réflexions, l'homme aux quarante écus me vint voir tout en larmes. Je lui demandai avec émotion si son fils, qui devait vivre vingt-trois ans, était mort. Non, dit-il, le petit se porte bien, et ma femme aussi ; mais j'ai été appelé en témoignage contre un meûnier à qui on a fait subir la question ordinaire et extraordinaire, et qui s'est trouvé innocent ; je l'ai vu s'évanouir dans les tortures redoublées ; j'ai entendu craquer ses os : j'entends encore ses cris et ses hurlements . ils me poursuivent ; je pleure de pitié, et je tremble d'horreur. Je me mis à pleurer et à frémir aussi ; car je suis extrêmement sensible.

Ma mémoire alors me représenta l'aventure épouvantable des Calas, une mere vertueuse dans les fers, ses filles éplorées et fugitives, sa maison au pillage, un pere de famille respectable brisé par la torture, agonisant sur la roue et expirant dans les flammes ;

un fils chargé de chaînes, traîné devant les juges, dont un lui dit : *Nous venons de rouer votre pere, nous allons vous rouer aussi.*

Je me souvins de la famille de Sirven, qu'un de mes amis rencontra dans des montagnes couvertes de glaces, lorsqu'elle fuyait la persécution d'un juge aussi inique qu'ignorant : ce juge, me dit-il, a condamné toute cette famille innocente au supplice, en supposant, sans la moindre apparence de preuve, que le pere et la mere, aidés de deux de leurs filles, avaient égorgé et noyé la troisieme, de peur qu'elle n'allât à la messe. Je voyais à la fois dans des jugements de cette espece l'excès de la bêtise, de l'injustice, et de la barbarie.

Nous plaignions la nature humaine, l'homme aux quarante écus et moi. J'avais dans ma poche le discours d'un avocat-général du Dauphiné, qui roulait en partie sur ces matieres intéressantes : je lui en lus les endroits suivants :

« Certes, ce furent des hommes véritablement
« grands qui oserent les premiers se charger de gou-
« verner leurs semblables, et s'imposer le fardeau de
« la félicité publique ; qui, pour le bien qu'ils vou-
« laient faire aux hommes, s'exposerent à leur in-
« gratitude, et pour le repos d'un peuple renoncerent
« au leur ; qui se mirent, pour ainsi dire, entre les
« hommes et la Providence, pour leur composer par
« artifice un bonheur qu'elle semblait leur avoir
« refusé.

. . . .

« Quel magistrat un peu sensible à ses devoirs, à
« la seule humanité, pourrait soutenir ces idées ?

« Dans la solitude d'un cabinet pourra-t-il, sans
« frémir d'horreur et de pitié, jeter les yeux sur ces
« papiers, monuments infortunés du crime ou de
« l'innocence ? ne lui semble-t-il pas entendre des
« voix gémissantes sortir de ces fatales écritures, et
« le presser de décider du sort d'un citoyen, d'un
« époux, d'un pere, d'une famille ? Quel juge im-
« pitoyable (s'il est chargé d'un seul procès criminel)
« pourra passer de sang-froid devant une prison ?
« C'est donc moi, dira-t-il, qui retiens dans ce dé-
« testable séjour mon semblable, peut-être mon
« égal, mon concitoyen, un homme enfin ! c'est moi
« qui le lie tous les jours, qui ferme sur lui ces
« odieuses portes ! peut-être le désespoir s'est emparé
« de son ame ; il pousse vers le ciel mon nom avec
« des malédictions, et sans doute il atteste contre
« moi le grand juge qui nous observe et doit nous
« juger tous les deux.

. . . .

« Ici un spectacle effrayant se présente tout-à-coup
« à mes yeux ; le juge se lasse d'interroger par la
« parole ; il veut interroger par les supplices, im-
« patient dans ses recherches, et peut-être irrité de
« leur inutilité : on apporte des torches, des chaînes,
« des leviers, et tous ces instruments inventés pour
« la douleur. Un bourreau vient se mêler aux fonc-
« tions de la magistrature, et terminer par la vio-
« lence un interrogatoire commencé par la liberté.

« Douce philosophie ! toi qui ne cherches la vé-
« rité qu'avec l'attention et la patience, t'attendais-
« tu que, dans ton siecle, on employât de tels in-
« struments pour la découvrir ?

« Est-il bien vrai que nos lois approuvent cette
« méthode inconcevable, et que l'usage la con-
« sacre ?

. . . .

« Leurs lois imitent leurs préjugés ; les punitions
« publiques sont aussi cruelles que les vengeances
« particulieres, et les actes de leur raison ne sont
« guere moins impitoyables que ceux de leurs pas-
« sions. Quelle est donc la cause de cette bizarre
« opposition? c'est que nos préjugés sont anciens et
« que notre morale est nouvelle ; c'est que nous
« sommes aussi pénétrés de nos sentiments qu'in-
« attentifs à nos idées ; c'est que l'avidité des plai-
« sirs nous empêche de réfléchir sur nos besoins,
« et que nous sommes plus empressés de vivre que
« de nous diriger ; c'est, en un mot, que nos mœurs
« sont douces, et qu'elles ne sont pas bonnes ; c'est
« que nous sommes polis, et que nous ne sommes
« seulement pas humains. »

Ces fragments, que l'éloquence avait dictés à
l'humanité, remplirent le cœur de mon ami d'une
douce consolation. Il admirait avec tendresse. Quoi!
disait-il dans son transport, on fait des chefs-
d'œuvre en province ! on m'avait dit qu'il n'y a que
Paris dans le monde.

Il n'y a que Paris, lui dis-je, où l'on fasse des
opéra comiques ; mais il y a aujourd'hui dans les
provinces beaucoup de magistrats qui pensent avec
la même vertu, et qui s'expriment avec la même
force. Autrefois les oracles de la justice, ainsi que
ceux de la morale, n'étaient que ridicules : le docteur Balouard déclamait au barreau et était arlequin

dans la chaire. La philosophie est enfin venue : elle a dit : Ne parlez en public que pour dire des vérités neuves et utiles avec l'éloquence du sentiment et de la raison.

Mais si nous n'avons rien de neuf à dire ? se sont écriés les parleurs. Taisez-vous alors, a répondu la philosophie ; tous ces vains discours d'appareil, qui ne contiennent que des phrases, sont comme le feu de la Saint-Jean, allumé le jour de l'année où l'on a le moins besoin de se chauffer ; il ne cause aucun plaisir, et il n'en reste pas même la cendre.

Que toute la France lise les bons livres. Mais, malgré les progrès de l'esprit humain, on lit très peu ; et, parmi ceux qui veulent quelquefois s'instruire, la plupart lisent très mal. Mes voisins et mes voisines jouent après dîner un jeu anglais que j'ai beaucoup de peine à prononcer, car on l'appelle *whisk*. Plusieurs bons bourgeois, plusieurs grosses têtes, qui se croient de bonnes têtes, vous disent avec un air d'importance que les livres ne sont bons à rien. Mais, messieurs les Velches, savez-vous que vous n'êtes gouvernés que par des livres ? savez-vous que l'Ordonnance civile, le Code militaire, et l'Evangile, sont des livres dont vous dépendez continuellement ? Lisez, éclairez-vous ; ce n'est que par la lecture qu'on fortifie son ame ; la conversation la dissipe, le jeu la resserre.

J'ai bien peu d'argent, me répondit l'homme aux quarante écus ; mais si jamais je fais une petite fortune, j'achèterai des livres chez Marc-Michel Rey.

De la vérole.

L'HOMME aux quarante écus demeurait dans un petit canton où l'on n'avait jamais mis de soldats en garnison depuis cent cinquante années. Les mœurs dans ce coin de terre inconnu étaient pures comme l'air qui l'environne. On ne savait pas qu'ailleurs l'amour pût être infecté d'un poison destructeur, que les générations fussent attaquées dans leur germe, et que la nature, se contredisant elle-même, pût rendre la tendresse horrible, et le plaisir affreux : on se livrait à l'amour avec la sécurité de l'innocence. Des troupes vinrent, et tout changea.

Deux lieutenants, l'aumônier du régiment, un caporal, et un soldat de recrue, qui sortait du séminaire, suffirent pour empoisonner douze villages en moins de trois mois. Deux cousines de l'homme aux quarante écus se virent couvertes de pustules calleuses, leurs beaux cheveux tombèrent, leur voix devint rauque, les paupières de leurs yeux fixes et éteints se chargèrent d'une couleur livide, et ne se fermèrent plus pour laisser entrer le repos dans des membres disloqués, qu'une carie secrète commençait à ronger comme ceux de l'Arabe Job, quoique Job n'eût jamais eu cette maladie.

Le chirurgien major du régiment, homme d'une grande expérience, fut obligé de demander des aides à la cour pour guérir toutes les filles du pays. Le ministre de la guerre, toujours porté d'inclination à soulager le beau sexe, envoya une recrue de fraters, qui gâtèrent d'une main ce qu'ils rétablirent de l'autre.

L'homme aux quarante écus lisait alors l'histoire philosophique de Candide, traduite de l'allemand du docteur Ralph, qui prouve évidemment que tout est bien, et qu'il était absolument impossible, dans le meilleur des mondes possible, que la vérole, la peste, la pierre, la gravelle, les écrouelles, la chambre de Valence, et l'inquisition, n'entrassent dans la composition de l'univers uniquement fait pour l'homme, roi des animaux, et image de Dieu auquel on voit bien qu'il ressemble comme deux gouttes d'eau.

Il lisait dans l'histoire véritable de Candide, que le fameux docteur Pangloss avait perdu dans le traitement un œil et une oreille. Hélas! dit-il, mes deux cousines, mes deux pauvres cousines seront-elles borgnes ou borgnesses et essorillées? Non, lui dit le major consolateur: les Allemands ont la main lourde; mais nous autres, nous guérissons les filles promptement, sûrement, et agréablement.

En effet, les deux jolies cousines en furent quittes pour avoir la tête enflée comme un ballon pendant six semaines, pour perdre la moitié de leurs dents, en tirant la langue d'un demi-pied, et pour mourir de la poitrine au bout de six mois.

Pendant l'opération, le cousin et le chirurgien major raisonnèrent ainsi.

L'HOMME AUX QUARANTE ÉCUS.

Est-il possible, monsieur, que la nature ait attaché de si épouvantables tourments à un plaisir si nécessaire, tant de honte à tant de gloire, et qu'il y ait plus de risque à faire un enfant qu'à tuer un homme? Serait-il vrai au moins, pour notre consolation, que ce fléau diminue un peu sur la terre, et qu'il devienne moins dangereux de jour en jour ?

LE CHIRURGIEN MAJOR.

Au contraire, il se répand de plus en plus dans toute l'Europe chrétienne ; il s'est étendu jusqu'en Sibérie ; j'en ai vu mourir plus de cinquante personnes, et sur-tout un grand général d'armée, et un ministre d'état fort sage : peu de poitrines faibles résistent à la maladie et au remede ; les deux sœurs, la petite et la grosse, se sont liguées encore plus que les moines pour détruire le genre humain.

L'HOMME AUX QUARANTE ÉCUS.

Nouvelle raison pour abolir les moines, afin que, remis au rang des hommes, ils réparent un peu le mal que font les deux sœurs. Dites-moi, je vous prie, si les bêtes ont la vérole.

LE CHIRURGIEN.

Ni la petite, ni la grosse, ni les moines, ne sont connus chez elles.

L'HOMME AUX QUARANTE ÉCUS.

Il faut donc avouer qu'elles sont plus heureuses et plus prudentes que nous dans ce meilleur des mondes.

LE CHIRURGIEN.

Je n'en ai jamais douté ; elles éprouvent bien moins de maladies que nous ; leur instinct est bien plus sûr que notre raison : jamais ni le passé ni l'avenir ne les tourmentent.

L'HOMME AUX QUARANTE ÉCUS.

Vous avez été chirurgien d'un ambassadeur de France en Turquie ; y a-t-il beaucoup de vérole à Constantinople ?

LE CHIRURGIEN.

Les Francs l'ont apportée dans le faubourg de Péra, où ils demeurent. J'y ai connu un capucin qui en était mangé comme Pangloss : mais elle n'est point parvenue dans la ville ; les Francs n'y couchent presque jamais : il n'y a presque point de filles publiques dans cette ville immense ; chaque homme riche a des femmes esclaves de Circassie, toujours gardées, toujours surveillées, dont la beauté ne peut être dangereuse. Les Turcs appellent la vérole *le mal chrétien;* et cela redouble le profond mépris qu'ils ont pour notre théologie : mais en récompense ils ont la peste, maladie d'Egypte, dont ils font peu de cas, et qu'ils ne se donnent jamais la peine de prévenir.

L'HOMME AUX QUARANTE ÉCUS.

En quel temps croyez-vous que ce fléau commença dans l'Europe ?

LE CHIRURGIEN.

Au retour du premier voyage de Christophe Colomb chez des peuples innocents qui ne connoissaient ni l'avarice ni la guerre, vers l'an 1494. Ces nations simples et justes étaient attaquées de ce mal de temps immémorial, comme la lepre régnait chez les Árabes et chez les Juifs, et la peste chez les Egyptiens. Le premier fruit que les Espagnols recueillirent de cette conquête du Nouveau-Monde fut la vérole : elle se répandit plus promptement que l'argent du Mexique, qui ne circula que long-temps après en Europe : la raison en est que dans toutes les villes il y avait alors de belles maisons publiques appelées *b.....* établies par l'autorité des souverains pour conserver l'honneur des dames. Les Espagnols porterent le venin dans ces maisons privilégiées, dont les princes et les évêques tiraient les filles qui leur étaient nécessaires. On a remarqué qu'à Constance il y avait eu sept cents dix-huit filles pour le service du concile qui fit brûler si dévotement Jean Hus et Jérôme de Prague.

On peut juger par ce seul trait avec quelle rapidité le mal parcourut tous les pays. Le premier seigneur qui en mourut fut l'illustrissime et révérendissime évêque et vice-roi de Hongrie, en 1499, que Bartholomeo Montanagna, grand médecin de Padoue, ne put guérir. Gualtieri assure que l'archevêque de Maïence, Bertold de Henneberg, attaqué de la grosse vérole, rendit son ame à Dieu en 1504. On sait que notre roi François I en mourut : Henri III la prit à Venise, mais le jacobin Jacques Clément prévint l'effet de la maladie.

Le parlement de Paris, toujours zélé pour le bien public, fut le premier qui donna un arrêt contre la vérole, en 1497 ; il défendit à tous les vérolés de rester dans Paris sous peine de la hart : mais comme il n'était pas facile de prouver juridiquement aux bourgeois et bourgeoises qu'ils étaient en délit, cet arrêt n'eut pas plus d'effet que ceux qui furent rendus depuis contre l'émétique ; et, malgré le parlement, le nombre des coupables augmenta toujours. Il est certain que si on les avait exorcisés au lieu de les faire pendre, il n'y en aurait plus aujourd'hui sur la terre ; mais c'est à quoi malheureusement on ne pensa jamais.

L'HOMME AUX QUARANTE ÉCUS.

Est-il bien vrai ce que j'ai lu dans Candide, que

parmi nous, quand deux armées de trente mille hommes chacune marchent ensemble en front de bandiere, on peut parier qu'il y a vingt mille vérolés de chaque côté?

LE CHIRURGIEN.

Il n'est que trop vrai : il en est de même dans les licences de Sorbonne. Que voulez-vous que fassent de jeunes bacheliers à qui la nature parle plus haut et plus ferme que la théologie? Je puis vous jurer que, proportion gardée, mes confreres et moi nous avons traité plus de jeunes prêtres que de jeunes officiers.

L'HOMME AUX QUARANTE ÉCUS.

N'y aurait-il point quelque maniere d'extirper cette contagion qui désole l'Europe? on a déja tâché d'affaiblir le poison d'une vérole, ne pourra-t-on rien tenter sur l'autre?

LE CHIRURGIEN.

Il n'y aurait qu'un seul moyen, c'est que tous les princes de l'Europe se liguassent ensemble comme dans les temps de Godefroi de Bouillon. Certainement une croisade contre la vérole serait beaucoup plus raisonnable que ne l'ont été celles qu'on entreprit autrefois si malheureusement contre Saladin, Melecsala, et les Albigeois: il vaudrait bien mieux s'entendre pour repousser l'ennemi commun du genre humain, que d'être continuellement occupé à guetter le moment favorable de dévaster la terre et de couvrir les champs de morts, pour arracher à son voisin deux ou trois villes et quelques villages. Je parle contre mes intérêts ; car la guerre et la vé-

role font ma fortune ; mais il faut être homme avant
d'être chirurgien major.

C'est ainsi que l'homme aux quarante écus se formait, comme on dit, l'esprit et le cœur : non seulement il hérita de ses deux cousines qui moururent
en six mois, mais il eut encore la succession d'un
parent fort éloigné, qui avait été sous-fermier des
hôpitaux des armées, et qui s'était fort engraissé en
mettant les soldats blessés à la diete : cet homme n'a-
vait jamais voulu se marier ; il avait un assez joli
serrail : il ne reconnut aucun de ses parents, vécut
dans la crapule, et mourut à Paris d'indigestion.
C'était un homme, comme on voit, fort utile à
l'état.

Notre nouveau philosophe fut obligé d'aller à Paris pour recueillir l'héritage de son parent : d'abord
les fermiers du domaine le lui disputerent ; il eut le
bonheur de gaguer son procès, et la générosité de
donner aux pauvres de son canton, qui n'avaient
pas leur contingent de quarante écus de rente, une
partie des dépouilles du richard ; après quoi il se
mit à satisfaire sa grande passion d'avoir une bibliotheque.

Il lisait tous les matins, faisait des extraits ; et le
soir il consultait les savants pour savoir en quelle
langue le serpent avait parlé à notre bonne mere ; si
l'ame est dans le corps calleux ou dans la glande pi-
néale ; si S. Pierre avait demeuré vingt-cinq ans à
Rome ; quelle différence spécifique est entre un trône
et une domination ; et pourquoi les Negres ont le
nez épaté : d'ailleurs il se proposa de ne jamais gou-

verner l'état, et de ne faire aucune brochure contre
les pieces nouvelles. On l'appelait M. André, c'é-
tait son nom de baptême : ceux qui l'ont connu
rendent justice à sa modestie et à ses qualités tant
acquises que naturelles. Il a bâti une maison commode dans son ancien domaine de quatre arpents :
son fils sera bientôt en âge d'aller au college ; mais
il veut qu'il aille au college d'Harcourt et non à celui de Mazarin, à cause du professeur Cogé, qui fait
des libelles, et parcequ'il ne faut pas qu'un professeur de college fasse des libelles.

Madame André lui a donné une fille fort jolie,
qu'il espere marier à un conseiller de la cour des
aides, pourvu que ce magistrat n'ait pas la maladie
que le chirurgien major veut extirper dans l'Europe
chrétienne.

Grande querelle.

PENDANT le séjour de M. André à Paris il y eut
une querelle importante. Il s'agissait de savoir si
Marc-Antonin était un honnête homme, et s'il était
en enfer, ou en purgatoire, ou dans les limbes, en
attendant qu'il ressuscitât. Tous les honnêtes gens
prirent le parti de Marc-Antonin : ils disaient, Antonin a toujours été juste, sobre, chaste, bienfai-
sant ; il est vrai qu'il n'a pas en paradis une place
aussi belle que saint Antoine ; car il faut des pro-
portions, comme nous l'avons vu ; mais certainement
l'ame de l'empereur Antonin n'est point à la broche
dans l'enfer : si elle est en purgatoire, il faut l'en tirer ;
il n'y a qu'à dire des messes pour lui : les jésuites

n'ont plus rien à faire, qu'ils disent trois mille messes pour le repos de l'ame de Marc-Antonin ; ils y gagneront, à quinze sous la piece, deux mille deux cents cinquante livres : d'ailleurs on doit du respect à une tète couronnée ; il ne faut pas la damner légèrement.

Les adversaires de ces bonnes gens prétendaient au contraire qu'il ne fallait accorder aucune composition à Marc-Antonin ; qu'il était un hérétique ; que les Carpocratiens et les Aloges n'étaient pas si méchants que lui ; qu'il était mort sans confession ; qu'il fallait faire un exemple ; qu'il était bon de le damner pour apprendre à vivre aux empereurs de la Chine et du Japon, à ceux de Perse, de Turquie et de Maroc, aux rois d'Angleterre, de Suede, de Danemarck, de Prusse ; au stathouder de Hollande, et aux avoyers du canton de Berne, qui n'allaient pas plus à confesse que l'empereur Marc-Antonin ; et qu'enfin c'est un plaisir indicible de donner des décrets contre des souverains morts, quand on ne peut en lancer contre eux de leur vivant, de peur de perdre ses oreilles.

La querelle devint aussi sérieuse que le fut autrefois celle des ursulines et des annonciades, qui disputerent à qui porterait plus long-temps des œufs à la coque entre les fesses sans les casser. On craignit un schisme, comme du temps des cent et un contes de ma mere l'oie, et de certains billets payables au porteur dans l'autre monde. C'est une chose bien épouvantable qu'un schisme, cela signifie *division dans les opinions*, et jusqu'à ce moment fatal tous les hommes avaient pensé de même.

M. André, qui est un excellent citoyen, pria

les chefs des deux partis à souper. C'est un des bons convives que nous ayons; son humeur est douce et vive, sa gaieté n'est point bruyante ; il est facile et ouvert ; il n'a point cette sorte d'esprit qui semble vouloir étouffer celui des autres; l'autorité qu'il se concilie n'est due qu'à ses graces, à sa modération, et à une physionomie ronde qui est tout-à-fait persuasive : il aurait fait souper gaiement ensemble un Corse et un Génois, un représentant de Geneve et un négatif, le muphti et un archevêque. Il fit tomber habilement les premiers coups que les disputants se portaient, en détournant la conversation, et en faisant un conte très agréable qui réjouit également les damnants et les damnés; enfin, quand ils furent un peu en pointe de vin, il leur fit signer que l'ame de l'empereur Marc-Antonin resterait *in statu quo*, c'est-à-dire je ne sais où, en attendant un jugement définitif.

Les ames des docteurs s'en retournerent dans leurs limbes paisiblement après le souper : tout fut tranquille. Cet accommodement fit un très grand honneur à l'homme aux quarante écus ; et toutes les fois qu'il s'élevait une dispute bien acariâtre, bien virulente, entre les gens lettrés ou non lettrés, on disait aux deux partis : Messieurs, allez souper chez M. André.

Je connais deux factions acharnées qui, faute d'avoir été souper chez M. André, se sont attiré de grands malheurs.

Scélérat chassé.

L a réputation qu'avait acquise M. André d'appai-
ser les querelles en donnant de bons soupers lui
attira la semaine passée une singuliere visite. Un
homme noir, assez mal mis, le dos voûté, la tête
penchée sur une épaule, l'œil hagard, les mains fort
sales, vint le conjurer de lui donner à souper avec
. ses ennemis.

Quels sont vos ennemis ? lui dit M. André ; et qui
êtes-vous ? Hélas ! dit-il, j'avoue, monsieur, qu'on
me prend pour un de ces maroufles qui font des libelles pour gagner du pain, et qui crient Dieu,
Dieu, Dieu ! religion, religion ! pour attraper quelque petit bénéfice. On m'accuse d'avoir calomnié les
citoyens les plus véritablement religieux, les plus
sinceres adorateurs de la Divinité, les plus honnêtes
gens du royaume ; il est vrai, monsieur, que dans
la chaleur de la composition il échappe souvent aux
gens de mon métier de petites inadvertances qu'on
prend pour des erreurs grossieres, des écarts que
l'on qualifie de mensonges impudents ; notre zele
est regardé comme un mélange affreux de fripponne-
rie et de fanatisme ; on assure que tandis que nous
surprenons la bonne foi de quelques vieilles imbécilles, nous sommes le mépris et l'exécration de tous
les honnêtes gens qui savent lire.

Mes ennemis sont les principaux membres des
plus illustres académies de l'Europe, des écrivains
honorés, des citoyens bienfaisants. Je viens de
mettre en lumiere un ouvrage que j'ai intitulé Anti-

philosophique : je n'avais que de bonnes intentions;
mais personne n'a voulu acheter mon livre : ceux
à qui je l'ai présenté l'ont jeté dans le feu, en me disant qu'il n'était pas seulement anti - raisonnable,
mais anti-chrétien, et très anti-honnête.

Eh bien ! lui dit M. André, imitez ceux à qui vous
avez présenté votre libelle, jetez-le dans le feu, et
qu'il n'en soit plus parlé. Je loue fort votre repentir;
mais il n'est pas possible que je vous fasse souper
avec des gens d'esprit, qui ne peuvent être vos ennemis, attendu qu'ils ne vous liront jamais.

Ne pourriez-vous pas du moins, monsieur, dit le cafard, me réconcilier avec les parents de feu M. de Montesquieu, dont j'ai outragé la mémoire, pour glori-
fier le révérend P. Rout qui vint assiéger ses derniers moments, et qui fut chassé de sa chambre ?

Morbleu, lui dit M. André, il y a long-temps que
le révérend P. Rout est mort ; allez-vous-en souper
avec lui.

C'est un rude homme que M. André, quand il a
affaire à cette espece méchante et sotte. Il sentit que
le cafard ne voulait souper chez lui avec des gens de
mérite que pour engager une dispute, pour les aller
ensuite calomnier, pour écrire contre eux, pour imprimer de nouveaux mensonges. Il le chassa de sa
maison, comme on avait chassé Rout de l'appartement du président de Montesquieu.

On ne peut guere tromper M. André. Plus il était
simple et naïf quand il était l'homme aux quarante
écus, plus il est devenu avisé quand il a connu les
hommes.

Le bon sens de M. André.

COMME le bon sens de M. André s'est fortifié depuis qu'il a une bibliotheque ! il vit avec les livres
comme avec les hommes ; il choisit, et il n'est jamais
la dupe des noms. Quel plaisir de s'instruire et d'a-
grandir son ame pour un écu, sans sortir de chez soi !

Il se félicite d'être né dans un temps ou la raison
humaine commence à se perfectionner. Que je serais
malheureux, dit-il, si l'âge où je vis était celui du jésuite Garasse, du jésuite Guignard, ou du docteur
Boucher, du docteur Aubri, du docteur Guincestre,
ou des gens qui condamnaient aux galeres ceux qui
écrivaient contre les catégories d'Aristote !

La misere avait affaibli les ressorts de l'ame de
M. André ; le bien-être leur a rendu leur élasticité.
Il y a mille Andrés dans le monde auxquels il n'a
manqué qu'un tour de roue de la fortune pour en
faire des hommes d'un vrai mérite.

Il est aujourd'hui au fait de toutes les affaires de
l'Europe, et sur-tout des progrès de l'esprit humain.

Il me semble, me disait-il mardi dernier, que la
raison voyage à petites journées, du Nord au Midi,
avec ses deux intimes amies l'expérience et la tolérance ; l'agriculture et le commerce l'accompagnent.
Elle s'est présentée en Italie, mais la congrégation de
l'indice l'a repoussée : tout ce qu'elle a pu faire a été
d'envoyer secrètement quelques uns de ses facteurs,
qui ne laissent pas de faire du bien. Encore quelques
années, et le pays des Scipions ne sera plus celui des
arlequins enfroqués.

15.

Elle a de temps en temps de cruels ennemis en France ; mais elle y a tant d'amis, qu'il faudra bien à la fin qu'elle y soit premier ministre.

Quand elle s'est présentée en Baviere et en Autriche, elle a trouvé deux ou trois grosses têtes à perruques qui l'ont regardée avec des yeux stupides et étonnés : ils lui ont dit, Madame, nous n'avons jamais entendu parler de vous ; nous ne vous connaissons pas. Messieurs, leur a-t-elle répondu, avec le temps vous me connaîtrez et vous m'aimerez (1). Je suis très bien reçue à Berlin, à Moscow, à Copenhague, à Stockholm ; il y a long-temps que, par le crédit de Locke, de Gordon, de Trenchard, de mylord Shaftesbury et de tant d'autres, j'ai reçu mes lettres de naturalité en Angleterre : vous m'en accorderez un jour. Je suis la fille du temps, et j'attends tout de mon pere.

Quand elle a passé sur les frontieres de l'Espagne et du Portugal, elle a béni Dieu de voir que les bûchers de l'inquisition n'étaient plus si souvent allumés : elle a espéré beaucoup en voyant chasser les jésuites ; mais elle a craint qu'en purgeant le pays des renards, on ne le laissât exposé aux loups.

Si elle fait encore des tentatives pour entrer en Italie, on croit qu'elle commencera par s'établir à Venise, et qu'elle séjournera dans le royaume de Naples, malgré toutes les liquéfactions de ce pays-là qui lui donnent des vapeurs. On prétend qu'elle a un secret infaillible pour détacher les cordons d'une

---

(1) Et ce temps est venu.

couronne qui sont embarrassés, je ne sais comment,
dans ceux d'une tiare, et pour empêcher les haque-
nées d'aller faire la révérence aux mules.

Enfin la conversation de M. André me réjouit
beaucoup; et plus je le vois, plus je l'aime.

D'un bon souper chez M. André.

Nous soupâmes hier ensemble avec un docteur
de Sorbonne, M. Pinto célebre Juif, le chapelain de
la chapelle réformée de l'ambassadeur batave, le secrétaire de M. le prince Gallitzin, du rit grec, un capitaine suisse calviniste, deux philosophes, et trois
dames d'esprit.

Le souper fut fort long, et cependant on ne disputa pas plus sur la religion que si aucun des convives n'en avait jamais eu; tant il faut avouer que
nous sommes devenus polis! tant on craint à souper
de contrister ses freres! Il n'en est pas ainsi du régent
Cogé, et de l'ex-jésuite Nonotte, et de l'ex-jésuite
Patouillet, et de l'ex-jésuite Rotalier, et de tous les
animaux de cette espece; ces croquants-là vous disent plus de sottises dans une brochure de deux
pages, que la meilleure compagnie de Paris ne peut
dire de choses agréables et instructives dans un souper de quatre heures; et ce qu'il y a d'étrange, c'est
qu'ils n'oseraient dire en face à personne ce qu'ils
ont l'impudence d'imprimer.

La conversation roula d'abord sur une plaisanterie
des Lettres persanes, dans laquelle on répete, d'a-
près plusieurs graves personnages, que le monde va
non seulement en empirant, mais en se dépeuplant

tous les jours ; de sorte que si le proverbe *Plus on
est de fous, plus on rit*, a quelque vérité, le rire
sera incessamment banni de la terre.

Le docteur de Sorbonne assura qu'en effet le
monde était réduit presque à rien. Il cita le P. Pé-
tau, qui démontre qu'en moins de trois cents ans un
seul des fils de Noé (je ne sais si c'est Sem ou Japhet)
avait procréé de son corps une série d'enfants qui se
montait à six cents vingt - trois milliars, six cents
douze millions, trois cents cinquante - huit mille
fideles, l'an 285, après le déluge universel.

M. André demanda pourquoi du temps de Phi-
lippe-le-Bel, c'est-à-dire environ trois cents ans
après Hugues Capet, il n'y avait pas six cents vingt-
trois milliars de princes de la maison royale. C'est
que la foi est diminuée, dit le docteur de Sorbonne.

On parla beaucoup de Thebes aux cent portes, et
du million de soldats qui sortait par ces portes avec
vingt mille chariots de guerre. Serrez, serrez, disait
M. André ; je soupçonne, depuis que je me suis mis
à lire, que le même génie qui a écrit Gargantua écrivait autrefois toutes les histoires.

Mais enfin, lui dit un des convives, Thebes, Memphis, Babylone, Ninive, Troie, Séleucie, étaient de
grandes villes, et n'existent plus. Cela est vrai, répondit le secrétaire de M. le prince Gallitzin ; mais
Moscow, Constantinople, Londres, Paris, Amster-
dam, Lyon, qui vaut mieux que Troie, toutes les
villes de France, d'Allemagne, d'Espagne, et du
Nord, étaient alors des déserts.

Le capitaine suisse, homme très instruit, nous
avoua que quand ses ancêtres voulurent quitter

leurs montagnes et leurs précipices pour aller s'emparer comme de raison d'un pays plus agréable, César, qui vit de ses yeux le dénombrement de ces émigrants, trouva qu'il se montait à trois cents soixante et huit mille, en comptant les vieillards, les enfants, et les femmes. Aujourd'hui le seul canton de Berne possede autant d'habitants : il n'est pas tout-à-fait la moitié de la Suisse ; et je puis vous assurer que les treize cantons ont au-delà de sept cents vingt mille ames, en comptant les natifs qui servent ou qui négocient en pays étranger. Après cela, messieurs les savants, faites des calculs et des systêmes; ils seront aussi faux les uns que les autres.

Ensuite on agita la question si les bourgeois de Rome, du temps des Césars, étaient plus riches que les bourgeois de Paris du temps de M. Silhouette.

Ah ! ceci me regarde, dit M. André : j'ai été long-temps l'homme aux quarante écus ; je crois bien que les citoyens romains en avaient davantage : ces illustres voleurs de grand chemin avaient pillé les plus beaux pays de l'Asie, de l'Afrique, et de l'Europe ; ils vivaient fort splendidement du fruit de leurs rapines; mais enfin il y avait des gueux à Rome ; et je suis persuadé que parmi ces vainqueurs du monde, il y eut des gens réduits à quarante écus de rente comme je l'ai été.

Savez-vous bien, lui dit un savant de l'académie des inscriptions et belles-lettres, que Lucullus dépensait à chaque souper qu'il donnait dans le salon d'Apollon trente-neuf mille trois cents soixante et douze livres treize sous de notre monnaie courante ; mais qu'Atticus, le célebre épicurien Atticus, ne dépensait point par mois pour sa table au-delà de deux cents trente-cinq livres tournois?

Si cela est, dis-je, il était digne de présider à la confrérie de la lésine, établie depuis peu en Italie. J'ai lu comme vous dans Florus cette incroyable anecdote; mais apparemment que Florus n'avait jamais soupé chez Atticus, ou que son texte a été corrompu, comme tant d'autres par les copistes. Jamais Florus ne me fera croire que l'ami de César et de Pompée, de Cicéron et d'Antoine, qui mangeaient souvent chez lui, en fût quitte pour un peu moins de dix louis d'or par mois.

Et voilà justement comme on écrit l'histoire.

Madame André, prenant la parole, dit au savant que s'il voulait défrayer sa table pour dix fois autant, il lui ferait grand plaisir.

Je suis persuadé que cette soirée de M. André valait bien un mois d'Atticus; et des dames doutèrent fort que les soupers de Rome fussent plus agréables que ceux de Paris. La conversation fut très gaie, quoiqu'un peu savante: il ne fut parlé ni des modes nouvelles, ni des ridicules d'autrui, ni de l'histoire scandaleuse du jour.

La question du luxe fut traitée à fond. On demanda si c'était le luxe qui avait détruit l'empire romain; et il fut prouvé que les deux empires d'Occident et d'Orient n'avaient été détruits que par la controverse et par les moines: en effet, quand Alaric prit Rome, on n'était occupé que de disputes théologiques; et quand Mahomet II prit Constantinople, les moines défendaient beaucoup plus l'éternité de la lumiere du Thabor, qu'ils voyaient à leur nombril, qu'ils ne défendaient la ville contre les Turcs.

Un de nos savants fit une réflexion qui me frappa beaucoup ; c'est que ces deux grands empires sont anéantis, et que les ouvrages de Virgile, d'Horace, et d'Ovide, subsistent.

On ne fit qu'un saut du siecle d'Auguste au siecle de Louis XIV. Une dame demanda pourquoi avec beaucoup d'esprit on ne faisait plus guere aujourd'hui d'ouvrages de génie.

M. André répondit que c'est parcequ'on en avait fait le siecle passé. Cette idée était fine et pourtant vraie ; elle fut approfondie. Ensuite on tomba rudement sur un Ecossais qui s'est avisé de donner des regles de goût, et de critiquer les plus admirables endroits de Racine sans savoir le français (1). On traita encore

---

(1) Ce M. Home, grand juge d'Ecosse, enseigne la maniere de faire parler les héros d'une tragédie avec esprit ; et voici un exemple remarquable qu'il rapporte de la tragédie de Henri IV, du divin Shakespeare. Le divin Shakespeare introduit mylord Falstaf, chef de justice, qui vient de prendre prisonnier le chevalier Jean Coleville, et qui le présente au roi.

« Sire, le voila, je vous le livre ; je supplie votre grace
« de faire enregistrer ce fait d'armes parmi les autres de
« cette journée, ou pardieu je le ferai mettre dans une
« ballade, avec mon portrait à la tête : on verra Coleville
« me baisant les pieds. Voilà ce que je ferai, si vous ne
« rendez pas ma gloire aussi brillante qu'une piece de
« deux sous dorée ; et alors vous verrez, dans le clair ciel
« de la renommée, ternir votre splendeur comme la
« pleine lune efface les charbons éteints de l'élément de

plus sévèrement un Italien nommé Dénina, qui a dénigré l'Esprit des lois sans le comprendre, et qui sur-tout a censuré ce que l'on aime le mieux dans cet ouvrage.

Cela fit souvenir du mépris affecté que Boileau étalait pour le Tasse. Quelqu'un des convives avança que le Tasse, avec ses défauts, était autant au-dessus d'Homere que Montesquieu, avec ses défauts encore plus grands, est au-dessus du fatras de Grotius. On s'éleva contre ces mauvaises critiques dictées par la haine nationale et le préjugé : le signor Dénina fut traité comme il le méritait, et comme les pédants le sont par les gens d'esprit.

On remarqua sur-tout avec beaucoup de sagacité que la plupart des ouvrages littéraires du siecle présent, ainsi que les conversations, roulent sur l'examen des chefs-d'œuvre du dernier siecle. Notre mérite est de discuter leur mérite : nous sommes comme des enfants déshérités qui font le compte du bien de leurs peres. On avoua que la philosophie avait fait de très grands progrès, mais que la langue et le style s'étaient un peu corrompus.

C'est le sort de toutes les conversations de passer d'un sujet à un autre. Tous ces objets de curiosité,

---

« l'air, qui ne paraissent autour d'elle que comme des « têtes d'épingle. »

C'est cet absurde et abominable galimatias, très fréquent dans le divin Shakespeare, que M. Jean Home propose pour le modele du bon goût et de l'esprit dans la tragédie : mais en récompense M. Home trouve l'Iphigénie et la Phedre de Racine extrêmement ridicules.

de science, et de goût, disparurent bientôt devant le grand spectacle que l'impératrice de Russie et le roi de Pologne donnaient au monde : ils venaient de relever l'humanité écrasée, et d'établir la liberté de conscience dans une partie de la terre beaucoup plus vaste que ne le fut jamais l'empire romain : ce service rendu au genre humain, cet exemple donné à tant de cours qui se croient politiques, fut célébré comme il devait l'être ; on but à la santé de l'impératrice, du roi philosophe, et du primat philosophe, et on leur souhaita beaucoup d'imitateurs : le docteur de Sorbonne même les admira ; car il y a quelques gens de bon sens dans ce corps, comme il y eut autrefois des gens d'esprit chez les Béotiens.

Le secrétaire russe nous étonna par le récit de tous les grands établissements qu'on faisait en Russie. On demanda pourquoi on aimait mieux lire l'histoire de Charles XII, qui a passé sa vie à détruire, que celle de Pierre-le-Grand, qui a consumé la sienne à créer. Nous conclûmes que la faiblesse et la frivolité sont la cause de cette préférence ; que Charles XII fut le don Quichotte du Nord, et que Pierre en fut le Solon ; que les esprits superficiels préfèrent l'héroïsme extravagant aux grandes vues d'un législateur ; que les détails de la fondation d'une ville leur plaisent moins que la témérité d'un homme qui brave dix mille Turcs avec ses seuls domestiques ; et qu'enfin la plupart des lecteurs aiment mieux s'amuser que s'instruire. De là vient que cent femmes lisent les Mille et une Nuits contre une qui lit deux chapitres de Locke.

De quoi ne parla-t-on point dans ce repas dont je

me souviendrai long-temps! Il fallut bien enfin dire un mot des acteurs et des actrices, sujet éternel des entretiens de table de Versailles et de Paris. On convint qu'un bon déclamateur était aussi rare qu'un bon poëte. Le souper finit par une chanson très jolie qu'un des convives fit pour les dames. Pour moi, j'avoue que le banquet de Platon ne m'aurait pas fait plus de plaisir que celui de M. et de madame André.

Nos petits-maîtres et nos petites-maîtresses s'y seraient ennuyés, sans doute; ils prétendent être la bonne compagnie; mais ni M. André ni moi ne soupons jamais avec cette bonne compagnie-là.

FIN DE L'HOMME AUX QUARANTE ÉCUS.

LA PRINCESSE

DE BABYLONE.

§. I.

Le vieux Bélus, roi de Babylone, se croyait le
premier homme de la terre, car tous ses courtisans
le lui disaient, et ses historiographes le lui prou-
vaient. Ce qui pouvait excuser en lui ce ridicule,
c'est qu'en effet ses prédécesseurs avaient bâti Babylone plus de trente mille ans avant lui, et qu'il
l'avait embellie. On sait que son palais et son parc,
situés à quelques parasanges de Babylone, s'éten-
daient entre l'Euphrate et le Tigre, qui baignaient
ces rivages enchantés. Sa vaste maison, de trois
mille pas de façade, s'élevait jusqu'aux nues. La
plate-forme était entourée d'une balustrade de marbre blanc, de cinquante pieds de hauteur, qui portait les statues colossales de tous les rois et de tous
les grands hommes de l'empire. Cette plate-forme,
composée de deux rangs de briques couvertes d'une
épaisse surface de plomb d'une extrémité à l'autre,
était chargée de douze pieds de terre; et sur cette
terre on avait élevé des forêts d'oliviers, d'orangers,
de citronniers, de palmiers, de girofliers, de cocotiers, de canelliers, qui formaient des allées impé-
nétrables aux rayons du soleil.

Les eaux de l'Euphrate, élevées par des pompes

dans cent colonnes creusées, venaient dans ces jardins, remplir de vastes bassins de marbre, et, retombant ensuite par d'autres canaux, allaient former dans le parc des cascades de six mille pieds de longueur, et cent mille jets-d'eau dont la hauteur pouvait à peine être apperçue; elles retournaient ensuite dans l'Euphrate, dont elles étaient parties. Les jardins de Sémiramis, qui étonnerent l'Asie plusieurs siecles après, n'étaient qu'une faible imitation de ces antiques merveilles; car, du temps de Sémiramis, tout commençait à dégénérer chez les hommes et chez les femmes.

Mais ce qu'il y avait de plus admirable à Babylone, ce qui éclipsait tout le reste, était la fille unique du roi, nommée Formosante. Ce fut d'après ses portraits et ses statues que, dans la suite des siecles, Praxiteles sculpta son Aphrodite, et celle qu'on nomma la Vénus aux belles fesses. Quelle différence, ô ciel! de l'original aux copies! aussi Bélus était plus fier de sa fille que de son royaume. Elle avait dix-huit ans; il lui fallait un époux digne d'elle : mais où le trouver? Un ancien oracle avait ordonné que Formosante ne pourrait appartenir qu'à celui qui tendrait l'arc de Nembrod. Ce Nembrod, le fort chasseur devant le Seigneur, avait laissé un arc de sept pieds babyloniques de haut, d'un bois d'ébene plus dur que le fer du mont Caucase, qu'on travaille dans les forges de Derbent; et nul mortel, depuis Nembrod, n'avait pu bander cet arc merveilleux.

Il était dit encore que le bras qui aurait tendu cet arc tuerait le lion le plus terrible et le plus

dangereux qui serait lâché dans le cirque de Babylone. Ce n'était pas tout; le bandeur de l'arc, le
vainqueur du lion, devait terrasser tous ses rivaux;
mais il devait sur-tout avoir beaucoup d'esprit, être
le plus magnifique des hommes, le plus vertueux,
et posséder la chose la plus rare qui fût dans l'univers entier.

Il se présenta trois rois qui osèrent disputer Formosante, le Pharaon d'Egypte, le sha des Indes,
et le grand khan des Scythes. Bélus assigna le jour
et le lieu du combat à l'extrémité de son parc,
dans le vaste espace bordé par les eaux de l'Euphrate et du Tigre réunis. On dressa autour de la
lice un amphithéâtre de marbre, qui pouvait contenir cinq cents mille spectateurs. Vis-à-vis l'amphithéâtre était le trône du roi, qui devait paraître
avec Formosante accompagnée de toute la cour; et
à droite et à gauche, entre le trône et l'amphithéâtre, étaient d'autres trônes et d'autres sieges
pour les trois rois, et pour tous les autres souverains qui seraient curieux de venir voir cette
auguste cérémonie.

Le roi d'Egypte arriva le premier, monté sur le
bœuf Apis, et tenant en main le sistre d'Isis. Il était
suivi de deux mille prêtres vêtus de robes de lin
plus blanches que la neige, de deux mille eunuques, de deux mille magiciens, et de deux mille
guerriers.

Le roi des Indes arriva bientôt après dans un char
traîné par douze éléphants. Il avait une suite encore
plus nombreuse et plus brillante que le Pharaon
d'Egypte.

Le dernier qui parut était le roi des Scythes. Il n'avait auprès de lui que des guerriers choisis, armés d'arcs et de fleches. Sa monture était un tigre superbe qu'il avait domté, et qui était aussi haut que les plus beaux chevaux de Perse. La taille de ce monarque, imposante et majestueuse, effaçait celle de ses rivaux; ses bras nus, aussi nerveux que blancs, semblaient déja tendre l'arc de Nembrod.

Les trois princes se prosternerent d'abord devant Bélus et Formosante. Le roi d'Egypte offrit à la princesse les deux plus beaux crocodiles du Nil, deux hippopotames, deux zebres, deux rats d'Egypte, et deux momies, avec les livres du grand Hermès, qu'il croyait être ce qu'il y avait de plus rare sur la terre.

Le roi des Indes lui offrit cent éléphants qui portaient chacun une tour de bois doré, et mit à ses pieds le Veidam écrit de la main de Xaca lui-même.

Le roi des Scythes, qui ne savait ni lire ni écrire, présenta cent chevaux de bataille couverts de housses et de peaux de renards noirs.

La princesse baissa les yeux devant ses amants, et s'inclina avec des graces aussi modestes que nobles.

Bélus fit conduire ces monarques sur les trônes qui leur étaient préparés. Que n'ai-je trois filles ! leur dit-il; je rendrais aujourd'hui six personnes heureuses. Ensuite il fit tirer au sort à qui essaierait le premier l'arc de Nembrod. On mit dans un casque d'or les noms des trois prétendants. Celui du roi d'Egypte sortit le premier; ensuite parut le nom du roi des Indes. Le roi scythe, en regardant l'arc

et ses rivaux, ne se plaignit point d'être le troisieme.

Tandis qu'on préparait ces brillantes épreuves,
vingt mille pages et vingt mille jeunes filles distri-
buaient sans confusion des rafraîchissements aux
spectateurs entre les rangs des sieges : tout le monde
avouait que les dieux n'avaient établi les rois que
pour donner tous les jours des fêtes, pourvu qu'elles
fussent diversifiées ; que la vie est trop courte pour
en user autrement ; que les procès, les intrigues,
la guerre, les disputes des prêtres, qui consument la
vie humaine, sont des choses absurdes et horribles ;
que l'homme n'est né que pour la joie ; qu'il n'aimerait pas les plaisirs passionnément et continuellement, s'il n'était pas formé pour eux ; que l'essence
de la nature humaine est de se réjouir, et que tout
le reste est folie. Cette excellente morale n'a jamais
été démentie que par les faits.

Comme on allait commencer ces essais, qui devaient décider de la destinée de Formosante, un
jeune inconnu, monté sur une licorne, accompagné
de son valet monté de même, et portant sur le poing
un gros oiseau, se présente à la barriere : les gardes
furent surpris de voir en cet équipage une figure
qui avait l'air de la divinité ; c'était, comme on l'a
dit depuis, le visage d'Adonis sur le corps d'Hercule ; c'était la majesté avec les graces : ses sourcils
noirs et ses longs cheveux blonds, mélange de beautés inconnu à Babylone, charmerent l'assemblée ;
tout l'amphithéâtre se leva pour le mieux regarder ;
toutes les femmes de la cour fixerent sur lui des regards étonnés ; Formosante elle-même, qui baissait

toujours les yeux, les releva, et rougit; les trois rois pâlirent: tous les spectateurs, en comparant Formosante avec l'inconnu, s'écriaient: Il n'y a dans le monde que ce jeune homme qui soit aussi beau que la princesse.

Les huissiers, saisis d'étonnement, lui demanderent s'il était roi. L'étranger répondit qu'il n'avait pas cet honneur, mais qu'il était venu de fort loin par curiosité pour voir s'il y avait des rois qui fussent dignes de Formosante. On l'introduisit dans le premier rang de l'amphithéâtre, lui, son valet, ses deux licornes, et son oiseau: il salua profondément Bélus, sa fille, les trois rois, et toute l'assemblée; puis il prit place en rougissant: ses deux licornes se coucherent à ses pieds, son oiseau se percha sur son épaule, et son valet, qui portait un petit sac, se mit à côté de lui.

Les épreuves commencerent. On tira de son étui d'or l'arc de Nembrod. Le grand maître des cérémonies, suivi de cinquante pages, et précédé de vingt trompettes, le présenta au roi d'Egypte, qui le fit bénir par ses prêtres, et l'ayant posé sur la tête du bœuf Apis, il ne douta pas de remporter cette premiere victoire: il descend au milieu de l'arene, il essaie, il épuise ses forces, il fait des contorsions qui excitent le rire de l'amphithéâtre, qui font même sourire Formosante.

Son grand aumônier s'approcha de lui: Que votre majesté, lui dit-il, renonce à ce vain honneur qui n'est que celui des muscles et des nerfs: vous triompherez dans tout le reste; vous vaincrez le lion, puisque vous avez le sabre d'Osiris: la princesse de Babylone doit appartenir au prince qui a le plus d'esprit, et vous avez deviné des énigmes : elle doit épouser le plus vertueux ; vous l'êtes, puisque vous avez été élevé par des prêtres d'Egypte : le plus généreux doit l'emporter, et vous avez donné les deux plus beaux crocodiles et les deux plus beaux rats qui soient dans le Delta ; vous possédez le bœuf Apis et les livres d'Hermès qui sont la chose la plus rare de l'univers ; personne ne peut vous disputer Formosante. Vous avez raison, dit le roi d'Egypte, et il se remit sur son trône.

On alla mettre l'arc entre les mains du roi des Indes : il en eut des ampoules pour quinze jours, et se consola en présumant que le roi des Scythes ne serait pas plus heureux que lui.

Le Scythe mania l'arc à son tour ; il joignit l'adresse à la force : l'arc parut prendre quelque élasticité entre ses mains, il le fit un peu plier, mais jamais il ne put venir à bout de le tendre. L'amphithéâtre à qui la bonne mine de ce prince inspirait des inclinations favorables, gémit de son peu de succès, et jugea que la belle princesse ne serait jamais mariée.

Alors le jeune inconnu descendit d'un saut dans l'arene, et s'adressant au roi des Scythes : Que votre majesté, lui dit-il, ne s'étonne point de n'avoir pas entièrement réussi ; ces arcs d'ébene se font dans mon pays ; il n'y a qu'un certain tour à donner ; vous avez beaucoup plus de mérite à l'avoi fait plier que je n'en peux avoir à le tendre ; aussitôt il prit une fleche, l'ajusta sur la corde, tendit l'arc de Nembrod, et fit voler la fleche bien au-delà des

barrieres. Un million de mains applaudit à ce prodige : Babylone retentit d'acclamations ; et toutes les
femmes disaient : Quel bonheur qu'un si beau garçon
ait tant de force !

Il tira ensuite de sa poche une petite lame d'ivoire,
écrivit sur cette lame avec une aiguille d'or, attacha la tablette d'ivoire à l'arc, et présenta le tout à
la princesse avec une grace qui ravissait tous les
assistants ; puis il alla modestement se remettre à sa
place entre son oiseau et son valet. Babylone entiere
était dans la surprise ; les trois rois étaient confon-
dus, et l'inconnu ne paraissait pas s'en appercevoir.

Formosante fut encore plus étonnée en lisant sur
la tablette d'ivoire attachée à l'arc ces petits vers en
beau langage chaldéen :

> L'arc de Nembrod est celui de la guerre ;
> L'arc de l'Amour est celui du bonheur ;
> Vous le portez. Par vous ce dieu vainqueur
> Est devenu le maître de la terre.
> Trois rois puissants, trois rivaux aujourd'hui
> Osent prétendre à l'honneur de vous plaire :
> Je ne sais pas qui votre cœur préfere ;
> Mais l'univers sera jaloux de lui.

Ce petit madrigal ne fàcha point la princesse : il
fut critiqué par quelques seigneurs de la vieille
cour, qui dirent qu'autrefois dans le bon temps on
aurait comparé Bélus au soleil, et Formosante à la
lune, son cou à une tour, et sa gorge à un boisseau
de froment ; ils dirent que l'étranger n'avait point
d'imagination, et qu'il s'écartait des regles de la
véritable poésie : mais toutes les dames trouverent

les vers fort galants; elles s'émerveillerent qu'un homme qui bandait si bien un arc eût tant d'esprit. La dame d'honneur de la princesse lui dit : Madame, voilà bien des talents en pure perte ; de quoi serviront à ce jeune homme son esprit et l'arc de Bélus ? A le faire admirer, répondit Formosante. Ah ! dit la dame d'honneur entre ses dents, encore un madrigal, et il pourrait bien être aimé.

Cependant Bélus, ayant consulté ses mages, déclara qu'aucun des trois rois n'ayant pu bander l'arc de Nembrod, il n'en fallait pas moins marier sa fille, et qu'elle appartiendrait à celui qui viendrait à bout d'abattre le grand lion qu'on nourrissait exprès dans sa ménagerie. Le roi d'Egypte, qui avait été élevé dans toute la sagesse de son pays, trouva qu'il était fort ridicule d'exposer un roi aux bêtes pour le marier : il avouait que la possession de Formosante était d'un grand prix ; mais il prétendait que si le lion l'étranglait, il ne pourrait jamais épouser cette belle Babylonienne. Le roi des Indes entra dans les sentiments de l'Egyptien. Tous deux conclurent que le roi de Babylone se moquait d'eux ; qu'il fallait faire venir des armées pour le punir ; qu'ils avaient assez de sujets qui se tiendraient fort honorés de mourir au service de leurs maitres, sans qu'il en coûtât un cheveu à leurs têtes sacrées ; qu'ils détrôneraient aisément le roi de Babylone, et qu'ensuite ils tireraient au sort la belle Formosante.

Cet accord étant fait, les deux rois dépêcherent chacun dans leur pays un ordre exprès d'assembler une armée de trois cents mille hommes pour enlever Formosante.

Cependant le roi des Scythes seul descendit dans l'arene, le cimeterre à la main : il n'était pas éperdument épris des charmes de Formosante ; la gloire avait été jusque-là sa seule passion ; elle l'avait conduit à Babylone : il voulait faire voir que si les rois de l'Inde et de l'Egypte étaient assez prudents pour ne se pas compromettre avec des lions, il était assez courageux pour ne pas dédaigner ce combat, et qu'il réparerait l'honneur du diadème. Sa rare valeur ne lui permit pas seulement de se servir du secours de son tigre ; il s'avance seul légèrement armé, couvert d'un casque d'acier garni d'or, ombragé de trois queues de cheval blanches comme la neige.

On lâche contre lui le plus énorme lion qui ait jamais été nourri dans les montagnes de l'Anti-Liban ; ses terribles griffes semblaient capables de déchirer les trois rois à la fois, et sa vaste gueule de les dévorer ; ses affreux rugissements faisaient retentir l'amphithéâtre. Les deux fiers champions se précipitent l'un contre l'autre d'une course rapide : le courageux Scythe enfonce son épée dans le gosier du lion ; mais la pointe, rencontrant une de ces épaisses dents que rien ne peut percer, se brise en éclats, et le monstre des forêts, furieux de sa blessure, imprimait déja ses ongles sanglants dans les flancs du monarque.

Le jeune inconnu, touché du péril d'un si brave prince, se jette dans l'arene plus prompt qu'un éclair ; il coupe la tête du lion avec la même dextérité qu'on a vu depuis dans nos carrousels de jeunes chevaliers adroits enlever des têtes de Maures ou des bagues.

Puis tirant une petite boîte, il la présente au roi scythe, en lui disant : Votre majesté trouvera dans cette petite boîte le véritable dictame qui croît dans mon pays ; vos glorieuses blessures seront guéries en un moment : le hasard seul vous a empêché de triompher du lion ; votre valeur n'en est pas moins admirable.

Le roi scythe, plus sensible à la reconnaissance qu'à la jalousie, remercia son libérateur, et, après l'avoir tendrement embrassé, rentra dans son quartier pour appliquer le dictame sur ses blessures.

L'inconnu donna la tête du lion à son valet : celui-ci, après l'avoir lavée à la grande fontaine qui était au-dessous de l'amphithéâtre, et en avoir fait écouler tout le sang, tira un fer de son petit sac, arracha les quarante dents du lion, et mit à leur place quarante diamants d'une égale grosseur.

Son maître avec sa modestie ordinaire se remit à sa place ; il donna la tête du lion à son oiseau : Bel oiseau, dit-il, allez porter aux pieds de Formosante ce faible hommage. L'oiseau part tenant dans une de ses serres le terrible trophée ; il le présente à la princesse en baissant humblement le cou et en s'applatissant devant elle. Les quarante brillants éblouirent tous les yeux : on ne connaissait pas encore cette magnificence dans la superbe Babylone ; l'émeraude, la topaze, le saphir, et le pirope, étaient regardés encore comme les plus précieux ornements : Bélus et toute la cour étaient saisis d'admiration. L'oiseau qui offrait ce présent les surprit encore davantage ; il était de la taille d'un aigle, mais ses yeux étaient aussi doux et aussi tendres que ceux de

l'aigle sont fiers et menaçants; son bec était couleur
de rose, et semblait tenir quelque chose de la belle
bouche de Formosante; son cou rassemblait toutes
les couleurs de l'iris, mais plus vives et plus brillantes; l'or en mille nuances éclatait sur son plumage;
ses pieds paraissaient un mélange d'argent et de pourpre; et la queue des beaux oiseaux qu'on attela depuis
au char de Junon n'approchait pas de la sienne.

L'attention, la curiosité, l'étonnement, l'extase
de toute la cour se partageaient entre les quarante
diamants et l'oiseau. Il s'était perché sur la balustrade entre Bélus et sa fille Formosante: elle le flattait, le caressait, le baisait; il semblait recevoir
ses caresses avec un plaisir mêlé de respect: quand
la princesse lui donnait des baisers, il les rendait,
et la regardait ensuite avec des yeux attendris; il
recevait d'elle des biscuits et des pistaches qu'il
prenait de sa patte purpurine et argentée, et qu'il
portait à son bec avec des graces inexprimables.

Bélus, qui avait considéré les diamants avec attention, jugeait qu'une de ses provinces pouvait à
peine payer un présent si riche. Il ordonna qu'on
préparât pour l'inconnu des dons encore plus magnifiques que ceux qui étaient destinés aux trois monarques: Ce jeune homme, disait-il, est sans doute
le fils du roi de la Chine, ou de cette partie du
monde qu'on nomme Europe, dont j'ai entendu parler, ou de l'Afrique, qui est, dit-on, voisine du
royaume d'Egypte.

Il envoya sur-le-champ son grand écuyer com-
plimenter l'inconnu, et lui demander s'il était sou-
verain d'un de ces empires, et pourquoi, possédant

de si étonnants trésors, il était venu avec un valet et un petit sac.

Tandis que le grand écuyer avançait vers l'amphithéâtre pour s'acquitter de sa commission, arriva un autre valet sur une licorne : ce valet, adressant la parole au jeune homme, lui dit : Ormar votre pere touche à l'extrémité de sa vie, et je suis venu vous en avertir. L'inconnu leva les yeux au ciel, versa des larmes, et ne répondit que par ce mot : Partons.

Le grand écuyer, après avoir fait les compliments de Bélus au vainqueur du lion, au donneur des quarante diamants, au maître du bel oiseau, demanda au valet de quel royaume était le pere de ce jeune héros. Le valet répondit : Son pere est un vieux berger qui est fort aimé dans le canton.

Pendant ce court entretien l'inconnu était déja monté sur sa licorne ; il dit au grand écuyer : Seigneur, daignez me mettre aux pieds de Bélus et de sa fille : j'ose la supplier d'avoir grand soin de l'oiseau que je lui laisse ; il est unique comme elle. En achevant ces mots il partit comme un éclair ; les deux valets le suivirent, et on les perdit de vue.

Formosante ne put s'empêcher de jeter un grand cri. L'oiseau se retournant vers l'amphithéâtre où son maître avait été assis, parut très affligé de ne le plus voir ; puis, regardant fixement la princesse, et frottant doucement sa belle main de son bec, il sembla se vouer à son service.

Bélus, plus étonné que jamais, apprenant que ce jeune homme si extraordinaire était le fils d'un berger, ne put le croire : il fit courir après lui ;

mais bientôt on lui rapporta que les licornes sur lesquelles ces trois hommes couraient ne pouvaient être atteintes, et qu'au galop dont elles allaient elles devaient faire cent lieues par jour.

§. II.

Tout le monde raisonnait sur cette aventure étrange, et s'épuisait en vaines conjectures : comment le fils d'un berger peut-il donner quarante gros diamants ? pourquoi est-il monté sur une licorne ? on s'y perdait ; et Formosante, en caressant son oiseau, était plongée dans une rêverie profonde.

La princesse Aldée, sa cousine issue de germaine, très bien faite, et presque aussi belle que Formosante, lui dit : Ma cousine, je ne sais pas si ce jeune demi-dieu est le fils d'un berger, mais il me semble qu'il a rempli toutes les conditions attachées à votre mariage : il a bandé l'arc de Nembrod. il a vaincu le lion ; il a beaucoup d'esprit, puisqu'il a fait pour vous un assez joli in-promptu : après les quarante énormes diamants qu'il vous a donnés, vous ne pouvez nier qu'il ne soit le plus généreux des hommes : il possédait dans son oiseau ce qu'il y a de plus rare sur la terre : sa vertu n'a point d'égale, puisque, pouvant demeurer auprès de vous, il est parti sans délibérer dès qu'il a su que son pere était malade. L'oracle est accompli dans tous ses points, excepté dans celui qui exige qu'il terrasse ses rivaux ; mais il a fait plus, il a sauvé la vie du seul concurrent qu'il pouvait craindre ; et quand il s'agira de battre les deux autres, je crois que vous ne doutez pas qu'il n'en vienne à bout aisément.

Tout ce que vous dites est bien vrai, répondit Formosante; mais est-il possible que le plus grand des hommes, et peut-être même le plus aimable, soit le fils d'un berger!

La dame d'honneur, se mêlant de la conversation, dit que très souvent ce mot de *berger* était appliqué aux rois; qu'on les appellait *bergers*, parcequ'ils tondent de fort près leur troupeau; que c'était sans doute une mauvaise plaisanterie de son valet; que ce jeune héros n'était venu si mal accompagné que pour faire voir combien son seul mérite était au-dessus du faste des rois, et pour ne devoir Formosante qu'à lui-même. La princesse ne répondit qu'en donnant à son oiseau mille tendres baisers.

On préparait cependant un grand festin pour les trois rois et pour tous les princes qui étaient venus à la fête. La fille et la niece du roi devaient en faire les honneurs. On portait chez les rois des présents dignes de la magnificence de Babylone. Bélus, en attendant qu'on servît, assembla son conseil sur le mariage de la belle Formosante; et voici comme il parla en grand politique:

Je suis vieux, je ne sais plus que faire, ni à qui donner ma fille. Celui qui la méritait n'est qu'un vil berger; le roi des Indes et celui d'Egypte sont des poltrons; le roi des Scythes me conviendrait assez, mais il n'a rempli aucune des conditions imposées. Je vais encore consulter l'oracle: en attendant délibérez, et nous conclurons suivant ce que l'oracle aura dit ; car un roi ne doit se conduire que par l'ordre exprès des dieux immortels.

Alors il va dans sa chapelle : l'oracle lui répond en peu de mots, suivant sa coutume : *Ta fille ne sera mariée que quand elle aura couru le monde.* Bélus étonné revient au conseil, et rapporte cette réponse.

Tous les ministres avaient un profond respect pour les oracles ; tous convenaient ou feignaient de convenir qu'ils étaient le fondement de la religion ; que la raison doit se taire devant eux ; que c'est par eux que les rois regnent sur les peuples, et les mages sur les rois ; que sans les oracles il n'y aurait ni vertu ni repos sur la terre. Enfin, après avoir témoigné la plus profonde vénération pour eux, presque tous conclurent que celui-ci était impertinent, qu'il ne fallait pas lui obéir, que rien n'était plus indécent pour une fille, et sur-tout pour celle du grand roi de Babylone, que d'aller courir sans savoir où ; que c'était le vrai moyen de n'être point mariée, ou de faire un mariage clandestin, honteux, et ridicule ; qu'en un mot cet oracle n'avait pas le sens commun.

Le plus jeune des ministres, nommé Onadase, qui avait plus d'esprit qu'eux, dit que l'oracle entendait sans doute quelque pélerinage de dévotion, et qu'il s'offrait à être le conducteur de la princesse. Le conseil revint à son avis ; mais chacun voulut servir d'écuyer. Le roi décida que la princesse pourrait aller à trois cents parasanges, sur le chemin de l'Arabie, à un temple dont le saint avait la réputation de procurer d'heureux mariages aux filles, et que ce serait le doyen du conseil qui l'accompagnerait. Après cette décision on alla souper.

§. III.

Au milieu des jardins, entre deux cascades, s'élevait un salon ovale de trois cents pieds de diametre, dont la voûte d'azur semée d'étoiles d'or représentait toutes les constellations avec les planetes, chacune à leur véritable place; et cette voûte tournait, ainsi que le ciel, par des machines aussi invisibles que le sont celles qui dirigent les mouvements célestes. Cent mille flambeaux enfermés dans des cylindres de cristal de roche éclairaient les dehors et l'intérieur de la salle à manger; un buffet en gradins portait vingt mille vases ou plats d'or, et vis-à-vis le buffet d'autres gradins étaient remplis de musiciens: deux autres amphithéâtres étaient chargés, l'un des fruits de toutes les saisons, l'autre d'amphores de cristal où brillaient tous les vins de la terre.

Les convives prirent leurs places autour d'une table de compartiments qui figuraient des fleurs et des fruits, tous en pierres précieuses. La belle Formosante fut placée entre le roi des Indes et celui d'Egypte; la belle Aldée auprès du roi des Scythes. Il y avait une trentaine de princes, et chacun d'eux était à côté d'une des plus belles dames du palais. Le roi de Babylone au milieu, vis-à-vis de sa fille, paraissait partagé entre le chagrin de n'avoir pu la marier, et le plaisir de la garder encore. Formosante lui demanda la permission de mettre son oiseau sur la table à côté d'elle : le roi le trouva très bon.

La musique qui se fit entendre donna une pleine liberté à chaque prince d'entretenir sa voisine. Le festin parut aussi agréable que magnifique. On avait servi devant Formosante un ragoût que le roi son pere aimait beaucoup : la princesse dit qu'il fallait le porter devant sa majesté ; aussitôt l'oiseau se saisit du plat avec une dextérité merveilleuse, et va le présenter au roi : jamais on ne fut plus étonné à souper. Bélus lui fit autant de caresses que sa fille. L'oiseau reprit ensuite son vol pour retourner auprès d'elle : il déployait en volant une si belle queue, ses ailes étendues étalaient tant de brillantes couleurs, l'or de son plumage jetait un éclat si éblouissant, que tous les yeux ne regardaient que lui : tous les concertants cesserent leur musique et devinrent immobiles ; personne ne mangeait, personne ne parlait ; on n'entendait qu'un murmure d'admiration. La princesse de Babylone le baisa pendant tout le souper, sans songer seulement s'il y avait des rois dans le monde. Ceux des Indes et d'Egypte sentirent redoubler leur dépit et leur indignation, et chacun d'eux se promit bien de hâter la marche de ses trois cents mille hommes pour se venger.

Pour le roi des Scythes il était occupé à entretenir la belle Aldée ; son cœur altier, méprisant sans dépit les inattentions de Formosante, avait conçu pour elle plus d'indifférence que de colere : Elle est belle, disait-il, je l'avoue ; mais elle me parait de ces femmes qui ne sont occupées que de leur beauté,

et qui pensent que le genre humain doit leur être
bien obligé quand elles daignent se laisser voir en
public: on n'adore point des idoles dans mon pays;
j'aimerais mieux une laidron complaisante et attentive que cette belle statue: vous avez, madame,
autant de charmes qu'elle, et vous daignez au moins
faire conversation avec les étrangers; je vous avoue
avec la franchise d'un Scythe que je vous donne
la préférence sur votre cousine. Il se trompait pourtant sur le caractere de Formosante; elle n'était pas
si dédaigneuse qu'elle le paraissait: mais son compliment fut très bien reçu de la princesse Aldée.
Leur entretien devint fort intéressant: ils étaient
très contents, et déja sûrs l'un de l'autre, avant qu'on
sortît de table.

Après le souper on alla se promener dans les bos-
quets. Le roi des Scythes et Aldée ne manquerent
pas de chercher un cabinet solitaire. Aldée, qui
était la franchise même, parla ainsi à ce prince:

Je ne hais point ma cousine, quoiqu'elle soit
plus belle que moi, et qu'elle soit destinée au trône
de Babylone: l'honneur de vous plaire me tient
lieu d'attraits; je préfere la Scythie avec vous à la
couronne de Babylone sans vous: mais cette couronne m'appartient de droit, s'il y a des droits
dans le monde; car je suis de la branche aînée de
Nembrod, et Formosante n'est que de la cadette;
son grand-pere détrôna le mien, et le fit mourir.

Telle est donc la force du sang dans la maison
de Babylone! dit le Scythe. Comment s'appelait
votre grand-pere? Il se nommait Aldée comme moi;
mon pere avait le même nom; il fut relégué au fond

de l'empire avec ma mere; et Bélus, après leur mort,
ne craignant rien de moi, voulut m'élever auprès
de sa fille; mais il a décidé que je ne serais jamais
mariée.

Je veux venger votre pere, votre grand-pere, et
vous, dit le roi des Scythes. Je vous réponds que
vous serez mariée; je vous enleverai après-demain
de grand matin, car il faut dîner demain avec le roi
de Babylone; et je reviendrai soutenir vos droits
avec une armée de trois cents mille hommes. Je le
veux bien, dit la belle Aldée; et, après s'être donné
leur parole d'honneur, ils se séparerent.

Il y avait long-temps que l'incomparable Formosante s'était allée coucher. Elle avait fait placer
à côté de son lit un petit oranger dans une caisse
d'argent, pour y faire reposer son oiseau. Ses rideaux étaient fermés, mais elle n'avait nulle envie
de dormir; son cœur et son imagination étaient
trop éveillés. Le charmant inconnu était devant ses
yeux; elle le voyait tirant une fleche avec l'arc de
Nembrod; elle le contemplait coupant la tête du
lion; elle récitait son madrigal; enfin elle le voyait
s'échapper de la foule, monté sur sa licorne: alors
elle éclatait en sanglots; elle s'écriait avec larmes:
Je ne le reverrai donc plus, il ne reviendra pas!

Il reviendra, madame, lui répondit l'oiseau du
haut de son oranger; peut-on vous avoir vue et ne
pas vous revoir?

O ciel! ô puissances éternelles! mon oiseau parle
le pur chaldéen! En disant ces mots, elle tire ses
rideaux, lui tend les bras, se met à genoux sur son
lit: Etes-vous un dieu descendu sur la terre? êtes-

vous le grand Orosmade caché sous ce beau plumage? Si vous êtes un dieu, rendez-moi ce beau
jeune homme.

Je ne suis qu'un volatile, répliqua l'autre; mais
je naquis dans le temps que toutes les bêtes parlaient encore, et que les oiseaux, les serpents, les
ânesses, les chevaux, et les griffons, s'entretenaient
familièrement avec les hommes. Je n'ai pas voulu
parler devant le monde, de peur que vos dames
d'honneur ne me prissent pour un sorcier: je ne
veux me découvrir qu'à vous.

Formosante interdite, égarée, enivrée de tant de
merveilles, agitée de l'empressement de faire cent
questions à la fois, lui demanda d'abord quel âge il
avait. Vingt-sept mille neuf cents ans et six mois,
madame; je suis de l'âge de la petite révolution du
ciel, que vos mages appellent la précession des
équinoxes, et qui s'accomplit en près de vingt-huit
mille de vos années. Il y a des révolutions infiniment plus longues, aussi nous avons des êtres beaucoup plus vieux que moi. Il y a vingt-deux mille
ans que j'appris le chaldéen dans un de mes voyages;
j'ai toujours conservé beaucoup de goût pour la
langue chaldéenne; mais les autres animaux mes
confreres, ont renoncé à parler dans vos climats. —
Et pourquoi cela, mon divin oiseau? — Hélas! c'est
parceque les hommes ont pris enfin l'habitude de
nous manger, au lieu de converser et de s'instruire
avec nous. Les barbares! ne devaient-ils pas être
convaincus qu'ayant les mêmes organes qu'eux, les
mêmes sentiments, les mêmes besoins, les mêmes
desirs, nous avions ce qui s'appelle une âme tout

comme eux; que nous étions leurs freres; et qu'il
ne fallait cuire et manger que les méchants? Nous
sommes tellement vos freres, que le grand Etre,
l'Etre éternel et formateur, ayant fait un pacte avec
les hommes (1), nous comprit expressément dans
le traité : il vous défendit de vous nourrir de notre
sang, et à nous de sucer le vôtre.

Les fables de votre ancien Locman, traduites en
tant de langues, seront un témoignage éternellement subsistant de l'heureux commerce que vous
avez eu autrefois avec nous : elles commencent toutes
par ces mots : *Du temps que les bêtes parlaient.*
Il est vrai qu'il y a beaucoup de femmes parmi vous
qui parlent toujours à leurs chiens; mais ils ont
résolu de ne point répondre depuis qu'on les a
forcés à coups de fouet d'aller à la chasse, et d'être
les complices du meurtre de nos anciens amis communs les cerfs, les daims, les lievres, et les perdrix.

Vous avez encore d'anciens poëmes dans lesquels
les chevaux parlent, et vos cochers leur adressent
la parole tous les jours; mais c'est avec tant de
grossièreté, et en prononçant des mots si infâmes,
que les chevaux, qui vous aimaient tant autrefois,
vous détestent aujourd'hui.

Le pays où demeure votre charmant inconnu, le
plus parfait des hommes, est demeuré le seul où
votre espece sache encore aimer la nôtre et lui parler;
et c'est la seule contrée de la terre où les hommes
soient justes.

---

(1) Voyez le chap. IX de la Genese, et le chap. III,
v. 18 et 19 de l'Ecclésiaste.

Et où est-il ce pays de mon cher inconnu? quel
est le nom de ce héros? comment se nomme son empire? car je ne croirai pas plus qu'il est un berger,
que je ne crois que vous êtes une chauve-souris.

Son pays, madame, est celui des Gangarides,
peuple vertueux et invincible qui habite la rive
orientale du Gange. Le nom de mon ami est Amazan.
Il n'est pas roi, et je ne sais même s'il voudrait
s'abaisser à l'être; il aime trop ses compatriotes: il
est berger comme eux: mais n'allez pas vous imaginer que ces bergers ressemblent aux vôtres, qui,
couverts à peine de lambeaux déchirés, gardent des
moutons infiniment mieux habillés qu'eux, qui gé-
missent sous le fardeau de la pauvreté, et qui paient
à un exacteur la moitié des gages chétifs qu'ils reçoivent de leurs maîtres. Les bergers gangarides, nés
tous égaux, sont les maîtres des troupeaux innombrables qui couvrent leurs prés éternellement fleuris.
On ne les tue jamais; c'est un crime horrible vers
le Gange de tuer et de manger son semblable: leur
laine, plus fine et plus brillante que la plus belle
soie, est le plus grand commerce de l'Orient. D'ailleurs la terre des Gangarides produit tout ce qui
peut flatter les desirs de l'homme: ces gros diamants
qu'Amazan a eu l'honneur de vous offrir sont d'une
mine qui lui appartient; cette licorne que vous l'a-
vez vu monter est la monture ordinaire des Gangarides: c'est le plus bel animal, le plus fier, le plus
terrible, et le plus doux qui orne la terre. Il suf-
firait de cent Gangarides et de cent licornes pour
dissiper des armées innombrables. Il y a environ
deux siecles qu'un roi des Indes fut assez fou pour

vouloir conquérir cette nation: il se présenta suivi
de dix mille éléphants et d'un million de guerriers.
Les licornes percerent les éléphants, comme j'ai vu
sur votre table des mauviettes enfilées dans des bro-
chettes d'or. Les guerriers tombaient sous le sabre
des Gangarides, comme les moissons de riz sont
coupées par les mains des peuples de l'Orient. On
prit le roi prisonnier avec plus de six cents mille
hommes; on le baigna dans les eaux salutaires du
Gange; on le mit au régime du pays, qui consiste
à ne se nourrir que de végétaux prodigués par la
nature pour nourrir tout ce qui respire. Les hommes
alimentés de carnage, et abreuvés de liqueurs fortes,
ont tous un sang aigri et aduste qui les rend
fous en cent manieres différentes: leur principale
démence est la fureur de verser le sang de leurs
freres, et de dévaster des plaines fertiles pour régner
sur des cimetieres. On employa six mois entiers
à guérir le roi des Indes de sa maladie. Quand les
médecins eurent enfin jugé qu'il avait le pouls plus
tranquille, et l'esprit plus rassis, ils en donnerent
le certificat au conseil des Gangarides. Ce conseil,
ayant pris l'avis des licornes, renvoya humainement
le roi des Indes, sa sotte cour, et ses imbécilles
guerriers, dans leur pays. Cette leçon les rendit
sages; et, depuis ce temps, les Indiens respecterent
les Gangarides, comme les ignorants qui voudraient
s'instruire respectent parmi vous les philosophes
chaldéens qu'ils ne peuvent égaler. A propos, mon
cher oiseau, lui dit la princesse, y a-t-il une religion
chez les Gangarides? — S'il y en a une! madame;
nous nous assemblons pour rendre grace à Dieu, les

jours de la pleine lune ; les hommes dans un grand temple de cedre, les femmes dans un autre, de peur des distractions ; tous les oiseaux dans un bocage, les quadrupedes sur une belle pelouse : nous remercions Dieu de tous les biens qu'il nous a faits : nous avons sur-tout des perroquets qui prêchent à merveille.

Telle est la patrie de mon cher Amazan ; c'est là que je demeure : j'ai autant d'amitié pour lui qu'il vous a inspiré d'amour. Si vous m'en croyez, nous partirons ensemble, et vous irez lui rendre sa visite.

Vraiment, mon oiseau, vous faites là un joli métier ! répondit en souriant la princesse, qui brûlait d'envie de faire le voyage, et qui n'osait le dire. Je sers mon ami, dit l'oiseau ; et après le bonheur de vous aimer, le plus grand est celui de servir vos amours.

Formosante ne savait plus où elle en était ; elle se croyait transportée hors de la terre. Tout ce qu'elle avait vu dans cette journée, tout ce qu'elle voyait, tout ce qu'elle entendait, et sur-tout ce qu'elle sentait dans son cœur, la plongeait dans un ravissement qui passait de bien loin celui qu'éprouvent aujourd'hui les fortunés musulmans, quand, dégagés de leurs liens terrestres, ils se voient dans le neuvieme ciel, entre les bras de leurs houris, environnés et pénétrés de la gloire et de la félicité célestes.

§. IV.

ELLE passa toute la nuit à parler d'Amazan ; elle

ne l'appelait plus que son berger; et c'est depuis ce temps-là que les noms de berger et d'amant sont toujours employés l'un pour l'autre chez quelques nations.

Tantôt elle demandait à l'oiseau si Amazan avait eu d'autres maîtresses : il répondait que non, et elle était au comble de la joie. Tantôt elle voulait savoir à quoi il passait sa vie; et elle apprenait avec transport qu'il l'employait à faire du bien, à cultiver les arts, à pénétrer les secrets de la nature, à perfectionner son être. Tantôt elle voulait savoir si l'ame de son oiseau était de la même nature que celle de son amant; pourquoi il avait vécu près de vingt-huit mille ans, tandis que son amant n'en avait que dix-huit ou dix-neuf. Elle faisait cent questions pareilles, auxquelles l'oiseau répondait avec une discrétion qui irritait sa curiosité. Enfin le sommeil ferma leurs yeux, et livra Formosante à la douce illusion des songes envoyés par les dieux, qui surpassent quelquefois la réalité même, et que toute la philosophie des Chaldéens a bien de la peine à expliquer.

Formosante ne s'éveilla que très tard. Il était petit jour chez elle quand le roi son pere entra dans sa chambre. L'oiseau reçut sa majesté avec une politesse respectueuse, alla au-devant de lui, battit des ailes, alongea son cou, et se remit sur son oranger. Le roi s'assit sur le lit de sa fille, que ses rêves avaient encore embellie. Sa grande barbe s'approcha de ce beau visage; et après lui avoir donné deux baisers, il lui parla en ces mots:

Ma chere fille, vous n'avez pu trouver hier un

mari, comme je l'espérais; il vous en faut un pourtant; le salut de mon empire l'exige. J'ai consulté l'oracle, qui, comme vous savez, ne ment jamais, et qui dirige toute ma conduite; il m'a ordonné de vous faire courir le monde: il fant que vous voyagiez. Ah! chez les Gangarides, sans doute, dit la princesse; et en prononçant ces mots qui lui échappaient, elle sentit bien qu'elle disait une sottise. Le roi, qui ne savait pas un mot de géographie, lui demanda ce qu'elle entendait par Gangarides: elle trouva aisément une défaite. Le roi lui apprit qu'il fallait faire un pélerinage; qu'il avait nommé les personnes de sa suite, le doyen des conseillers d'état, le grand aumônier, une dame d'honneur, un médecin, un apothicaire, et son oiseau, avec tous les domestiques convenables.

Formosante, qui n'était jamais sortie du palais du roi son pere, et qui, jusqu'à la journée des trois rois et d'Amazan, n'avait mené qu'une vie très insipide dans l'étiquette du faste et dans l'apparence des plaisirs, fut ravie d'avoir un pélerinage à faire. Qui sait, disait-elle tout bas à son cœur, si les dieux n'inspireront pas à mon cher Gangaride le même desir d'aller à la même chapelle, et si je n'aurai pas le bonheur de revoir le pélerin? Elle remercia tendrement son pere, en lui disant qu'elle avait eu toujours une secrete dévotion pour le saint chez lequel on l'envoyait.

Bélus donna un excellent dîner à ses hôtes; il n'y avait que des hommes. C'étaient tous gens fort mal assortis; rois, princes, ministres, pontifes, tous jaloux les uns des autres, tous pesant leurs paroles,

tous embarrassés de leurs voisins et d'eux-mêmes.
Le repas fut triste, quoiqu'on y bût beaucoup. Les
princesses resterent dans leurs appartements, occupées chacune de leur départ. Elles mangerent à leur
petit couvert. Formosante ensuite alla se promener
dans les jardins avec son cher oiseau, qui, pour
l'amuser, vola d'arbre en arbre, en étalant sa superbe
queue et son divin plumage.

Le roi d'Egypte, qui était chaud de vin, pour ne
pas dire ivre, demanda un arc et des fleches à un de
ses pages. Ce prince était à la vérité l'archer le plus
mal-adroit de son royaume : quand il tirait au blanc,
la place où l'on était le plus en sûreté était le but
où il visait. Mais le bel oiseau, en volant aussi rapidement que la fleche, se présenta lui même au
coup, et tomba tout sanglant entre les bras de Formosante. L'Egyptien, en riant d'un sot rire, se retira
dans son quartier. La princesse perça le ciel de ses
cris, fondit en larmes, se meurtrit les joues et la
poitrine. L'oiseau mourant lui dit tout bas : Brûlez-
moi, et ne manquez pas de porter mes cendres vers
l'Arabie heureuse, à l'orient de l'ancienne ville
d'Aden ou d'Eden, et de les exposer au soleil sur
un petit bûcher de girofle et de canelle. Après
avoir proféré ces paroles il expira. Formosante resta
long-temps évanouie, et ne revit le jour que pour
éclater en sanglots. Son père, partageant sa douleur,
et faisant des imprécations contre le roi d'Egypte,
ne douta pas que cette aventure n'annonçât un
avenir sinistre : il alla vite consulter l'oracle de sa
chapelle ; l'oracle répondit : « Mélange de tout ; mort
« vivant, infidélité et constance, perte et gain, ca-

« lamités et bonheur ». Ni lui ni son conseil n'y purent rien comprendre ; mais enfin il était satisfait d'avoir rempli ses devoirs de dévotion.

Sa fille éplorée, pendant qu'il consultait l'oracle, fit rendre à l'oiseau les honneurs funebres qu'il avait ordonnés, et résolut de le porter en Arabie au péril de ses jours. Il fut brûlé dans du lin incombustible avec l'oranger sur lequel il avait couché ; elle en recueillit la cendre dans un petit vase d'or tout entouré d'escarboucles et des diamants qu'on ôta de la gueule du lion. Que ne put-elle, au lieu d'accomplir ce funeste devoir, brûler tout en vie le détestable roi d'Egypte ! c'était là tout son desir. Elle fit tuer dans son dépit ses deux crocodiles, ses deux hippopotames, ses deux zebres, ses deux rats, et fit jeter ses deux momies dans l'Euphrate ; si elle avait tenu son bœuf Apis, elle ne l'aurait pas épargné.

Le roi d'Egypte, outré de cet affront, partit sur-le-champ pour faire avancer ses trois cents mille hommes. Le roi des Indes, voyant partir son allié, s'en retourna le jour même, dans le ferme dessein de joindre ses trois cents mille Indiens à l'armée égyptienne. Le roi de Scythie délogea dans la nuit avec la princesse Aldée, bien résolu de venir combattre pour elle à la tête de trois cents mille Scythes, et de lui rendre l'héritage de Babylone qui lui était dû, puisqu'elle descendait de la branche aînée.

De son côté la belle Formosante se mit en route à trois heures du matin, avec sa caravane de pélerins, se flattant bien qu'elle pourrait aller en Arabie exécuter les dernieres volontés de son oiseau, et

que la justice des dieux immortels lui rendrait
son cher Amazan, sans qui elle ne pouvait plus
vivre.

Ainsi, à son réveil, le roi de Babylone ne trouva
plus personne. Comme les grandes fêtes se termi-
nent! disait-il; et comme elles laissent un vide
étonnant dans l'ame, quand le fracas est passé! Mais
il fut transporté d'une colere vraiment royale, lorsqu'il apprit qu'on avait enlevé la princesse Aldée.
Il donna ordre qu'on éveillât tous ses ministres, et
qu'on assemblât le conseil. En attendant qu'ils
vinssent, il ne manqua pas de consulter son oracle;
mais il ne put jamais en tirer que ces paroles si cé-
lebres depuis dans tout l'univers: « Quand on ne
« marie pas les filles, elles se marient elles-mêmes. »

Aussitôt l'ordre fut donné de faire marcher trois
cents mille hommes contre le roi des Scythes. Voilà
donc la guerre la plus terrible allumée de tous les
côtés, et elle fut produite par les plaisirs de la plus
belle fête qu'on ait jamais donnée sur la terre.
L'Asie allait être désolée par quatre armées de trois
cents mille combattants chacune. On sent bien que
la guerre de Troie, qui étonna le monde quelques
siecles après, n'était qu'un jeu d'enfants en comparaison; mais aussi on doit considérer que, dans la
querelle des Troyens, il ne s'agissait que d'une vieille
femme fort libertine, qui s'était fait enlever deux
fois, au lieu qu'ici il s'agissait de deux filles et d'un
oiseau.

Le roi des Indes allait attendre son armée sur
le grand et magnifique chemin qui conduisait alors
en droiture de Babylone à Cachemire. Le roi des

Scythes courait avec Aldée par la belle route qui menait au mont Immaüs. Tous ces chemins ont disparu dans la suite par le mauvais gouvernement. Le roi d'Egypte avait marché à l'occident, et s'avançait vers la petite mer Méditerranée, que les ignorants Hébreux ont depuis nommée la Grande mer.

A l'égard de la belle Formosante, elle suivait le chemin de Bassora, planté de hauts palmiers qui fournissaient un ombrage éternel et des fruits dans toutes les saisons. Le temple où elle allait en pélerinage était dans Bassora même ; le saint à qui ce temple avait été dédié était à-peu-près dans le goût de celui qu'on adora depuis à Lampsaque : non seulement il procurait des maris aux filles, mais il tenait lieu souvent de mari. C'était le saint le plus fêté de toute l'Asie.

Formosante ne se souciait point du tout du saint de Bassora ; elle n'invoquait que son cher berger gangaride, son bel Amazan. Elle comptait s'embarquer à Bassora, et entrer dans l'Arabie heureuse, pour faire ce que l'oiseau mort avait ordonné.

A la troisieme couchée, à peine était-elle entrée dans une hôtellerie où ses fourriers avaient tout préparé pour elle, qu'elle apprit que le roi d'Egypte y entrait aussi. Instruit de la marche de la princesse par ses espions, il avait sur-le-champ changé de route, suivi d'une nombreuse escorte. Il arrive ; il fait placer des sentinelles à toutes les portes ; il monte dans la chambre de la belle Formosante, et lui dit : Mademoiselle, c'est vous précisément que je cherchais ; vous avez fait très peu de cas de moi lorsque j'étais à Babylone; il est juste de punir les dédaigneuses et les capricieuses: vous aurez, s'il vous plaît, la bonté de souper avec moi ce soir; vous n'aurez point d'autre lit que le mien; et je me conduirai avec vous selon que j'en serai content.

Formosante vit bien qu'elle n'était pas la plus forte; elle savait que le bon esprit consiste à se conformer à sa situation; elle prit le parti de se délivrer du roi d'Egypte par une innocente adresse: elle le regarda du coin de l'œil, ce qui plusieurs siecles après s'est appelé *lorgner;* et voici comme elle lui parla, avec une modestie, une grace, une douceur, un embarras, et une foule de charmes qui auraient rendu fou le plus sage des hommes, et aveuglé le plus clairvoyant.

Je vous avoue, monsieur, que je baissai toujours les yeux devant vous, quand vous fîtes l'honneur au roi mon pere de venir chez lui: je craignais mon cœur, je craignais ma simplicité trop naïve; je tremblais que mon pere et vos rivaux ne s'apperçussent de la préférence que je vous donnais, et que vous méritez si bien. Je puis à présent me livrer à mes sentiments. Je jure par le bœuf Apis, qui est après vous tout ce que je respecte le plus au monde, que vos propositions m'ont enchantée. J'ai déja soupé avec vous chez le roi mon pere; j'y souperai encore bien ici, sans qu'il soit de la partie: tout ce que je vous demande, c'est que votre grand aumônier boive avec nous; il m'a paru à Babylone un très bon convive: j'ai d'excellent vin de Chiras; je veux vous en faire goûter à tous deux. A l'égard de votre seconde proposition, elle est très engageante, mais il ne convient pas à une fille bien née d'en parler ; qu'il vous suffise de savoir que je vous regarde comme le plus grand des rois et le plus aimable des hommes.

Ce discours fit tourner la tête au roi d'Egypte : il voulut bien que l'aumônier fût en tiers. J'ai encore une grace à vous demander, lui dit la princesse ; c'est de permettre que mon apothicaire vienne me parler : les filles ont toujours de certaines petites incommodités qui demandent de certains soins, comme vapeurs de tête, battements de cœur, coliques, étouffements, auxquels il faut mettre un certain ordre dans de certaines circonstances ; en un mot, j'ai un besoin pressant de mon apothicaire, et j'espere que vous ne me refuserez pas cette légere marque d'amour.

Mademoiselle, lui répondit le roi d'Egypte, quoiqu'un apothicaire ait des vues précisément opposées aux miennes, et que les objets de son art soient le contraire de ceux du mien, je sais trop bien vivre pour vous refuser une demande si juste ; je vais ordonner qu'il vienne vous parler, en attendant le souper : je conçois que vous devez être un peu fatiguée du voyage ; vous devez aussi avoir besoin d'une femme de chambre, vous pourrez faire venir celle qui vous agréera davantage ; j'attendrai ensuite vos ordres et votre commodité. Il se retira ; l'apothicaire et la femme de chambre, nommée Irla, arrivèrent. La princesse avait en elle une entiere confiance ; elle lui ordonna de faire apporter six bouteilles de vin de Chiras pour le souper, et d'en faire boire de pareil à toutes les sentinelles qui

tenaient ses officiers aux arrêts; puis elle recommanda à l'apothicaire de faire mettre dans toutes les
bouteilles certaines drogues de sa pharmacie, qui
faisaient dormir les gens vingt-quatre heures, et
dont il était toujours pourvu. Elle fut ponctuelle-
ment obéie. Le roi revint avec le grand aumônier
au bout d'une demi-heure; le souper fut très gai;
le roi et le prêtre vidèrent les six bouteilles, et
avouèrent qu'il n'y avait pas de si bon vin en
Egypte; la femme de chambre eut soin d'en faire
boire aux domestiques qui avaient servi. Pour la
princesse, elle eut grande attention de n'en point
boire, disant que son médecin l'avait mise au régime. Tout fut bientôt endormi.

L'aumônier du roi d'Egypte avait la plus belle
barbe que pût porter un homme de sa sorte. Formosante la coupa très adroitement, puis, l'ayant
fait coudre à un petit ruban, elle l'attacha à son
menton. Elle s'affubla de la robe du prêtre et de
toutes les marques de sa dignité, habilla sa femme
de chambre en sacristain de la déesse Isis; enfin,
s'étant munie de son urne et de ses pierreries, elle
sortit de l'hôtellerie à travers les sentinelles, qui
dormaient comme leur maître. La suivante avait eu
le soin de faire tenir à la porte deux chevaux prêts.
La princesse ne pouvait mener avec elle aucun des
officiers de sa suite ; ils auraient été arrêtés par les
grandes gardes.

Formosante et Irla passèrent à travers des haies
de soldats, qui, prenant la princesse pour le grand-
prêtre, l'appelaient *mon révérendissime pere en
Dieu*, et lui demandaient sa bénédiction. Les deux

fugitives arrivent en vingt-quatre heures à Bassora,
avant que le roi fût éveillé : elles quitterent alors
leur déguisement, qui eût pu donner des soupçons.
Elles fréterent au plus vite un vaisseau qui les porta
par le détroit d'Ormus au beau rivage d'Eden, dans
l'Arabie heureuse. C'est cet Eden dont les jardins
furent si renommés qu'on en fit depuis la demeure
des justes ; ils furent le modele des champs Elysées,
des jardins des Hespérides, et de ceux des isles For-
tunées : car, dans ces climats chauds, les hommes
n'imaginerent point de plus grande béatitude que
les ombrages et les murmures des eaux. Vivre éternellement dans les cieux avec l'Etre suprème, ou
aller se promener dans le jardin, dans le paradis,
fut la même chose pour les hommes qui parlent
toujours sans s'entendre, et qui n'ont pu guere avoir
encore d'idées nettes ni d'expressions justes.

Dès que la princesse se vit dans cette terre, son
premier soin fut de rendre à son cher oiseau les
honneurs funebres qu'il avait exigés d'elle : ses
belles mains dresserent un petit bûcher de girofle
et de canelle. Quelle fut sa surprise, lorsqu'ayant
répandu les cendres de l'oiseau sur ce bûcher, elle
le vit s'enflammer de lui-même ! Tout fut bientôt
consumé : il ne parut à la place des cendres qu'un
gros œuf, dont elle vit sortir son oiseau plus bril-
lant qu'il ne l'avait jamais été. Ce fut le plus beau
des moments que la princesse eût éprouvés dans
toute sa vie : il n'y en avait qu'un qui pût lui être
plus cher ; elle le desirait, mais elle ne l'espérait
pas.

Je vois bien, dit-elle à l'oiseau, que vous êtes

le phénix dont on m'avait tant parlé : je suis prête
à mourir d'étonnement et de joie. Je ne croyais
point à la résurrection, mais mon bonheur m'en a
convaincue. La résurrection, madame, lui dit le
phénix, est la chose du monde la plus simple : il
n'est pas plus surprenant de naître deux fois qu'une.
Tout est résurrection dans ce monde : les chenilles
ressuscitent en papillons; un noyau mis en terre
ressuscite en arbre; tous les animaux ensevelis dans
la terre ressuscitent en herbes, en plantes, et nour-
rissent d'autres animaux dont ils font bientôt une
partie de la substance : toutes les particules qui
composaient les corps sont changées en différents
êtres. Il est vrai que je suis le seul à qui le puissant
Orosmade ait fait la grace de ressusciter dans sa propre nature.

Formosante, qui, depuis le jour qu'elle vit Amazan et le phénix pour la premiere fois, avait passé
toutes ses heures à s'étonner, lui dit: Je conçois
bien que le grand Etre ait pu former de vos cendres
un phénix à-peu-près semblable à vous; mais que
vous soyez précisément la même personne, que vous
ayez la même ame, j'avoue que je ne le comprends
pas bien clairement. Qu'est devenue votre ame pendant que je vous portais dans ma poche après votre
mort?

Eh, mon Dieu, madame, n'est-il pas aussi facile
au grand Orosmade de continuer son action sur une
petite étincelle de moi-même, que de commencer
cette action? Il m'avait accordé auparavant le sentiment, la mémoire, et la pensée; il me les accorde
encore : qu'il ait attaché cette faveur à un atome

de feu élémentaire caché dans moi, ou à l'assemblage de mes organes, cela ne fait rien au fond : les phénix et les hommes ignoreront toujours comment la chose se passe ; mais la plus grande grace que l'Etre suprême m'ait accordée, est de me faire renaître pour vous. Que ne puis-je passer les vingt-huit mille ans que j'ai encore à vivre jusqu'à ma prochaine résurrection entre vous et mon cher Amazan !

Mon phénix, lui repartit la princesse, songez que les premieres paroles que vous me dîtes à Babylone, et que je n'oublierai jamais, me flatterent de l'espérance de revoir ce cher berger que j'idolâtre : il faut absolument que nous allions ensemble chez les Gangarides, et que je le ramene à Babylone. C'est bien mon dessein, dit le phénix ; il n'y a pas un moment à perdre : il faut aller trouver Amazan par le plus court chemin, c'est-à-dire par les airs. Il y a dans l'Arabie heureuse deux griffons mes amis intimes, qui ne demeurent qu'à cent cinquante milles d'ici ; je vais leur écrire par la poste aux pigeons ; ils viendront avant la nuit : nous aurons tout le temps de vous faire travailler un petit canapé commode avec des tiroirs où l'on mettra vos provisions de bouche : vous serez très à votre aise dans cette voiture avec votre demoiselle : les deux griffons sont les plus vigoureux de leur espece ; chacun d'eux tiendra un des bras du canapé entre ses griffes : mais, encore une fois, les moments sont chers. Il alla sur-le-champ avec Formosante commander le canapé à un tapissier de sa connaissance : il fut achevé en quatre heures ; on mit dans les tiroirs des petits

pains à la reine, des biscuits meilleurs que ceux de
Babylone, des poncires, des ananas, des cocos, des
pistaches, et du vin d'Eden, qui l'emporte sur le vin
de Chiras autant que celui de Chiras est au-dessus
de celui de Surene.

Le canapé était aussi léger que commode et solide.
Les deux griffons arriverent dans Eden à point
nommé. Formosante et Irla se placerent dans la
voiture. Les deux griffons l'enleverent comme une
plume. Le phénix tantôt volait auprès, tantôt se
perchait sur le dossier. Les deux griffons cinglerent
vers le Gange avec la rapidité d'une fleche qui fend
les airs ; on ne se reposait que la nuit pendant quelques moments pour manger, et pour faire boire un
coup au deux voituriers.

On arriva enfin chez les Gangarides. Le cœur de
la princesse palpitait d'espérance, d'amour, et de
joie. Le phénix fit arrêter la voiture devant la maison d'Amazan : il demande à lui parler ; mais il y
avait trois heures qu'il en était parti, sans qu'on
sût où il était allé.

Il n'y a point de termes dans la langue même des
Gangarides qui puissent exprimer le désespoir dont
Formosante fut accablée. Hélas ! voilà ce que j'avais
craint, dit le phénix ; les trois heures que vous avez
passées dans votre hôtellerie sur le chemin de Bassora avec ce malheureux roi d'Egypte vous ont enlevé peut-être pour jamais le bonheur de votre vie :
j'ai bien peur que nous n'ayons perdu Amazan sans
retour.

Alors il demanda aux domestiques si on pouvait
saluer madame sa mere. Ils répondirent que son

mari était mort l'avant-veille, et qu'elle ne voyait personne. Le phénix, qui avait du crédit dans la maison, ne laissa pas de faire entrer la princesse de Babylone dans un salon dont les murs étaient revêtus de bois d'oranger à filets d'ivoire : les sous-bergers et sous-bergeres, en longues robes blanches ceintes de garnitures aurore, lui servirent dans cent corbeilles de simple porcelaine cent mets délicieux, parmi lesquels on ne voyait aucun cadavre déguisé ; c'était du riz, du sagou, de la semoule, du vermicelle, des macaronis, des omelettes, des œufs au lait, des fromages à la crême, des pâtisseries de toute espece, des légumes, des fruits d'un parfum et d'un goût dont on n'a point d'idée dans les autres climats : c'était une profusion de liqueurs rafraîchissantes, supérieures aux meilleurs vins.

Pendant que la princesse mangeait couchée sur un lit de roses, quatre pavons, ou paons, ou pans, heureusement muets, l'éventaient de leurs brillantes ailes ; deux cents oiseaux, cent bergers, et cent bergeres, lui donnerent un concert à deux chœurs ; les rossignols, les serins, les fauvettes, les pinçons, chantaient le dessus avec les bergeres ; les bergers faisaient la haute-contre et la basse : c'était en tout la belle et simple nature. La princesse avoua que, s'il y avait plus de magnificence à Babylone, la nature était mille fois plus agréable chez les Gangarides. Mais pendant qu'on lui donnait cette musique si consolante et si voluptueuse, elle versait des larmes ; elle disait à la jeune Irla sa compagne : Ces bergers et ces bergeres, ces rossignols et ces serins font l'amour, et moi je suis privée du héros gangaride,

19.

digne objet de mes très tendres et très impatients desirs.

Pendant qu'elle faisait ainsi cette collation, qu'elle admirait, et qu'elle pleurait, le phénix disait à la mere d'Amazan : Madame, vous ne pouvez vous dispenser de voir la princesse de Babylone; vous savez... Je sais tout, dit-elle, jusqu'à son aventure dans l'hôtellerie sur le chemin de Bassora ; un merle m'a tout conté ce matin ; et ce cruel merle est cause que mon fils au désespoir est devenu fou, et a quitté la maison paternelle. Vous ne savez donc pas, reprit le phénix, que la princesse m'a ressuscité ? Non, mon cher enfant ; je savais par le merle que vous étiez mort, et j'en étais inconsolable : j'étais si affligée de cette perte, de la mort de mon mari, et du départ précipité de mon fils, que j'avais fait défendre ma porte ; mais puisque la princesse de Babylone me fait l'honneur de me venir voir, faites-la entrer au plus vite ; j'ai des choses de la derniere conséquence à lui dire, et je veux que vous y soyez présent. Elle alla aussitôt dans un autre salon au-devant de la princesse. Elle ne marchait pas facilement ; c'était une dame d'environ trois cents années, mais elle avait encore de beaux restes, et on voyait bien que vers les deux cents trente à quarante ans elle avait été charmante. Elle reçut Formosante avec une noblesse respectueuse, mêlée d'un air d'intérêt et de douleur qui fit sur la princesse une vive impression.

Formosante lui fit d'abord ses tristes compliments sur la mort de son mari. Hélas ! dit la veuve, vous devez vous intéresser à sa perte plus que vous ne pensez. J'en suis touchée, sans doute, dit Formosante ; il était le pere de..... A ces mots elle pleura. Je n'étais venue que pour lui et à travers bien des dangers; j'ai quitté pour lui mon pere et la plus brillante cour de l'univers; j'ai été enlevée par un roi d'Egypte que je déteste : échappée à ce ravisseur, j'ai traversé les airs pour venir voir ce que j'aime; j'arrive, et il me fuit! Les pleurs et les sanglots l'empêcherent d'en dire davantage.

La mere lui dit alors : Madame, lorsque le roi d'Egypte vous ravissait, lorsque vous soupiez avec lui dans un cabaret sur le chemin de Bassora, lorsque vos belles mains lui versaient du vin de Chiras, vous souvenez-vous d'avoir vu un merle qui voltigeait dans la chambre ? — Vraiment oui, vous m'en rappelez la mémoire, je n'y avais pas fait d'attention ; mais en recueillant mes idées, je me souviens très bien qu'au moment que le roi d'Egypte se leva de table pour me donner un baiser, le merle s'envola par la fenêtre en jetant un grand cri, et ne reparut plus.

Hélas ! madame, reprit la mere d'Amazan, voilà ce qui fait précisément le sujet de nos malheurs : mon fils avait envoyé ce merle s'informer de l'état de votre santé et de tout ce qui se passait à Babylone ; il comptait revenir bientôt se mettre à vos pieds et vous consacrer sa vie : vous ne savez pas à quel excès il vous adore. Tous les Gangarides sont amoureux et fideles ; mais mon fils est le plus passionné et le plus constant de tous. Le merle vous rencontra dans un cabaret ; vous buviez très gaiement avec le roi d'Egypte et un vilain prêtre : il vous vit enfin donner un tendre baiser à ce monarque qui

avait tué le phénix, et pour qui mon fils conserve
une horreur invincible : le merle à cette vue fut
saisi d'une juste indignation ; il s'envola en maudissant vos funestes amours : il est revenu aujourd'hui, il a tout conté ; mais dans quels moments,
juste ciel! dans le temps où mon fils pleurait avec
moi la mort de son pere et celle du phénix, dans le
temps qu'il apprenait de moi qu'il est votre cousin
issu de germain!

O ciel! mon cousin! madame, est-il possible?
par quelle aventure? comment? quoi! je serais heureuse à ce point! et je serais en même temps assez infortunée pour l'avoir offensé!

Mon fils est votre cousin, vous dis-je, reprit la
mere, et je vais bientôt vous en donner la preuve :
mais en devenant ma parente vous m'arrachez mon
fils; il ne pourra survivre à la douleur que lui a
causée votre baiser donné au roi d'Egypte.

Ah! ma tante, s'écria la belle Formosante, je jure
par lui et par le puissant Orosmade, que ce baiser
funeste, loin d'être criminel, était la plus forte
preuve d'amour que je pusse donner à votre fils : je
désobéissais à mon pere pour lui ; j'allais pour lui
de l'Euphrate au Gange : tombée entre les mains de
l'indigne Pharaon d'Egypte, je ne pouvais lui
échapper qu'en le trompant ; j'en atteste les cendres
et l'ame du phénix qui étaient alors dans ma poche ;
il peut me rendre justice. Mais comment votre fils
né sur les bords du Gange peut-il être mon cousin,
moi dont la famille regne sur les bords de l'Euphrate
depuis tant de siecles?

Vous savez, lui dit la vénérable Gangaride, que votre grand oncle Aldée était roi de Babylone, et qu'il fut détrôné par le pere de Bélus? — Oui, madame. — Vous savez que son fils Aldée avait eu de son mariage la princesse Aldée élevée dans votre cour? c'est ce prince qui, étant persécuté par votre pere, vint se réfugier dans notre heureuse contrée sous un autre nom; c'est lui qui m'épousa : j'en ai eu le jeune prince Aldée-Amazan, le plus beau, le plus fort, le plus courageux, le plus vertueux des mortels, et aujourd'hui le plus fou : il alla aux fêtes de Babylone sur la réputation de votre beauté : depuis ce temps-là il vous idolâtre, et peut-être je ne reverrai jamais mon cher fils.

Alors elle fit déployer devant la princesse tous les titres de la maison des Aldées ; à peine Formosante daigna les regarder : Ah! madame, s'écria-t-elle, examine-t-on ce qu'on desire? mon cœur vous en croit assez. Mais où est Aldée-Amazan ? où est mon parent, mon amant, mon roi ? où est ma vie? quel chemin a-t-il pris ? j'irais le chercher dans tous les globes que l'Eternel a formés, et dont il est le plus bel ornement ; j'irais dans l'étoile Canope, dans Shacath, dans Aldebaram; j'irais le convaincre de mon amour et de mon innocence.

Le phénix justifia la princesse du crime que lui imputait le merle d'avoir donné par amour un baiser au roi d'Egypte ; mais il fallait détromper Amazan et le ramener. Il envoie des oiseaux sur tous les chemins, il met en campagne des licornes : on lui rapporte enfin qu'Amazan a pris la route de la Chine. Eh bien! allons à la Chine, s'écria la princesse ; le voyage n'est pas long ; j'espere bien vous ramener votre fils dans quinze jours au plus tard. A ces mots que de larmes de tendresse verserent la mere gangaride et la princesse de Babylone ! que d'embrassemements ! que d'effusion de cœur !

Le phénix commanda sur-le-champ un carrosse à six licornes. La mere fournit deux cents cavaliers, et fit présent à la princesse sa niece de quelques milliers des plus beaux diamants du pays. Le phénix, affligé du mal que l'indiscrétion du merle avait causé, fit ordonner à tous les merles de vider le pays; et c'est depuis ce temps qu'il ne s'en trouve plus sur les bords du Gange.

§. V.

Les licornes, en moins de huit jours, amenerent Formosante, Irla, et le phénix, à Cambalu, capitale de la Chine. C'était une ville plus grande que Babylone et d'une espece de magnificence toute différente. Ces nouveaux objets, ces mœurs nouvelles, auraient amusé Formosante, si elle avait pu être occupée d'autre chose que d'Amazan.

Dès que l'empereur de la Chine eut appris que la princesse de Babylone était à une porte de la ville, il lui dépêcha quatre mille mandarins en robes de cérémonie; tous se prosternerent devant elle, et lui présenterent chacun un compliment écrit en lettres d'or sur une feuille de soie pourpre. Formosante leur dit que si elle avait quatre mille langues, elle ne manquerait pas de répondre sur-le-champ à chaque mandarin, mais que n'en ayant qu'une, elle les priait de trouver bon qu'elle s'en servît pour les remercier tous en général. Ils la conduisirent respectueusement chez l'empereur.

C'était le monarque de la terre le plus juste, le plus poli, et le plus sage : ce fut lui qui le premier laboura un petit champ de ses mains impériales, pour rendre l'agriculture respectable à son peuple ; il établit le premier des prix pour la vertu ; les lois par-tout ailleurs étaient honteusement bornées à punir les crimes. Cet empereur venait de chasser de ses états une troupe de bonzes étrangers qui étaient venus du fond de l'occident, dans l'espoir insensé de forcer toute la Chine à penser comme eux, et qui, sous prétexte d'annoncer des vérités, avaient acquis déja des richesses et des honneurs. Il leur avait dit en les chassant ces propres paroles, enregistrées dans les annales de l'empire :

« Vous pourriez faire ici autant de mal que vous « en avez fait ailleurs : vous êtes venus prêcher des « dogmes d'intolérance chez la nation la plus tolé- « rante de la terre. Je vous renvoie pour n'être jamais « forcé de vous punir. Vous serez reconduits hono- « rablement sur mes frontieres ; on vous fournira « tout pour retourner aux bornes de l'hémisphere « dont vous êtes partis. Allez en paix, si vous pouvez « être en paix ; et ne revenez plus. »

La princesse de Babylone apprit avec joie ce jugement et ce discours ; elle en était plus sûre d'être bien reçue à la cour, puisqu'elle était très éloignée d'avoir des dogmes intolérants. L'empereur de la Chine, en dînant avec elle tête à tête, eut la politesse de bannir l'embarras de toute étiquette gênante : elle lui présenta le phénix, qui fut très caressé de l'empereur, et qui se percha sur son fauteuil. Formosante sur la fin du repas lui confia ingénument le sujet de son voyage, et le pria de faire chercher dans Cambalu le bel Amazan, dont elle lui conta l'aventure, sans lui rien cacher de la fatale passion dont son cœur était enflammé pour ce jeune héros. A qui en parlez-vous? lui dit l'empereur de la Chine, il m'a fait le plaisir de venir dans ma cour; il m'a enchanté, cet aimable Amazan: il est vrai qu'il est profondément affligé; mais ses graces n'en sont que plus touchantes; aucun de mes favoris n'a plus d'esprit que lui; nul mandarin de robe n'a de plus vastes connaissances; nul mandarin d'épée n'a l'air plus martial et plus héroïque; son extrême jeunesse donne un nouveau prix à tous ses talents. Si j'étais assez malheureux, assez abandonné du Tien et du Changti pour vouloir être conquérant, je prierais Amazan de se mettre à la tête de mes armées, et je serais sûr de triompher de l'univers entier: c'est bien dommage que son chagrin lui dérange quelquefois l'esprit.

Ah! monsieur, lui dit Formosante avec un air enflammé et un ton de douleur, de saisissement, et de reproche, pourquoi ne m'avez-vous pas fait dîner avec lui? vous me faites mourir; envoyez-le prier tout à l'heure. — Madame, il est parti ce matin, et il n'a point dit dans quelle contrée il portait ses pas. Formosante se tourna vers le phénix : Eh bien! dit-elle, phénix, avez-vous jamais vu une fille plus malheureuse que moi? mais, monsieur, continua-t-elle, comment, pourquoi a-t-il pu quitter si brusquement une cour aussi polie que la vôtre, dans laquelle il me semble qu'on voudrait passer sa vie ?

Voici, madame, ce qui est arrivé : une princesse du sang, des plus aimables, s'est prise de passion pour lui, et lui a donné un rendez-vous chez elle à midi : il est parti au point du jour, et il a laissé ce billet qui a coûté bien des larmes à ma parente :

« Belle princesse du sang de la Chine, vous mé- « ritez un cœur qui n'ait jamais été qu'à vous : j'ai « juré aux dieux immortels de n'aimer jamais que « Formosante, princesse de Babylone, et de lui ap- « prendre comment on peut domter ses desirs dans « ses voyages : elle a eu le malheur de succomber « avec un indigne roi d'Egypte; je suis le plus mal- « heureux des hommes; j'ai perdu mon pere et le « phénix, et l'espérance d'être aimé de Formosante; « j'ai quitté ma mere affligée, ma patrie, ne pouvant « vivre un moment dans les lieux où j'ai appris que « Formosante en aimait un autre que moi; j'ai juré « de parcourir la terre et d'être fidele. Vous me « mépriseriez, et les dieux me puniraient si je vio- « lais mon serment : prenez un amant, madame, et « soyez aussi fidele que moi. »

Ah ! laissez-moi cette étonnante lettre, dit la belle Formosante, elle fera ma consolation : je suis heu- reuse dans mon infortune; Amazan m'aime; Amazan renonce pour moi à la possession des princesses de la Chine; il n'y a que lui sur la terre capable de remporter une telle victoire : il me donne un grand exemple; le phénix sait que je n'en avais pas besoin; il est bien cruel d'être privée de son amant pour le plus innocent des baisers donné par pure fidélité. Mais enfin où est-il allé? quel chemin a-t-il pris? daignez me l'enseigner, et je pars.

L'empereur de la Chine lui répondit qu'il croyait, sur les rapports qu'on lui avait faits, que son amant avait suivi une route qui menait en Scythie. Aussitôt les licornes furent attelées, et la princesse, après les plus tendres compliments, prit congé de l'empereur, avec le phénix, sa femme de chambre Irla, et toute sa suite.

Dès qu'elle fut en Scythie, elle vit plus que jamais combien les hommes et les gouvernements different, et différeront toujours jusqu'au temps où quelque peuple plus éclairé que les autres communiquera la lumiere de proche en proche après mille siecles de ténebres, et qu'il se trouvera dans des climats barbares des ames héroïques qui auront la force et la persévérance de changer les brutes en hommes. Point de villes en Scythie, par conséquent point d'arts agréables ; on ne voyait que de vastes prairies, et des nations entieres sous des tentes et sur des chars : cet aspect imprimait la terreur. Formosante demanda dans quelle tente ou dans quelle charrette logeait le roi : on lui dit que depuis huit jours il s'était mis en marche à la tête de trois cents mille hommes de cavalerie pour aller à la rencontre du roi de Babylone, dont il avait enlevé la niece, la belle princesse Aldée. Il a enlevé ma cousine ! s'écria Formosante ; je ne m'attendais pas à cette nouvelle aventure : quoi ! ma cousine, qui était trop heureuse de me faire la cour, est devenue reine, et je ne suis pas encore mariée ! Elle se fit conduire incontinent aux tentes de la reine.

Leur réunion inespérée dans ces climats loin-
tains, les choses singulieres qu'elles avaient mutuellement à s'apprendre, mirent dans leur entrevue
un charme qui leur fit oublier qu'elles ne s'étaient
jamais aimées; elles se revirent avec transports; une
douce illusion se mit à la place de la vraie tendresse :
elles s'embrasserent en pleurant; et il y eut même
entre elles de la cordialité et de la franchise, attendu
que l'entrevue ne se faisait pas dans un palais.

Aldée reconnut le phénix et la confidente Irla ;
elle donna des fourrures de zibeline à sa cousine, qui
lui donna des diamants : on parla de la guerre que
les deux rois entreprenaient ; on déplora la condition
des hommes que des monarques envoient par fantaisie
s'égorger pour des différents que deux honnêtes
gens pourraient concilier en une heure ; mais sur-
tout on s'entretint du bel étranger vainqueur des
lions, donneur des plus gros diamants de l'univers,
faiseur de madrigaux, possesseur du phénix, devenu
le plus malheureux des hommes sur le rapport d'un
merle : c'est mon cher frere ! disait Aldée ; c'est mon
amant ! s'écriait Formosante ; vous l'avez vu sans
doute, il est peut-être encore ici ; car, ma cousine,
il sait qu'il est votre frere ; il ne vous aura pas
quittée brusquement comme il a quitté le roi de la
Chine.

Si je l'ai vu ! grands dieux ! reprit Aldée ; il a
passé quatre jours entiers avec moi : ah ! ma cousine,
que mon frere est à plaindre ! un faux rapport l'a
rendu absolument fou ; il court le monde sans savoir
où il va. Figurez-vous qu'il a poussé la démence jusqu'à refuser les faveurs de la plus belle Scythe de

toute la Scythie : il partit hier après lui avoir écrit
une lettre dont elle a été désespérée ; pour lui , il est
allé chez les Cimmériens. Dieu soit loué , s'écria
Formosante ; encore un refus en ma faveur ! mon
bonheur a passé mon espoir , comme mon malheur
a surpassé toutes mes craintes. Faites-moi donner
cette lettre charmante, que je parte , que je le suive,
les mains pleines de ses sacrifices. Adieu, ma cousine;
Amazan est chez les Cimmériens, j'y vole.

Aldée trouva que la princesse sa cousine était
encore plus folle que son frere Amazan : mais comme
elle avait senti elle-même les atteintes de cette épi-
démie, comme elle avait quitté les délices et la magnificence de Babylone pour le roi des Scythes , comme
les femmes s'intéressent toujours aux folies dont
l'amour est cause, elle s'attendrit véritablement pour
Formosante , lui souhaita un heureux voyage , et lui
promit de servir sa passion , si jamais elle était assez
heureuse pour revoir son frere.

§. VI.

Bientôt la princesse de Babylone et le phénix arriverent dans l'empire des Cimmériens , bien moins
peuplé , à la vérité , que la Chine , mais deux fois
plus étendu , autrefois semblable à la Scythie , et devenu depuis quelque temps aussi florissant que les
royaumes qui se vantaient d'instruire les autres états.

Après quelques jours de marche , on entra dans
une très grande ville que l'impératrice régnante faisait
embellir : mais elle n'y était pas ; elle voyageait alors
des frontieres de l'Europe à celles de l'Asie pour

connaître ses états par ses yeux, pour juger des maux et porter les remedes, pour accroître les avantages, pour semer l'instruction.

Un des principaux officiers de cette ancienne capitale, instruit de l'arrivée de la Babylonienne et du phénix, s'empressa de rendre ses hommages à la princesse et de lui faire les honneurs du pays, bien sûr que sa maîtresse, qui était la plus polie et la plus magnifique des reines, lui saurait gré d'avoir reçu une si grande dame avec les mêmes égards qu'elle aurait prodigués elle-même.

On logea Formosante au palais, dont on écarta une foule importune de peuple; on lui donna des fêtes ingénieuses. Le seigneur cimmérien, qui était un grand naturaliste, s'entretint beaucoup avec le phénix dans les temps où la princesse était retirée dans son appartement. Le phénix lui avoua qu'il avait autrefois voyagé chez les Cimmériens, et qu'il ne reconnaissait plus le pays : Comment de si prodigieux changements, disait-il, ont-ils pu être opérés dans un temps si court? il n'y a pas trois cents ans que je vis ici la nature sauvage dans toute son horreur; j'y trouve aujourd'hui les arts, la splendeur, la gloire, et la politesse. Un seul homme a commencé ce grand ouvrage, répondit le Cimmérien, une femme l'a perfectionné; une femme a été meilleure législatrice que l'Isis des Egyptiens et la Cérès des Grecs; la plupart des législateurs ont eu un génie étroit et despotique, qui a resserré leurs vues dans le pays qu'ils ont gouverné; chacun a regardé son peuple comme étant seul sur la terre, ou comme devant être l'ennemi du reste de la terre : ils ont formé des institutions pour ce seul peuple, introduit des usages pour lui seul, établi une religion pour lui seul : c'est ainsi que les Egyptiens, si fameux par des monceaux de pierres, se sont abrutis et déshonorés par leurs superstitions barbares : ils croient les autres nations profanes, ils ne communiquent point avec elles, et, excepté la cour, qui s'élève quelquefois au-dessus des préjugés vulgaires, il n'y a pas un Egyptien qui voulût manger dans un plat dont un étranger se serait servi : leurs prêtres sont cruels et absurdes : il vaudrait mieux n'avoir point de lois, et n'écouter que la nature, qui a gravé dans nos cœurs les caracteres du juste et de l'injuste, que de soumettre la société à des lois si insociables.

Notre impératrice embrasse des projets entièrement opposés ; elle considere son vaste état, sur lequel tous les méridiens viennent se joindre, comme devant correspondre à tous les peuples qui habitent sous ces différents méridiens. La premiere de ses lois a été la tolérance de toutes les religions, et la compassion pour toutes les erreurs : son puissant génie a connu que si les cultes sont différents, la morale est par-tout la même ; par ce principe elle a lié sa nation à toutes les nations du monde, et les Cimmériens vont regarder le Scandinavien et le Chinois comme leurs freres. Elle a fait plus ; elle a voulu que cette précieuse tolérance, le premier lien des hommes, s'établît chez ses voisins : ainsi elle a mérité le titre de mere de la patrie, et elle aura celui de bienfaitrice du genre humain, si elle persévere.

Avant elle, des hommes malheureusement puissants envoyaient des troupes de meurtriers ravir à des peuplades inconnues et arroser de leur sang les héritages de leurs peres : on appelait ces assassins des héros ; leur brigandage était de la gloire. Notre souveraine a une autre gloire ; elle a fait marcher des armées pour apporter la paix, pour empêcher les hommes de se nuire, pour les forcer à se supporter les uns les autres ; et ses étendards ont été ceux de la concorde publique.

Le phénix, enchanté de tout ce que lui apprenait ce seigneur, lui dit : Monsieur, il y a vingt-sept mille neuf cents années et sept mois que je suis au monde, je n'ai encore rien vu de comparable à ce que vous me faites entendre. Il lui demanda des nouvelles de son ami Amazan : le Cimmérien lui conta les mêmes choses qu'on avait dites à la princesse chez les Chinois et chez les Scythes ; Amazan s'enfuyait de toutes les cours qu'il visitait sitôt qu'une dame lui avait donné un rendez-vous auquel il craignait de succomber. Le phénix instruisit bientôt Formosante de cette nouvelle marque de fidélité qu'Amazan lui donnait, fidélité d'autant plus étonnante qu'il ne pouvait pas soupçonner que sa princesse en fût jamais informée.

Il était parti pour la Scandinavie. Ce fut dans ces climats que des spectacles nouveaux frapperent encore ses yeux : ici la royauté et la liberté subsistaient ensemble par un accord qui paraît impossible dans d'autres états ; les agriculteurs avaient part à la législation, aussi bien que les grands du royaume ; et un jeune prince donnait les plus grandes espérances d'être digne de commander à une nation libre. Là c'était quelque chose de plus étrange ; le seul roi qui fût despotique de droit sur la terre, par un contrat formel avec son peuple, était en même temps le plus jeune et le plus juste des rois.

Chez les Sarmates, Amazan vit un philosophe sur le trône : on pouvait l'appeler le roi de l'anarchie, car il était le chef de cent mille petits rois dont un seul pouvait d'un mot anéantir les résolutions de tous les autres : Eole n'avait pas plus de peine à contenir tous les vents qui se combattent sans cesse, que ce monarque n'en avait à concilier les esprits : c'était un pilote environné d'un éternel orage ; et cependant le vaisseau ne se brisait pas, car le prince était un excellent pilote.

En parcourant tous ces pays si différents de sa patrie, Amazan refusait constamment toutes les bonnes fortunes qui se présentaient à lui, toujours désespéré du baiser que Formosante avait donné au roi d'Egypte, toujours affermi dans son inconcevable résolution de donner à Formosante l'exemple d'une fidélité unique et inébranlable.

La princesse de Babylone avec le phénix le suivait par-tout à la piste, et ne le manquait jamais que d'un jour ou deux, sans que l'un se lassât de courir, et sans que l'autre perdît un moment à le suivre.

Ils traverserent ainsi toute la Germanie : ils admirerent les progrès que la raison et la philosophie faisaient dans le nord ; tous les princes y étaient instruits, tous autorisaient la liberté de penser ; leur éducation n'avait point été confiée à des hommes qui eussent intérêt de les tromper, ou qui fussent trompés eux-mêmes ; on les avait élevés dans la connais-

sance de la morale universelle, et dans le mépris des
superstitions: on avait banni dans tous ces états un
usage insensé, qui énervait et dépeuplait plusieurs
pays méridionaux; cette coutume était d'enterrer
tout vivants dans de vastes cachots un nombre
infini des deux sexes éternellement séparés l'un de
l'autre, et de leur faire jurer de n'avoir jamais de
communication ensemble : cet excès de démence,
accrédité pendant des siecles, avait dévasté la terre
autant que les guerres les plus cruelles.

Les princes du nord avaient à la fin compris que,
si on voulait avoir des haras, il ne fallait pas séparer
les plus forts chevaux des cavales. Ils avaient détruit
aussi des erreurs non moins bizarres et non moins
pernicieuses. Enfin les hommes osaient être raisonnables dans ces vastes pays, tandis qu'ailleurs on
croyait encore qu'on ne peut les gouverner qu'autant
qu'ils sont imbécilles.

§. VII.

Amazan arriva chez les Bataves : son cœur éprouva
dans son chagrin une douce satisfaction d'y retrou-
ver quelque faible image du pays des heureux Gangarides, la liberté, l'égalité, la propreté, l'abondance,
la tolérance : mais les dames du pays étaient si froi-
des, qu'aucune ne lui fit d'avances, comme on lui
en avait fait par-tout ailleurs : il n'eut pas la peine
de résister: s'il avait voulu attaquer ces dames, il
les aurait toutes subjuguées l'une après l'autre, sans
être aimé d'aucune; mais il était bien éloigné de
songer à faire des conquêtes.

Formosante fut sur le point de l'attraper chez cette nation insipide ; il ne s'en fallut que d'un moment.

Amazan avait entendu parler chez les Bataves avec tant d'éloges d'une certaine isle nommée Albion, qu'il s'était déterminé à s'embarquer lui et ses licornes sur un vaisseau qui, par un vent d'orient favorable, l'avait porté en quatre heures au rivage de cette terre plus célebre que Tyr et que l'isle Atlantide.

La belle Formosante, qui l'avait suivi au bord de la Duina, de la Vistule, de l'Elbe, du Veser, arrive enfin aux bouches du Rhin qui portait alors ses eaux rapides dans la mer germanique.

Elle apprend que son cher amant a vogué aux côtes d'Albion ; elle croit voir son vaisseau, elle pousse des cris de joie dont toutes les dames bataves furent surprises, n'imaginant pas qu'un jeune homme pût causer tant de joie ; et à l'égard du phénix, elles n'en firent pas grand cas, parcequ'elles jugerent que ses plumes ne pourraient probablement se vendre aussi bien que celles des canards et des oisons de leurs marais. La princesse de Babylone loua ou naulisa deux vaisseaux pour se transporter avec tout son monde dans cette bienheureuse isle, qui allait posséder l'objet de tous ses desirs, l'ame de sa vie, le dieu de son cœur.

Un vent funeste d'occident s'éleva tout-à-coup dans le moment même où le fidele et malheureux Amazan mettait pied à terre en Albion ; les vaisseaux de la princesse de Babylone ne purent démarrer. Un serrement de cœur, une douleur amere, une mélancolie profonde, saisirent Formosante ; elle se mit au lit dans sa douleur, en attendant que le vent changeât ; mais il souffla huit jours entiers avec une violence désespérante. La princesse, pendant ce siecle de huit jours, se faisait lire par Irla des romans : ce n'est pas que les Bataves en sussent faire ; mais comme ils étaient les facteurs de l'univers, ils vendaient l'esprit des autres nations ainsi que leurs denrées. La princesse fit acheter chez Marc-Michel Rey tous les contes que l'on avait écrits chez les Ausoniens et chez les Velches, et dont le débit était défendu sagement chez ces peuples pour enrichir les Bataves ; elle espérait qu'elle trouverait dans ces histoires quelque aventure qui ressemblerait à la sienne, et qui charmerait sa douleur. Irla lisait ; le phénix disait son avis ; et la princesse ne trouvait rien dans la Paysanne parvenue, ni dans le Sofa, ni dans les Quatre Facardins, qui eût le moindre rapport à ses aventures : elle interrompait à tout moment la lecture pour demander de quel côté venait le vent.

§. VIII.

Cependant Amazan était déja sur le chemin de la capitale d'Albion, dans son carrosse à six licornes, et rêvait à sa princesse : il apperçut un équipage versé dans une fosse ; les domestiques s'étaient écartés pour aller chercher du secours ; le maître de l'équipage restait tranquillement dans sa voiture, ne témoignant pas la plus légere impatience, et s'amusant à fumer ; car on fumait alors : il se nommait mylord What-then, ce qui signifie à-peu-près mylord Qu'importe, en la langue dans laquelle je traduis ces mémoires.

Amazan se précipita pour lui rendre service ; il releva tout seul la voiture, tant sa force était supérieure à celle des autres hommes. Mylord Qu'importe se contenta de dire, Voilà un homme bien vigoureux !

Des rustres du voisinage étant accourus se mirent en colere de ce qu'on les avait fait venir inutilement, et s'en prirent à l'étranger ; ils le menacerent en l'appelant chien d'étranger, et ils voulurent le battre.

Amazan en saisit deux de chaque main et les jeta à vingt pas ; les autres le respecterent, le saluerent, lui demanderent pour boire ; il leur donna plus d'argent qu'ils n'en avaient jamais vu. Mylord Qu'importe lui dit, Je vous estime ; venez dîner avec moi dans ma maison de campagne, qui n'est qu'à trois milles : il monta dans la voiture d'Amazan, parceque la sienne était dérangée par la secousse.

Après un quart-d'heure de silence, il regarda un moment Amazan, et lui dit, *How dye do*, à la lettre, *comment faites-vous faire ?* et dans la langue du traducteur, *comment vous portez-vous ?* ce qui ne veut rien dire du tout en aucune langue ; puis il ajouta, Vous avez là six jolies licornes ; et il se remit à fumer.

Le voyageur lui dit que ses licornes étaient à son service, qu'il venait avec elles du pays des Gangarides ; et il en prit occasion de lui parler de la princesse de Babylone, et du fatal baiser qu'elle avait donné au roi d'Egypte ; à quoi l'autre ne répliqua rien du tout, se souciant très peu qu'il y eût dans le monde un roi d'Egypte et une princesse de Baby-

lone : il fut encore un quart-d'heure sans parler ;
après quoi il redemanda à son compagnon *comment il
faisait faire*, et si l'on mangeait du bon *rost-beef*
dans le pays des Gangarides. Le voyageur lui répondit avec sa politesse ordinaire qu'on ne mangeait
point ses freres sur les bords du Gange : il lui expliqua le système qui fut, après tant de siecles, celui de Pythagore, de Porphyre, d'Iamblique ; sur
quoi mylord s'endormit, et ne fit qu'un somme
jusqu'à ce qu'on fût arrivé à sa maison.

Il avait une femme jeune et charmante, à qui la
nature avait donné une ame aussi vive et aussi sensible que celle de son mari était indifférente : plusieurs seigneurs albioniens étaient venus ce jour-là
dîner avec elle. Il y avait des caracteres de toutes les
especes ; car le pays n'ayant presque jamais été gouverné que par des étrangers, les familles venues
avec ces princes avaient toutes apporté des mœurs
différentes. Il se trouva dans la compagnie des gens
très aimables, d'autres d'un esprit supérieur, quelques uns d'une science profonde.

La maîtresse de la maison n'avait rien de cet air
emprunté et gauche, de cette roideur, de cette mauvaise honte, qu'on reprochait alors aux jeunes
femmes d'Albion ; elle ne cachait point par un
maintien dédaigneux et par un silence affecté la
stérilité de ses idées et l'embarras humiliant de n'a-
voir rien à dire ; nulle femme n'était plus engageante.
Elle reçut Amazan avec la politesse et les graces
qui lui étaient naturelles. L'extrême beauté de ce
jeune étranger, et la comparaison soudaine qu'elle

fit entre lui et son mari, la frapperent d'abord sen-
siblement.

On servit. Elle fit asseoir Amazan à côté d'elle, et
lui fit manger des *puddings* de toute espece, ayant
su de lui que les Gangarides ne se nourrissaient de
rien qui eût reçu des dieux le don céleste de la vie :
sa beauté, sa force, les mœurs des Gangarides, les
progrès des arts, la religion, et le gouvernement,
furent le sujet d'une conversation aussi agréable
qu'instructive pendant le repas, qui dura jusqu'à la
nuit, et pendant lequel mylord Qu'importe but beaucoup et ne dit mot.

Après le dîner, pendant que mylady versait du thé,
et qu'elle dévorait des yeux le jeune homme, il s'en-
tretenait avec un membre du parlement; car chacun
sait que dès-lors il y avait un parlement, et qu'il
s'appelait *Witten-agemot*, ce qui signifie *l'assemblée des gens d'esprit*. Amazan s'informait de la
constitution, des mœurs, des lois, des forces, des
usages, des arts qui rendaient ce pays si recomman-
dable : et ce seigneur lui parlait en ces termes :

Nous avons long-temps marché tout nus, quoique
le climat ne soit pas chaud : nous avons été long-
temps traités en esclaves par des gens venus de l'antique terre de Saturne, arrosée des eaux du Tibre ;
mais nous nous sommes fait nous-mêmes beaucoup
plus de maux que nous n'en avions essuyé de nos
premiers vainqueurs. Un de nos rois poussa la bas-
sesse jusqu'à se déclarer sujet d'un prêtre qui demeurait aussi sur les bords du Tibre, et qu'on appelait le Vieux des sept montagnes; tant la destinée
de ces sept montagnes a été long-temps de dominer

sur une grande partie de l'Europe habitée alors par
des brutes !

Après ces temps d'avilissement sont venus des
siecles de férocité et d'anarchie. Notre terre, plus
orageuse que les mers qui l'environnent, a été sac-
cagée et ensanglantée par nos discordes ; plusieurs
tètes couronnées ont péri par le dernier supplice ;
plus de cent princes du sang des rois ont fini leurs
jours sur l'échafaud ; on a arraché le cœur à tous
leurs adhérents, et on en a battu leurs joues : c'était
au bourreau qu'il appartenait d'écrire l'histoire de
notre isle, puisque c'était lui qui avait terminé toutes
les grandes affaires.

Il n'y a pas long-temps que, pour comble d'horreur. quelques personnes portant un manteau noir,
et d'autres qui mettaient une chemise blanche par-
dessus leur jaquette, ayant été mordues par des
chiens enragés, communiquerent la rage à la nation
entiere : tous les citoyens furent ou meurtriers, ou
égorgés, ou bourreaux, ou suppliciés, ou déprédateurs, ou esclaves, au nom du ciel et en cherchant le
Seigneur.

Qui croirait que de cet abyme épouvantable, de
ce chaos de dissentions, d'atrocités, d'ignorauce, et
de fanatisme, il est enfin résulté le plus parfait gouvernement peut-être qui soit aujourd'hui dans le
moude ? un roi honoré et riche, tout-puissant pour
faire le bien, impuissant pour faire le mal, est à la
tête d'une nation libre, guerriere, commerçante, et
éclairée. Les grands d'un côté, et les représentants
des villes de l'autre, partagent la législation avec le
monarque.

On avait vu, par une fatalité singuliere, le désordre, les guerres civiles, l'anarchie et la pauvreté désoler le pays quand les rois affectaient le pouvoir arbitraire ; la tranquillité, la richesse, la félicité publique, n'ont régné chez nous que quand les rois ont reconnu qu'ils n'étaient pas absolus : tout était subverti quand on disputait sur des choses inintelligibles ; tout a été dans l'ordre quand on les a méprisées. Nos flottes victorieuses portent notre gloire sur toutes les mers, et les lois mettent en sûreté nos fortunes : jamais un juge ne peut les expliquer arbitrairement ; jamais on ne rend un arrêt qui ne soit motivé : nous punirions comme des assassins des juges qui oseraient envoyer à la mort un citoyen sans manifester les témoignages qui l'accusent, et la loi qui le condamne.

Il est vrai qu'il y a toujours chez nous deux partis qui se combattent avec la plume et avec des intrigues ; mais aussi ils se réunissent toujours quand il s'agit de prendre les armes pour défendre la patrie et la liberté : ces deux partis veillent l'un sur l'autre ; ils s'empêchent mutuellement de violer le dépôt sacré des lois : ils se haïssent, mais ils aiment l'état ; ce sont des amants jaloux qui servent à l'envi la même maîtresse.

Du même fonds d'esprit qui nous a fait connaître et soutenir les droits de la nature humaine, nous avons porté les sciences au plus haut point où elles puissent parvenir chez les hommes. Vos Egyptiens qui passent pour de si grands mécaniciens, vos Indiens qu'on croit de si grands philosophes, vos Babyloniens qui se vantent d'avoir observé les astres pendant quatre cents trente mille années, les Grecs qui ont écrit tant de phrases et si peu de choses, ne savent précisément rien en comparaison de nos moindres écoliers qui ont étudié les découvertes de nos grands maîtres. Nous avons arraché plus de secrets à la nature dans l'espace de cent années, que le genre humain n'en avait découvert dans la multitude des siecles.

Voilà au vrai l'état où nous sommes. Je ne vous ai caché ni le bien, ni le mal, ni nos opprobres, ni notre gloire ; et je n'ai rien exagéré.

Amazan, à ce discours, se sentit pénétré du desir de s'instruire dans ces sciences sublimes dont on lui parlait ; et si sa passion pour la princesse de Babylone, son respect filial pour sa mere qu'il avait quittée, et l'amour de sa patrie n'eussent fortement parlé à son cœur déchiré, il aurait voulu passer sa vie dans l'isle d'Albion : mais ce malheureux baiser donné par sa princesse au roi d'Egypte ne lui laissait pas assez de liberté dans l'esprit pour étudier les hautes sciences.

Je vous avoue, dit-il, que, m'étant imposé la loi de courir le monde et de m'éviter moi-même, je serais curieux de voir cette antique terre de Saturne, ce peuple du Tibre et des sept montagnes à qui vous avez obéi autrefois ; il faut sans doute que ce soit le premier peuple de la terre. Je vous conseille de faire ce voyage, lui répondit l'Albionien, pour peu que vous aimiez la musique et la peinture ; nous allons très souvent nous-mêmes porter quelquefois notre ennui vers les sept montagnes : mais vous serez bien étonné en voyant les descendants de nos vainqueurs.

Cette conversation fut longue. Quoique le bel Amazan eût la cervelle un peu attaquée, il parlait avec tant d'agréments, sa voix était si touchante, son maintien si noble et si doux, que la maîtresse de la maison ne put s'empêcher de l'entretenir à son tour tête à tête ; elle lui serra tendrement la main en lui parlant, et en le regardant avec des yeux humides et étincelants qui portaient les desirs dans tous les ressorts de la vie : elle le retint à souper et à coucher ; chaque parole, chaque instant, chaque regard, enflammerent sa passion. Dès que tout le monde fut retiré, elle lui écrivit un petit billet, ne doutant pas qu'il ne vînt lui faire la cour dans son lit tandis que mylord Qu'importe dormait dans le sien. Amazan eut encore le courage de résister ; tant un grain de folie produit d'effets miraculeux dans une ame forte et profondément blessée !

Amazan, selon sa coutume, fit à la dame une réponse respectueuse par laquelle il lui représentait la sainteté de son serment, et l'obligation étroite où il était d'apprendre à la princesse de Babylone à domter ses passions ; après quoi il fit atteler ses licornes, et repartit pour la Batavie, laissant toute la compagnie émerveillée de lui, et la dame du logis désespérée. Dans l'excès de sa douleur, elle laissa traîner la lettre d'Amazan ; mylord Qu'importe la lut le lendemain matin : Voilà, dit-il en levant les épaules, de bien plates niaiseries ; et il alla chasser au renard avec quelques ivrognes du voisinage.

Amazan voguait déja sur la mer, muni d'une carte

géographique dont lui avait fait présent le savant albionien qui s'était entretenu avec lui chez mylord
Qu'importe : il voyait avec surprise une grande partie de la terre sur une feuille de papier.

Ses yeux et son imagination s'égarerent dans ce
petit espace : il regardait le Rhin, le Danube, les
Alpes du Tirol, marqués alors par d'autres noms,
et tous les pays par où il devait passer avant d'arriver à la ville des sept montagnes ; mais sur-tout il
jetait les yeux sur la contrée des Gangarides, sur
Babylone où il avait vu sa chere princesse ; et sur le
fatal pays de Bassora où elle avait donné un baiser
au roi d'Egypte ; il soupirait, il versait des larmes :
mais il convenait que l'Albionien qui lui avait fait
présent de l'univers en raccourci n'avait point eu
tort en disant qu'on était mille fois plus instruit sur
les bords de la Tamise, que sur ceux du Nil, de l'Euphrate, et du Gange.

Comme il retournait en Batavie Formosante volait vers Albion avec ses deux vaisseaux qui cin-
glaient à pleines voiles ; celui d'Amazan et celui de
la princesse se croiserent, se toucherent presque :
les deux amants étaient près l'un de l'autre, et ne
pouvaient s'en douter. Ah ! s'ils l'avaient su ! mais
l'impérieuse destinée ne le permit pas.

§. IX.

Sitôt qu'Amazan fut débarqué sur le terrein égal
et fangeux de la Batavie, il partit comme un éclair
pour la ville aux sept montagnes. Il fallut traverser
la partie méridionale de la Germanie : de quatre

milles en quatre milles on trouvait un prince et une princesse, des filles d'honneur, et des gueux. Il était étonné des coquetteries que ces dames et ces filles d'honneur lui faisaient par-tout avec la bonne foi germanique; et il n'y répondait que par de modestes refus. Après avoir franchi les Alpes, il s'embarqua sur la mer de Dalmatie, et aborda dans une ville qui ne ressemblait en rien du tout à ce qu'il avait vu jusqu'alors : la mer formait les rues, les maisons étaient bâties dans l'eau; le peu de places publiques qui ornaient cette ville était couvert d'hommes et de femmes qui avaient un double visage, celui que la nature leur avait donné, et une face de carton mal peint qu'ils appliquaient par-dessus; en sorte que la nation semblait composée de spectres. Les étrangers qui venaient dans cette contrée commençaient par acheter un visage, comme on se pourvoit ailleurs de bonnets et de souliers. Amazan dédaigna cette mode contre nature, il se présenta tel qu'il était. Il y avait dans la ville douze mille filles enregistrées dans le grand livre de la république; filles utiles à l'état, chargées du commerce le plus avantageux et le plus agréable qui ait jamais enrichi une nation. Les négociants ordinaires envoyaient à grands frais et à grands risques des étoffes dans l'orient : ces belles négociantes faisaient, sans aucun risque, un trafic toujours renaissant de leurs attraits. Elles vinrent toutes se présenter au bel Amazan, et lui offrir le choix; il s'enfuit au plus vite en prononçant le nom de l'incomparable princesse de Babylone, et en jurant par les dieux immortels qu'elle était plus belle que toutes les douze mille filles vénitiennes: Sublime fripponne, s'écriait-il dans ses transports, je vous apprendrai à être fidele!

Enfin les ondes jaunes du Tibre, des marais empestés, des habitants hàves, décharnés et rares, couverts de vieux manteaux troués qui laissaient voir leur peau seche et tannée, se présenterent à ses yeux, et lui annoncerent qu'il était à la porte de la ville aux sept montagnes, de cette ville de héros et de législateurs, qui avaient conquis et policé une grande partie du globe.

Il s'était imaginé qu'il verrait à la porte triomphale cinq cents bataillons commandés par des héros, et dans le sénat une assemblée de demidieux donnant des lois à la terre; il trouva, pour toute armée, une trentaine de gredins montant la garde avec un parasol, de peur du soleil. Ayant pénétré jusqu'à un temple, qui lui parut très beau, mais moins que celui de Babylone, il fut assez surpris d'y entendre une musique exécutée par des hommes qui avaient des voix de femmes.

Voilà, dit-il, un plaisant pays que cette antique terre de Saturne! J'ai vu une ville où personne n'avait son visage; en voici une autre où les hommes n'ont ni leur voix ni leur barbe. On lui dit que ces chantres n'étaient plus hommes, qu'on les avait dépouillés de leur virilité, afin qu'ils chantassent plus agréablement les louanges d'une prodigieuse quantité de gens de mérite; Amazan ne comprit rien à ce discours: ces messieurs le prierent de chanter; il chanta un air gangaride avec sa grace ordinaire: sa voix était une très belle haute-contre. Ah! mon signor, lui dirent-ils, quel charmant soprano

vous auriez! ah! si.... — Comment si? que pré-
tendez-vous dire ? — Ah, mon signor! .... — Eh
bien? — Si vous n'aviez point de barbe! Alors ils
lui expliquerent très plaisamment, et avec des gestes
fort comiques, selon leur coutume, de quoi il était
question. Amazan demeura tout confondu. J'ai
voyagé, dit-il, et jamais je n'ai entendu parler
d'une telle fantaisie.

Lorsqu'on eut bien chanté, le Vieux des sept
montagnes alla en grand cortege à la porte du temple ; il coupa l'air en quatre avec le pouce élevé,
deux doigts étendus et deux autres pliés, en disant
ces mots dans une langue qu'on ne parlait plus, *A
la ville et à l'univers* (1). Le Gangaride ne pouvait
comprendre que deux doigts pussent atteindre si
loin.

Il vit bientôt défiler toute la cour du maître du
monde ; elle était composée de graves personnages,
les uns en robes rouges, les autres en violet : presque tous regardaient le bel Amazan en adoucissant
les yeux ; ils lui faisaient des révérences, et se disaient l'un à l'autre, *San Martino, che bel' ra-
gazzo! San Pancratio, che bel' fanciullo!*

Les ardents, dont le métier était de montrer aux
étrangers les curiosités de la ville, s'empresserent
de lui faire voir des masures où un muletier ne voudrait pas passer la nuit, mais qui avaient été autrefois de dignes monuments de la grandeur d'un peuple
roi. Il vit encore des tableaux de deux cents ans, et

---

(1) Urbi et orbi.

des statues de plus de vingt siecles, qui lui parurent des chefs-d'œuvre. Faites-vous encore de pareils ouvrages? Non, votre excellence, lui répondit un des ardents ; mais nous méprisons le reste de la terre, parceque nous conservons ces raretés : nous sommes des especes de frippiers qui tirons notre gloire des vieux habits qui restent dans nos magasins.

Amazan voulut voir le palais du prince ; on l'y conduisit: il vit des hommes en violet qui comptaient l'argent des revenus de l'état, tant d'une terre située sur le Danube, tant d'une autre sur la Loire, ou sur le Guadalquivir, ou sur la Vistule. Oh, oh! dit Amazan après avoir consulté sa carte de géographie, votre maître possede donc toute l'Europe comme ces anciens héros des sept montagnes? Il doit posséder l'univers entier de droit divin, lui répondit un violet; et même il a été un temps où ses prédécesseurs ont approché de la monarchie universelle : mais leurs successeurs ont la bonté de se contenter aujourd'hui de quelque argent que les rois leurs sujets leur font payer en forme de tribut.

Votre maître est donc en effet le roi des rois, c'est donc là son titre? dit Amazan. Non, votre excellence, son titre est *serviteur des serviteurs ;* il est originairement poissonnier et portier, et c'est pourquoi les emblêmes de sa dignité sont des clefs et des filets ; mais il donne toujours des ordres à tous les rois : il n'y a pas long-temps qu'il envoya cent et un commandements à un roi du pays des Celtes, et le roi obéit.

Votre poissonnier, dit Amazan, envoya donc cinq ou six cents mille hommes pour faire exécuter ses cent et une volontés ?

Point du tout, votre excellence ; notre saint maitre n'est point assez riche pour soudoyer dix mille soldats ; mais il a quatre à cinq cents mille prophetes divins distribués dans les autres pays : ces prophetes, de toutes couleurs, sont, comme de raison, nourris aux dépens des peuples ; ils annoncent de la part du ciel que mon maitre peut avec ses clefs ouvrir et fermer toutes les serrures, et sur-tout celles des coffres forts : un prêtre normand, qui avait auprès du roi dont je vous parle la charge de confident de ses pensées, le convainquit qu'il devait obéir sans réplique aux cent et une pensées de mon maitre ; car il faut que vous sachiez qu'une des prérogatives du Vieux des sept montagnes est d'avoir toujours raison, soit qu'il daigne parler, soit qu'il daigne écrire.

Parbleu, dit Amazan, voilà un singulier homme, je serais curieux de dîner avec lui. Votre excellence, quand vous seriez roi, vous ne pourriez manger à sa table ; tout ce qu'il pourrait faire pour vous ce serait de vous en faire servir une à côté de lui plus petite et plus basse que la sienne : mais, si vous voulez avoir l'honneur de lui parler, je lui demanderai audience pour vous, moyennant la *buona mancia* que vous aurez la bonté de me donner. Très volontiers, dit le Gangaride. Le violet s'inclina. Je vous introduirai demain, dit-il ; vous ferez trois génuflexions, et vous baiserez les pieds du Vieux des sept montagnes. A ces mots Amazan fit de si prodigieux éclats de rire, qu'il fut près de suffoquer ; il sortit en se tenant les côtés, et rit aux larmes pendant tout

le chemin, jusqu'à ce qu'il fût arrivé à son hôtellerie, où il rit encore très long-temps.

A son dîner il se présenta vingt hommes sans
barbe et vingt violons qui lui donnerent un concert.
Il fut courtisé le reste de la journée par les seigneurs
les plus importants de la ville : ils lui firent des propositions encore plus étranges que celle de baiser
les pieds du Vieux des sept montagnes. Comme il
était extrêmement poli, il crut d'abord que ces messieurs le prenaient pour une dame, et les avertit de
leur méprise avec l'honnêteté la plus circonspecte ;
mais étant pressé un peu vivement par deux ou trois
des plus déterminés violets, il les jeta par les fenê-
tres, sans croire faire un grand sacrifice à la belle
Formosante. Il quitta au plus vîte cette ville des
maîtres du monde, où il fallait baiser un vieillard
à l'orteil, comme si sa joue était à son pied, et où
l'on n'abordait les jeunes gens qu'avec des cérémonies encore plus bizarres.

§. X.

De province en province, ayant toujours repoussé
les agaceries de toute espèce, toujours fidele à la
princesse de Babylone, toujours en colere contre le
roi d'Egypte, ce modele de constance parvint à la
capitale nouvelle des Gaules. Cette ville avait passé,
comme tant d'autres, par tous les degrés de la barbarie, de l'ignorance, de la sottise, et de la misere:
son premier nom avait été la boue et la crotte ; ensuite elle avait pris celui d'Isis, du culte d'Isis par-

venu jusque chez elle : son premier sénat avait été
une compagnie de bateliers ; elle avait été long-temps
esclave des héros déprédateurs des sept montagnes ;
et après quelques siecles , d'autres héros brigands ,
venus de la rive ultérieure du Rhin , s'étaient empa-
rés de son petit terrain.

Le temps, qui change tout, en avait fait une ville
dont la moitié était très noble et très agréable ,
l'autre un peu grossiere et ridicule : c'était l'emblême de ses habitants. Il y avait dans son enceinte
environ cent mille personnes au moins qui n'avaient
rien à faire qu'à jouer et à se divertir : ce peuple
d'oisifs jugeait des arts que les autres cultivaient ;
ils ne savaient rien de ce qui se passait à la cour,
quoiqu'elle ne fût qu'à quatre petits milles d'eux ;
il semblait qu'elle en fût à six cents milles au moins :
la douceur de la société, la gaieté, la frivolité, étaient
leur importante et leur unique affaire : on les gou-
vernait comme des enfants à qui l'on prodigue des
jouets pour les empêcher de crier : si on leur parlait
des horreurs qui avaient deux siecles auparavant
désolé leur patrie, et des temps épouvantables où
la moitié de la nation avait massacré l'autre pour
des sophismes, ils disaient qu'en effet cela n'était pas
bien , et puis ils se mettaient à rire et à chanter des
vaudevilles.

Plus les oisifs étaient polis, plaisants, et aimables,
plus on observait un triste contraste entre eux et
des compagnies d'occupés.

Il était parmi ces occupés, ou qui prétendaient
l'être , une troupe de sombres fanatiques, moitié absurdes, moitié frippons, dont le seul aspect contristait

la terre, et qui l'auraient bouleversée, s'ils l'avaient
pu, pour se donner un peu de crédit ; mais la nation
des oisifs, en dansant et en chantant, les faisait rentrer dans leurs cavernes, comme les oiseaux obligent
les chats-huants à se replonger dans les trous des
masures.

D'autres occupés, en plus petit nombre, étaient
les conservateurs d'anciens usages barbares contre
lesquels la nature effrayée réclamait à haute voix ;
ils ne consultaient que leurs registres rongés des
vers : s'ils y voyaient une coutume insensée et horrible, ils la regardaient comme une loi sacrée. C'est
par cette lâche habitude de n'oser penser par eux-
mêmes, et de puiser leurs idées dans les débris des
temps où l'on ne pensait pas, que dans la ville des
plaisirs il était encore des mœurs atroces. C'est par
cette raison qu'il n'y avait nulle proportion entre
les délits et les peines : on faisait quelquefois souffrir mille morts à un innocent, pour lui faire avouer
un crime qu'il n'avait pas commis.

On punissait une étourderie de jeune homme
comme on aurait puni un empoisonnement ou un
parricide. Les oisifs en poussaient des cris perçants,
et le lendemain ils n'y pensaient plus, et ne parlaient que de modes nouvelles.

Ce peuple avait vu s'écouler un siecle entier pendant lequel les beaux arts s'éleverent à un degré de
perfection qu'on n'aurait jamais osé espérer : les
étrangers venaient alors, comme à Babylone, admirer
les grands monuments d'architecture, les prodiges des
jardins, les sublimes efforts de la sculpture et de la

peinture ; ils étaient enchantés d'une musique qui allait à l'ame sans étonner les oreilles.

La vraie poésie, c'est-à-dire celle qui est naturelle et harmonieuse, celle qui parle au cœur autant qu'à l'esprit, ne fut connue de la nation que dans cet heureux siecle. De nouveaux genres d'éloquence déployerent des beautés sublimes : les théâtres sur-tout retentirent des chefs-d'œuvre dont aucun peuple n'approcha jamais ; enfin le bon goût se répandit dans toutes les professions, au point qu'il y eut de bons écrivains même chez les druides.

Tant de lauriers, qui avaient levé leurs têtes jusqu'aux nues, se sécherent bientôt dans une terre épuisée; il n'en resta qu'un très petit nombre dont les feuilles étaient d'un verd pâle et mourant. La décadence fut produite par la facilité de faire, et par la paresse de bien faire, par la satiété du beau , et par le goût du bizarre. La vanité protégea des artistes qui ramenaient les temps de la barbarie ; et cette même vanité, en persécutant les talents véritables, les força de quitter leur patrie : les frélons firent disparaître les abeilles.

Presque plus de véritables arts, presque plus de génie; le mérite consistait à raisonner à tort et à travers sur le mérite du siecle passé : le barbouilleur des murs d'un cabaret critiquait savamment les tableaux des grands peintres ; les barbouilleurs de papier défiguraient les ouvrages des grands écrivains : l'ignorance et le mauvais goût avaient d'autres barbouilleurs à leurs gages ; on répétait les mêmes choses dans cent volumes sous des titres différents ; tout était ou dictionnaire ou brochure. Un gazetier

druide écrivait deux fois par semaine les annales
obscures de quelques énergumènes ignorés de la nation, et des prodiges célestes opérés dans des galetas
par de petits gueux et de petites gueuses ; d'autres
ex-druides vêtus de noir, près de mourir de colere
et de faim, se plaignaient dans cent écrits qu'on ne
leur permît plus de tromper les hommes, et qu'on
laissât ce droit à des boucs vêtus de gris ; quelques
archi-druides imprimaient des libelles diffamatoires.

Amazan ne savait rien de tout cela ; et quand il
l'aurait su, il ne s'en serait guere embarrassé, n'ayant
la tête remplie que de la princesse de Babylone, du
roi d'Egypte, et de son serment inviolable de mépri-
ser toutes les coquetteries des dames, dans quelque
pays que le chagrin conduisît ses pas.

Toute la populace légere, ignorante, et toujours
poussant à l'excès cette curiosité naturelle au genre
humain, s'empressa long-temps auprès de ses licornes ; les femmes, plus sensées, forcerent les portes
de son hôtel pour contempler sa personne.

Il témoigna d'abord à son hôte quelque desir d'aller à la cour ; mais des oisifs de bonne compagnie,
qui se trouverent là par hasard, lui dirent que ce
n'était plus la mode, que les temps étaient bien
changés, et qu'il n'y avait plus de plaisirs qu'à
la ville. Il fut invité le soir même à souper par une
dame dont l'esprit et les talents étaient connus hors
de sa patrie, et qui avait voyagé dans quelques pays
où Amazan avait passé ; il goûta fort cette dame
et la société rassemblée chez elle : la liberté y était
décente, la gaieté n'y était point bruyante, la
science n'y avait rien de rebutant, et l'esprit rien

d'apprêté. Il vit que le nom de bonne compagnie n'est pas un vain nom, quoiqu'il soit souvent usurpé. Le lendemain il dîna dans une société non moins aimable, mais beaucoup plus voluptueuse. Plus il fut satisfait des convives, plus on fut content de lui. Il sentit son cœur s'amollir et se dissoudre comme les aromates de son pays se fondent doucement à un feu modéré, et s'exhalent en parfums délicieux.

Après le dîner, on le mena à un spectacle enchanteur, condamné par les druides, parcequ'il leur enlevait les auditeurs dont ils étaient le plus jaloux. Ce spectacle était un composé de vers agréables, de chants délicieux, de danses qui exprimaient les mouvements de l'ame, et de perspectives qui charmaient les yeux en les trompant. Ce genre de plaisir, qui rassemblait tant de genres, n'était connu que sous un nom étranger; il s'appelait opéra; ce qui signifiait autrefois, dans la langue des sept montagnes, travail, soin, occupation, industrie, entreprise, besogne, affaire. Cette affaire l'enchanta. Une fille sur-tout le charma par sa voix mélodieuse, et par les graces qui l'accompagnaient: cette fille d'affaire, après le spectacle, lui fut présentée par ses nouveaux amis; il lui fit présent d'une poignée de diamants. Elle en fut si reconnaissante qu'elle ne put le quitter du reste du jour. Il soupa avec elle; et pendant le repas il oublia sa sobriété, et après le repas il oublia son serment d'être toujours insensible à la beauté, et inexorable aux tendres coquetteries. Quel exemple de la faiblesse humaine!

La belle princesse de Babylone arrivait alors avec le phénix, sa femme de chambre Irla, et ses deux cents cavaliers gangarides, montés sur leurs licornes. Il fallut attendre assez long-temps pour qu'on ouvrît les portes. Elle demanda d'abord si le plus beau des hommes, le plus courageux, le plus spirituel, et le plus fidele, était encore dans cette ville. Les magistrats virent bien qu'elle voulait parler d'Amazan. Elle se fit conduire à son hôtel; elle entra, le cœur palpitant d'amour; toute son ame était pénétrée de l'inexprimable joie de revoir enfin dans son amant le modele de la constance. Rien ne put l'empêcher d'entrer dans sa chambre; les rideaux étaient ouverts; elle vit le bel Amazan dormant entre les bras d'une jolie brune: ils avaient tous deux un très grand besoin de repos.

Formosante jeta un cri de douleur qui retentit dans toute la maison, mais qui ne put éveiller ni son cousin, ni la fille d'affaire: elle tomba pâmée entre les bras d'Irla. Dès qu'elle eut repris ses sens, elle sortit de cette chambre fatale avec une douleur mêlée de rage. Irla s'informa quelle était cette jeune demoiselle qui passait des heures si douces avec le bel Amazan. On lui dit que c'était une fille d'affaire fort complaisante, qui joignait à ses talents celui de chanter avec assez de grace. O juste ciel! ô puissant Orosmade! s'écriait la belle princesse de Babylone tout en pleurs, par qui suis-je trahie, et pour qui! ainsi donc celui qui a refusé pour moi tant de princesses m'abandonne pour une farceuse des Gaules! non, je ne pourrai survivre à cet affront.

Madame, lui dit Irla, voilà comme sont faits tous les jeunes gens d'un bout du monde à l'autre:

fussent-ils amoureux d'une beauté descendue du ciel, ils lui feraient dans de certains moments des infidélités pour une servante de cabaret.

C'en est fait, dit la princesse, je ne le reverrai de ma vie ; partons dans l'instant même, et qu'on attelle mes licornes. Le phénix la conjura d'attendre au moins qu'Amazan fût éveillé, et qu'il pût lui parler. Il ne le mérite pas, dit la princesse ; vous m'offenseriez cruellement ; il croirait que je vous ai prié de lui faire des reproches, et que je veux me raccommoder avec lui : si vous m'aimez, n'ajoutez pas cette injure à l'injure qu'il m'a faite. Le phénix, qui après tout devait la vie à la fille du roi de Babylone, ne put lui désobéir. Elle repartit avec tout son monde. Où allons-nous? madame, lui demandait Irla. Je n'en sais rien, répondait la princesse ; nous prendrons le premier chemin que nous trouverons ; pourvu que je fuie Amazan pour jamais, je suis contente. Le phénix, qui était plus sage que Formosante, parcequ'il était sans passion, la consolait en chemin ; il lui remontrait avec douceur qu'il était triste de se punir pour les fautes d'un autre ; qu'Amazan lui avait donné des preuves assez éclatantes et assez nombreuses de fidélité, pour qu'elle pût lui pardonner de s'être oublié un moment ; que c'était un juste à qui la grace d'Orosmade avait manqué, et qu'il n'en serait que plus constant désormais dans l'amour et dans la vertu ; que le desir d'expier sa faute le mettrait au-dessus de lui-même ; qu'elle n'en serait que plus heureuse ; que plusieurs grandes princesses avant elle avaient pardonné de semblables écarts, et s'en étaient bien trouvées. Il lui en rapportait des exemples; et il possédait tellement l'art de conter, que le cœur de Formosante fut enfin plus calme et plus paisible. Elle aurait voulu n'être point sitôt partie; elle trouvait que ses licornes allaient trop vite : mais elle n'osait revenir sur ses pas; combattue entre l'envie de pardonner et celle de montrer sa colere, entre son amour et sa vanité, elle laissait aller ses licornes; elle courait le monde selon la prédiction de l'oracle de son pere.

Amazan à son réveil apprend l'arrivée et le départ de Formosante et du phénix; il apprend le désespoir et le courroux de la princesse; on lui dit qu'elle a juré de ne lui pardonner jamais : Il ne me reste plus, s'écria-t-il, qu'à la suivre et à me tuer à ses pieds.

Ses amis de la bonne compagnie des oisifs accoururent au bruit de cette aventure; tous lui remontrerent qu'il valait infiniment mieux demeurer avec eux; que rien n'était comparable à la douce vie qu'ils menaient dans le sein des arts et d'une volupté tranquille et délicate; que plusieurs étrangers, et des rois même, avaient préféré ce repos, si agréablement occupé et si enchanteur, à leur patrie et à leur trône; que d'ailleurs sa voiture était brisée, et qu'un sellier lui en faisait une à la nouvelle mode; que le meilleur tailleur de la ville lui avait déja coupé une douzaine d'habits du dernier goût; que les dames les plus spirituelles et les plus aimables de la ville, chez qui on jouait très bien la comédie, avaient retenu chacune leur jour pour lui donner des fêtes. La fille d'affaire, pendant ce temps-là, prenait son chocolat à sa toilette, riait, chantait, et faisait des agaceries au bel Amazan, qui s'apperçut enfin qu'elle n'avait pas le sens d'un oison.

Comme la sincérité, la cordialité, la franchise, ainsi que la magnanimité et le courage, composaient le caractere de ce grand prince, il avait conté ses malheurs et ses voyages à ses amis ; ils savaient qu'il était cousin issu de germain de la princesse ; ils étaient informés du baiser funeste donné par elle au roi d'Egypte. On se pardonne, lui dirent-ils, ces petites frasques entre parents, sans quoi il faudrait passer sa vie dans d'éternelles querelles. Rien n'ébranla son dessein de courir après Formosante ; mais sa voiture n'étant pas prête, il fut obligé de passer trois jours parmi les oisifs, dans les fêtes et dans les plaisirs : enfin il prit congé d'eux en les embrassant, en leur faisant accepter les diamants de son pays les mieux montés, en leur recommandant d'être toujours légers et frivoles, puisqu'ils n'en étaient que plus aimables et plus heureux. Les Germains, disait-il, sont les vieillards de l'Europe, les peuples d'Albion sont les hommes faits, les habitants de la Gaule sont les enfants, et j'aime à jouer avec eux.

§. XI.

Ses guides n'eurent pas de peine à suivre la route de la princesse ; on ne parlait que d'elle et de son gros oiseau : tous les habitants étaient encore dans l'enthousiasme de l'admiration. Les peuples de la Dalmatie et de la Marche d'Ancône éprouvèrent de

puis une surprise moins délicieuse, quand ils virent
une maison voler dans les airs; les bords de la Loire,
de la Dordogne, de la Garonne, de la Gironde, re-
tentissaient encore d'acclamations.

Quand Amazan fut au pied des Pyrénées, les
magistrats et les druides du pays lui firent danser
malgré lui un tambourin; mais sitôt qu'il eut franchi les Pyrénées, il ne vit plus de gaieté ni de joie.
S'il entendit quelques chansons de loin à loin, elles
étaient toutes sur un ton triste: les habitants mar-
chaient gravement, avec des grains enfilés et un
poignard à leur ceinture; la nation, vêtue de noir,
semblait être en deuil. Si les domestiques d'Amazan
interrogeaient les passants, ceux-ci répondaient par
signes; si on entrait dans une hôtellerie, le maître
de la maison enseignait aux gens en trois paroles
qu'il n'y avait rien dans la maison, et qu'on pouvait
envoyer chercher à quelques milles les choses dont
on avait un besoin pressant.

Quand on demandait à ces silenciaires s'ils
avaient vu passer la belle princesse de Babylone,
ils répondaient avec moins de brièveté: Nous l'avons
vue, elle n'est pas si belle; il n'y a de beau que
les teints basanés; elle étale une gorge d'albâtre, qui
est la chose du monde la plus dégoûtante, et qu'on
ne connaît presque point dans nos climats.

Amazan avançait vers la province arrosée du
Bétis. Il ne s'était pas écoulé plus de douze mille
années depuis que ce pays avait été découvert par
les Tyriens, vers le même temps qu'ils firent la découverte de la grande isle Atlantique, submergée
quelques siecles après. Les Tyriens cultivèrent la

Bétique, que les naturels du pays laissaient en friche, prétendant qu'ils ne devaient se mêler de rien, et que c'était aux Gaulois leurs voisins à venir cultiver leurs terres. Les Tyriens avaient amené avec eux des Palestins, qui dès ce temps-là couraient dans tous les climats, pour peu qu'il y eût de l'argent à gagner. Ces Palestins, en prêtant sur gages à cinquante pour cent, avaient attiré à eux presque toutes les richesses du pays. Cela fit croire aux peuples de la Bétique que les Palestins étaient sorciers; et tous ceux qui étaient accusés de magie étaient brûlés sans miséricorde par une compagnie de druides qu'on appelait *les rechercheurs* ou *les anthropokaies*. Ces prêtres les revêtaient d'abord d'un habit de masque, s'emparaient de leurs biens, et récitaient dévotement les propres prieres des Palestins, tandis qu'on les cuisait à petit feu *por l'amor de Dios*.

La princesse de Babylone avait mis pied à terre dans la ville qu'on appela depuis Sevilla. Son dessein était de s'embarquer sur le Bétis pour retourner par Tyr à Babylone revoir le roi Bélus son pere, et oublier, si elle pouvait, son infidele amant, ou bien le demander en mariage. Elle fit venir chez elle deux Palestins qui faisaient toutes les affaires de la cour. Ils devaient lui fournir trois vaisseaux. Le phénix fit avec eux tous les arrangements nécessaires, et convint du prix après avoir un peu disputé.

L'hôtesse était fort dévote, et son mari, non moins dévot, était familier, c'est-à-dire espion des druides rechercheurs anthropokaies; il ne manqua pas de les avertir qu'il avait dans sa maison une sorcière et deux Palestius qui faisaient un pacte avec le diable déguisé en gros oiseau doré. Les rechercheurs apprenant que la dame avait une prodigieuse quantité de diamants, la jugerent incontinent sorciere; ils attendirent la nuit pour renfermer les deux cents cavaliers et les licornes qui dormaient dans de vastes écuries; car les rechercheurs sont poltrons.

Après avoir bien barricadé les portes, ils se saisirent de la princesse et d'Irla; mais ils ne purent prendre le phénix, qui s'envola à tire d'ailes : il se doutait bien qu'il trouverait Amazan sur le chemin des Gaules à Sevilla.

Il le rencontra sur la frontiere de la Bétique, et lui apprit le désastre de la princesse. Amazan ne put parler; il était trop saisi, trop en fureur : il s'arme d'une cuirasse d'acier damasquiné d'or, d'une lance de douze pieds, de deux javelots, et d'une épée tranchante appelée *la fulminante*, qui pouvait fendre d'un seul coup des arbres, des rochers, et des druides; il couvre sa belle tête d'un casque d'or ombragé de plumes de héron et d'autruche : c'était l'ancienne armure de Magog, dont sa sœur Aldée lui avait fait présent dans son voyage en Scythie; le peu de suivants qui l'accompagnaient montent comme lui chacun sur sa licorne.

Amazan, en embrassant son cher phénix, ne lui dit que ces tristes paroles : Je suis coupable; si je n'avais pas couché avec une fille d'*affaire* dans la ville des oisifs, la belle princesse de Babylone ne serait pas dans cet état épouvantable ; courons aux anthropokaies. Il entre bientôt dans Sevilla ; quinze cents alguazils gardaient les portes de l'enclos où les deux cents Gangarides et leurs licornes étaient renfermés sans avoir à manger ; tout était préparé pour le sacrifice qu'on allait faire de la princesse de Babylone, de sa femme de chambre Irla, et de deux riches Palestins.

Le grand anthropokaie, entouré de ses petits anthropokaies, était déja sur son tribunal sacré ; une foule de Sévillois portant des grains enfilés à leurs ceintures, joignaient les deux mains sans dire un mot ; et l'on amenait la belle princesse, Irla, et les deux Palestins les mains liées derriere le dos, et vêtus d'un habit de masque.

Le phénix entré par une lucarne dans la prison, où les Gangarides commençaient déja à enfoncer les portes ; l'invincible Amazan les brisait en dehors. Ils sortent tous armés, tous sur leurs licornes ; Amazan se met à leur tête : il n'eut pas de peine à renverser les alguazils, les familiers, les prêtres anthropokaies ; chaque licorne en perçait des douzaines à la fois ; la fulminante d'Amazan coupait en deux tous ceux qu'il rencontrait ; le peuple fuyait en manteau noir et en fraise sale, toujours tenant à la main ses grains bénis *por l'amor de Dios.*

Amazan saisit de sa main le grand rechercheur sur son tribunal, et le jette sur le bûcher qui était préparé à quarante pas ; il y jeta aussi les autres petits rechercheurs l'un après l'autre : il se prosterne ensuite aux pieds de Formosante. Ah ! que vous êtes aimable ! dit-elle, et que je vous adore rais , si vous ne m'aviez pas fait une infidélité avec une fille d'*affaire !*

Tandis qu'Amazan faisait sa paix avec la princesse , tandis que les Gangarides entassaient dans le bûcher les corps de tous les anthropokaies , et que les flammes s'élevaient jusqu'aux nues, Amazan vit de loin comme une armée qui venait à lui : un vieux monarque , la couronne en tête , s'avançait sur un char traîné par huit mules attelées avec des cordes ; cent autres chars suivaient ; ils étaient accompagnés de graves personnages en manteau noir et en fraise , montés sur de très beaux chevaux ; une multitude de gens à pied suivait en cheveux gras et en silence.

D'abord Amazan fit ranger autour de lui ses Gangarides , et s'avança la lance en arrêt. Dès que le roi l'apperçut , il ôta sa couronne, descendit de son char , embrassa l'étrier d'Amazan , et lui dit : « Homme « envoyé de Dieu , vous êtes le vengeur du genre « humain , le libérateur de ma patrie , mon protec- « teur. Ces monstres sacrés dont vous avez purgé la « terre étaient mes maîtres au nom du *Vieux des* « *sept montagnes* ; j'étais forcé de souffrir leur « puissance criminelle ; mon peuple m'aurait aban- « donné si j'avais voulu seulement modérer leurs « abominables atrocités : d'aujourd'hui je respire , « je regne, et je vous le dois. »

Ensuite il baisa respectueusement la main de Formosante , et la supplia de vouloir bien monter avec Amazan, Irla, et le phénix, dans son carrosse à huit mules. Les deux Palestins , banquiers de la cour , encore prosternés à terre de frayeur et de re-

connaissance, se relevèrent ; et la troupe des licornes
suivit le roi de la Bétique dans son palais.

Comme la dignité du roi d'un peuple grave exigeait que ses mules allassent au petit pas, Amazan
et Formosante eurent le temps de lui conter leurs
aventures. Il entretint aussi le phénix, il l'admira
et le baisa cent fois. Il comprit combien les peuples
d'occident, qui mangeaient les animaux, et qui
n'entendaient plus leur langage, étaient ignorants,
brutaux, et barbares ; que les seuls Gangarides
avaient conservé la nature et la dignité primitive
de l'homme : mais il convenait sur-tout que les plus
barbares des mortels étaient ces rechercheurs anthropokaies dont Amazan venait de purger le monde ;
il ne cessait de le bénir et de le remercier. La belle
Formosante oubliait déja l'aventure de la fille d'*affaire*, et n'avait l'ame remplie que de la valeur du
héros qui lui avait sauvé la vie. Amazan, instruit
de l'innocence du baiser donné au roi d'Egypte, et
de la résurrection du phénix, goûtait une joie
pure, et était animé du plus violent amour.

On dîna au palais, et on y fit assez mauvaise
chere ; les cuisiniers de la Bétique étaient les plus
mauvais de l'Europe : Amazan conseilla d'en faire
venir des Gaules : les musiciens du roi exécuterent
pendant le repas cet air célebre qu'on appela dans
la suite des siecles *les folies d'Espagne*. Après le
repas on parla d'affaires.

Le roi demanda au bel Amazan, à la belle Formosante, et au beau phénix, ce qu'ils prétendaient
devenir. Pour moi, dit Amazan, mon intention est
de retourner à Babylone, dont je suis l'héritier pré-

somptif, et de demander à mon oncle Bélus ma cousine issue de germaine, l'incomparable Formosante, à moins qu'elle n'aime mieux vivre avec moi chez les Gangarides.

Mon dessein, dit la princesse, est assurément de ne jamais me séparer de mon cousin issu de germain; mais je crois qu'il convient que je me rende auprès du roi mon pere, d'autant plus qu'il ne m'a donné permission que d'aller en pélerinage à Bassora, et que j'ai couru le monde. Pour moi, dit le phénix, je suivrai par-tout ces deux tendres et généreux amants.

Vous avez raison, dit le roi de la Bétique; mais le retour de Babylone n'est pas si aisé que vous le pensez; je sais tous les jours des nouvelles de ce pays-là par les vaisseaux tyriens, et par mes banquiers palestins qui sont en correspondance avec tous les peuples de la terre: tout est en armes vers l'Euphrate et le Nil; le roi de Scythie redemande l'héritage de sa femme à la tête de trois cents mille guerriers tous à cheval; le roi d'Egypte et le roi des Indes désolent aussi les bords du Tigre et de l'Euphrate, chacun à la tête de trois cents mille hommes, pour se venger de ce qu'on s'est moqué d'eux: pendant que le roi d'Egypte est hors de son pays, son ennemi le roi d'Ethiopie ravage l'Egypte avec trois cents mille hommes; et le roi de Babylone n'a encore que six cents mille hommes sur pied pour se défendre.

Je vous avoue, continua le roi, que lorsque j'entends parler de ces prodigieuses armées que l'orient vomit de son sein, et de leur étonnante magnificence, quand je les compare à nos petits corps de vingt à trente mille soldats qu'il est si difficile de vêtir et de nourrir, je suis tenté de croire que l'orient a été fait bien long-temps avant l'occident; il semble que nous soyons sortis avant-hier du chaos, et hier de la barbarie.

Sire, dit Amazan, les derniers venus l'emportent quelquefois sur ceux qui sont entrés les premiers dans la carriere. On pense dans mon pays que l'homme est originaire de l'Inde; mais je n'en ai aucune certitude.

Et vous, dit le roi de la Bétique au phénix, qu'en pensez-vous? Sire, répondit le phénix, je suis encore trop jeune pour être instruit de l'antiquité: je n'ai vécu qu'environ vingt-sept mille ans; mais mon pere, qui avait vécu cinq fois cet âge, me disait qu'il avait appris de son pere que les contrées de l'orient avaient toujours été plus peuplées et plus riches que les autres; il tenait de ses ancêtres que les générations de tous les animaux avaient commencé sur les bords du Gange: pour moi, je n'ai pas la vanité d'être de cette opinion; je ne puis croire que les renards d'Albion, les marmottes des Alpes, et les loups de la Gaule viennent de mon pays; de même que je ne crois pas que les sapins et les chênes de vos contrées descendent des palmiers et des cocotiers des Indes.

Mais d'où venons-nous donc? dit le roi. Je n'en sais rien, dit le phénix; je voudrais seulement savoir où la belle princesse de Babylone et mon cher ami Amazan pourront aller. Je doute fort, repartit le roi, qu'avec ses deux cents licornes il soit en état de percer à travers tant d'armées de trois cents mille hommes chacune. Pourquoi non? dit Amazan.

Le roi de la Bétique sentit le sublime du *pourquoi non?* mais il crut que le sublime seul ne suffisait pas contre des armées innombrables. Je vous conseille, dit-il, d'aller trouver le roi d'Ethiopie; je suis en relation avec ce prince noir par le moyen de mes Palestins; je vous donnerai des lettres pour lui : puisqu'il est l'ennemi du roi d'Egypte, il sera trop heureux d'être fortifié par votre alliance. Je puis vous aider de deux mille hommes très sobres et très braves; il ne tiendra qu'à vous d'en engager autant chez les peuples qui demeurent, ou plutôt qui sautent au pied des Pyrénées, et qu'on appelle *Vasques* ou *Vascons*: envoyez un dé vos guerriers sur une licorne avec quelques diamants, il n'y a point de Vascon qui ne quitte le castel, c'est-à-dire la chaumiere de son pere pour vous servir; ils sont infatigables, courageux, et plaisants; vous en serez très satisfait. En attendant qu'ils soient arrivés nous vous donnerons des fêtes, et nous vous préparerons des vaisseaux: je ne puis trop reconnaître le service que vous m'avez rendu.

Amazan jouissait du bonheur d'avoir retrouvé Formosante, et de goûter en paix dans sa conversation tous les charmes de l'amour réconcilié, qui valent presque ceux de l'amour naissant.

Bientôt une troupe fiere et joyeuse de Vascons arriva en dansant au tambourin; l'autre troupe fiere et sérieuse de Bétiquois était prête. Le vieux roi tanné embrassa tendrement les deux amants ; il fit charger leurs vaisseaux d'armes, de lits, de jeux d'échecs, d'habits noirs, de goliles, d'oignons, de moutons, de poules, de farine, et de beaucoup d'ail, en leur souhaitant une heureuse traversée, un amour constant, et des victimes.

La flotte aborda le rivage où l'on dit que tant de siecles après la phénicienne Didon, sœur d'un Pygmalion, épouse d'un Sychée, ayant quitté cette ville de Tyr, vint fonder la superbe ville de Carthage, en coupant un cuir de bœuf en lanieres, selon le témoignage des plus graves auteurs de l'antiquité, lesquels n'ont jamais conté de fables, et selon les professeurs qui ont écrit pour les petits garçons, quoiqu'après tout il n'y ait jamais eu personne à Tyr qui se soit appelé Pygmalion, ou Didon, ou Sychée, qui sont des noms entièrement grecs, et quoiqu'enfin il n'y eût point de roi à Tyr en ces temps-là.

La superbe Carthage n'était point encore un port de mer ; il n'y avait là que quelques Numides qui faisaient sécher des poissons au soleil. On côtoya la Bizacene et les Syrthes, les bords fertiles où furent depuis Cyrene et la grande Chersonese.

Enfin on arriva vers la premiere embouchure du fleuve sacré du Nil. C'est à l'extrémité de cette terre fertile que le port de Canope recevait déja les vaisseaux de toutes les nations commerçantes, sans qu'on sût si le dieu Canope avait fondé le port, ou si les habitants avaient fabriqué le dieu, ni si l'étoile Canope avait donné son nom à la ville, ou si la ville avait donné le sien à l'étoile :

tout ce qu'on en savait c'est que la ville et l'étoile étaient fort anciennes ; et c'est tout ce qu'on peut savoir de l'origine des choses, de quelque nature qu'elles puissent être.

Ce fut là que le roi d'Ethiopie, ayant ravagé toute l'Egypte, vit débarquer l'invincible Amazan et l'adorable Formosante : il prit l'un pour le dieu des combats, et l'autre pour la déesse de la beauté. Amazan lui présenta la lettre de recommandation du roi d'Espagne. Le roi d'Ethiopie donna d'abord des fêtes admirables, suivant la coutume indispensable des temps héroïques ; ensuite on parla d'aller exterminer les trois cents mille hommes du roi d'Egypte, les trois cents mille hommes de l'empereur des Indes, et les trois cents mille hommes du grand kan des Scythes, qui assiégeaient l'immense, l'orgueilleuse, la voluptueuse ville de Babylone.

Les deux mille Espagnols qu'Amazan avait amenés avec lui dirent qu'ils n'avaient que faire du roi d'Ethiopie pour secourir Babylone ; que c'était assez que leur roi leur eût ordonné d'aller la délivrer, qu'il suffisait d'eux pour cette expédition.

Les Vascons dirent qu'ils en avaient bien fait d'autres ; qu'ils battraient tout seuls les Egyptiens, les Indiens, et les Scythes, et qu'ils ne voulaient marcher avec les Espagnols qu'à condition que ceux-ci seraient à l'arriere-garde.

Les deux cents Gangarides se mirent à rire des prétentions de leurs alliés, et ils soutinrent qu'avec cent licornes seulement ils feraient fuir tous les rois de la terre. La belle Formosante les appaisa par sa prudence et par ses discours enchanteurs. Amazan présenta au monarque noir ses Gangarides, ses licornes, les Espagnols, les Vascons, et son bel oiseau.

Tout fut prêt bientôt pour marcher par Memphis, par Héliopolis, par Arsinoé, par Pétra, par Artémite, par Sora, par Apamée, pour aller attaquer les trois rois, et pour faire cette guerre mémorable devant laquelle toutes les guerres que les hommes ont faites depuis n'ont été que des combats de coqs et de cailles.

Chacun sait comment le roi d'Ethiopie devint amoureux de la belle Formosante, et comment il la surprit au lit, lorsqu'un doux sommeil fermait ses longues paupieres. On se souvient qu'Amazan, témoin de ce spectacle, crut voir le jour et la nuit couchant ensemble. On n'ignore pas qu'Amazan, indigné de l'affront, tira soudain sa fulminante, qu'il coupa la tête perverse du negre insolent, et qu'il chassa tous les Ethiopiens d'Egypte. Ces prodiges ne sont-ils pas écrits dans le livre des chroniques d'Egypte? La renommée a publié de ses cent bouches les victoires qu'il remporta sur les trois rois avec ses Espagnols, ses Vascons, et ses licornes. Il rendit la belle Formosante à son pere; il délivra toute la suite de sa maîtresse que le roi d'Egypte avait réduite en esclavage. Le grand kan des Scythes se déclara son vassal, et son mariage avec la princesse Aldée fut confirmé. L'invincible et généreux Amazan, reconnu pour héritier du royaume de Babylone, entra dans la ville en triomphe avec le phénix, en présence de cent rois tributaires. La fête de son mariage surpassa en tout celle que le roi Bélus avait donnée. On servit à table le bœuf Apis rôti. Le roi d'Egypte et celui des Indes donnerent à boire aux deux époux, et ces noces furent célébrées par cinq cents grands poëtes de Babylone.

O Muses! qu'on invoque toujours au commencement de son ouvrage, je ne vous implore qu'à la fin. C'est en vain qu'on me reproche de dire graces sans avoir dit *benedicite*. Muses! vous n'en serez pas moins mes protectrices. Empêchez que des continuateurs téméraires ne gâtent par leurs fables les vérités que j'ai enseignées aux mortels dans ce fidele récit, ainsi qu'ils ont osé falsifier Candide, l'Ingénu, et les chastes aventures de la chaste Jeanne, qu'un ex-capucin a défigurées par des vers dignes des capucins, dans des éditions bataves. Qu'ils ne fassent pas ce tort à mon typographe, chargé d'une nombreuse famille, et qui possede à peine de quoi avoir des caracteres, du papier, et de l'encre.

O Muses! imposez silence au détestable Cogé, professeur de bavarderie au college Mazarin, qui n'a pas été content des discours moraux de Bélisaire et de l'empereur Justinien, et qui a écrit de vilains libelles diffamatoires contre ces deux grands hommes.

Mettez un bâillon au pédant Larcher, qui, sans savoir un mot de l'ancien babylonien, sans avoir voyagé comme moi sur les bords de l'Euphrate et du Tigre, a eu l'impudence de soutenir que la belle Formosante, fille du plus grand roi du monde, et la princesse Aldée, et toutes les femmes de cette respectable cour, allaient coucher avec tous les palefreniers de l'Asie, pour de l'argent, dans le grand temple de Babylone, par principe de religion. Ce libertin de college, votre ennemi et celui de la pudeur, accuse les belles Egyptiennes de Mendès de n'avoir aimé que des boucs, se proposant en secret, par cet exemple, de faire un tour en Egypte pour avoir enfin de bonnes aventures.

Comme il ne connaît pas plus le moderne que l'antique, il insinue, dans l'espérance de s'introduire auprès de quelque vieille, que l'incomparable Ninon, à l'âge de quatre-vingts ans, coucha avec l'abbé Gédouin, de l'académie française et de celle des inscriptions et belles lettres. Il n'a jamais entendu parler de l'abbé de Châteauneuf, qu'il prend pour l'abbé Gédouin. Il ne connaît pas plus Ninon que les filles de Babylone.

Muses, filles du ciel, votre ennemi Larcher fait plus ; il se répand en éloges sur la pédérastie ; il ose dire que tous les bambins de mon pays sont sujets à cette infamie. Il croit se sauver en augmentant le nombre des coupables.

Nobles et chastes Muses, qui détestez également le pédantisme et la pédérastie, protégez-moi contre maître Larcher !

Et vous, maître Aliboron, dit Fréron, ci-devant soi-disant jésuite ; vous dont le Parnasse est tantôt à Bicêtre, et tantôt au cabaret du coin ; vous à qui l'on a rendu tant de justice sur tous les théâtres de l'Europe, dans l'honnête comédie de l'Ecossaise ; vous, digne fils du prêtre Desfontaines, qui naquîtes de ses amours avec un de ces beaux enfants qui portent un fer et un bandeau comme le fils de Vénus, et qui s'élancent comme lui dans les airs, quoiqu'ils n'aillent jamais qu'au haut des cheminées; mon cher Aliboron, pour qui j'ai toujours eu tant de tendresse, et qui m'avez fait rire un mois de suite du temps de cette Écossaise, je vous recommande ma Princesse de Babylone : dites-en bien du mal, afin qu'on la lise.

Je ne vous oublierai point ici, gazetier ecclésiastique, illustre orateur des convulsionnaires, pere de l'église fondée par l'abbé Bécherand et par Abraham Chaumeix; ne manquez pas de dire dans vos feuilles, aussi pieuses qu'éloquentes et sensées, que la Princesse de Babylone est hérétique, déiste, et athée. Tâchez sur-tout d'engager le sieur Riballier à faire condamner la Princesse de Babylone par la Sorbonne; vous ferez grand plaisir à mon libraire, à qui j'ai donné cette petite histoire pour ses étrennes.

FIN DE LA PRINCESSE DE BABYLONE.

LE BLANC
ET LE NOIR.

Tout le monde, dans la province de Candahar, connaît l'aventure du jeune Rustan : il était fils unique d'un mirza du pays ; c'est comme qui dirait marquis parmi nous, ou baron chez les Allemands. Le mirza son pere avait un bien honnête. On devait marier le jeune Rustan à une demoiselle ou mirzasse de sa sorte : les deux familles le desiraient passionnément ; il devait faire la consolation de ses parents, rendre sa femme heureuse, et l'être avec elle.

Mais par malheur il avait vu la princesse de Cachemire à la foire de Cabul, qui est la foire la plus considérable du monde, et incomparablement plus fréquentée que celle de Bassora et d'Astracan ; et voici pourquoi le vieux prince de Cachemire était venu à la foire avec sa fille.

Il avait perdu les deux plus rares pieces de son trésor : l'une était un diamant gros comme le pouce, sur lequel sa fille était gravée par un art que les Indiens possédaient alors, et qui s'est perdu depuis ; l'autre était un javelot qui allait de lui-même où l'on voulait, ce qui n'est pas une chose bien extraordinaire parmi nous, mais qui l'était à Cachemire.

Un faquier de son altesse lui vola ces deux bijoux ; il les porta à la princesse. Gardez soigneusement ces deux pieces, lui dit-il ; votre destinée en dépend. Il partit alors, et on ne le revit plus. Le duc de Cachemire au désespoir résolut d'aller voir à la foire de Cabul, si, de tous les marchands qui s'y rendent des quatre coins du monde, il n'y en aurait pas un qui eût son diamant et son arme. Il menait sa fille avec lui dans tous ses voyages. Elle porta son diamant bien enfermé dans sa ceinture ; mais pour le javelot, qu'elle ne pouvait si bien cacher, elle l'avait enfermé soigneusement à Cachemire dans son grand coffre de la Chine.

Rustan et elle se virent à Cabul ; ils s'aimerent avec toute la bonne foi de leur âge, et toute la tendresse de leur pays. La princesse, pour gage de son amour, lui donna son diamant, et Rustan lui promit à son départ de l'aller voir secrètement à Cachemire.

Le jeune mirza avait deux favoris, qui lui servaient de secrétaires, d'écuyers, de maîtres d'hôtel, et de valets de chambre. L'un s'appelait Topaze ; il était beau, bien fait, blanc comme une Circassienne, doux et serviable comme un Arménien, sage comme un Guebre. L'autre se nommait Ebene ; c'était un negre fort joli, plus empressé, plus industrieux que Topaze, et qui ne trouvait rien de difficile. Il leur communiqua le projet de son voyage : Topaze tâcha de l'en détourner avec le zele circonspect d'un serviteur qui ne voulait pas lui déplaire : il lui représenta tout ce qu'il hasardait. Comment laisser deux familles au désespoir ? comment mettre le couteau dans le cœur de ses parents ? Il ébranla Rustan ; mais Ebene le raffermit, et leva tous ses scrupules.

Le jeune homme manquait d'argent pour un si long voyage : le sage Topaze ne lui en aurait pas fait prêter ; Ebene y pourvut. Il prit adroitement le diamant de son maître, en fit faire un faux tout semblable qu'il remit à sa place, et donna le véritable en gage à un Arménien pour quelque milliers de roupies.

Quand le marquis eut ses roupies, tout fut prêt pour le départ. On chargea un éléphant de son bagage ; on monta à cheval. Topaze dit à son maître : J'ai pris la liberté de vous faire des remontrances sur votre entreprise ; mais, après avoir remontré, il faut obéir : je suis à vous, je vous aime, je vous suivrai jusqu'au bout du monde ; mais consultons en chemin l'oracle qui est à deux parasanges d'ici. Rustan y consentit. L'oracle répondit : « Si tu vas à l'orient, tu seras à l'occident ». Rustan ne comprit rien à cette réponse : Topaze soutint qu'elle ne contenait rien de bon, Ebene, toujours complaisant, lui persuada qu'elle était très favorable.

Il y avait encore un autre oracle dans Cabul ; ils y allèrent. L'oracle de Cabul répondit en ces mots : « Si tu possedes, tu ne posséderas pas ; si tu es vainqueur, tu ne vaincras pas , si tu es Rustan, tu ne le seras pas ». Cet oracle parut encore plus inintelligible que l'autre : Prenez garde à vous , disait Topaze ; Ne redoutez rien, disait Ebene ; et ce ministre, comme on peut le croire, avait toujours raison auprès de son maître , dont il encourageoit la passion et l'espérance.

Au sortir de Cabul, on marcha par une grande forêt, on s'assit sur l'herbe pour manger, on laissa

les chevaux paître. On se préparait à décharger
l'éléphant qui portait le dîner et le service, lorsqu'on apperçut que Topaze et Ebene n'étaient plus
avec la petite caravane. On les appelle ; la forêt retentit des noms d'Ebene et de Topaze : les valets
les cherchent de tous côtés, et remplissent la forêt,
de leurs cris ; ils reviennent sans avoir rien vu,
sans qu'on leur ait répondu. Nous n'avons trouvé,
dirent-ils à Rustan, qu'un vautour qui se battait,
avec un aigle, et qui lui ôtait toutes ses plumes.
Le récit de ce combat piqua la curiosité de Rustan ;
il alla à pied sur le lieu ; il n'apperçut ni vautour
ni aigle, mais il vit son éléphant, encore tout
chargé de son bagage, qui était assailli par un gros
rhinocéros. L'un frappait de sa corne, l'autre de
sa trompe. Le rhinocéros lâcha prise à la vue de
Rustan ; on ramena son éléphant, mais on ne trouva
plus les chevaux. Il arrive d'étranges choses dans
les forêts quand on voyage, s'écriait Rustan. Les
valets étaient consternés, et le maître au désespoir
d'avoir perdu à la fois ses chevaux, son cher negre,
et le sage Topaze, pour lequel il avait toujours eu
de l'amitié, quoiqu'il ne fût jamais de son avis.

L'espérance d'être bientôt aux pieds de la belle
princesse de Cachemire le consolait, quand il rencontra un grand âne rayé, à qui un rustre vigoureux
et terrible donnait cent coups de bâton. Rien n'est
si beau, ni si rare, ni si léger à la course que les
ânes de cette espece : celui-ci répondait aux coups
redoublés du vilain par des ruades qui auraient pu
déraciner un chêne. Le jeune mirza prit, comme
de raison, le parti de l'âne, qui était une créature

charmante. Le rustre s'enfuit en disant à l'âne, Tu me le paieras. L'âne remercia son libérateur en son langage, s'approcha, se laissa caresser, et caressa. Rustan monte dessus après avoir dîné, et prend le chemin de Cachemire avec ses domestiques, qui suivent les uns à pied, les autres montés sur l'éléphant.

A peine était-il sur son âne, que cet animal tourne vers Cabul, au lieu de suivre la route de Cachemire. Son maître a beau tourner la bride, donner des saccades, serrer les genoux, appuyer des éperons, rendre la bride, tirer à lui, fouetter à droite et à gauche, l'animal opiniâtre courait toujours vers Cabul.

Rustan suait, se démenait, se désespérait, quand il rencontre un marchand de chameaux qui lui dit : Maître, vous avez là un âne bien malin, qui vous mene où vous ne voulez pas aller; si vous voulez me le céder, je vous donnerai quatre de mes chameaux à choisir. Rustan remercia la Providence de lui avoir procuré un si bon marché. Topaze avait grand tort, dit-il, de me dire que mon voyage serait malheureux. Il monte sur le plus beau chameau, les trois autres suivent; il rejoint sa caravane, et se voit dans le chemin de son bonheur.

A peine a-t-il marché quatre parasanges qu'il est arrêté par un torrent profond, large, et impétueux, qui roulait des rochers blanchis d'écume. Les deux rivages étaient des précipices affreux qui éblouissaient la vue et glaçaient le courage; nul moyen de passer, nul d'aller à droite ou à gauche. Je commence à craindre, dit Rustan, que Topaze n'ait eu raison de blâmer mon voyage, et moi grand tort

de l'entreprendre : encore s'il était ici, il me pourrait donner quelques bons avis : si j'avais Ebene,
il me consolerait, et il trouverait des expédients ;
mais tout me manque. Son embarras était augmenté
par la consternation de sa troupe : la nuit était
noire ; on la passa à se lamenter. Enfin la fatigue
et l'abattement endormirent l'amoureux voyageur.
Il se réveille au point du jour, et voit un beau pont
de marbre élevé sur le torrent d'une rive à l'autre.

Ce furent des exclamations, des cris d'étonnement et de joie. Est-il possible ? est-ce un songe ?
quel prodige ! quel enchantement ! oserons - nous
passer ? Toute la troupe se mettait à genoux, se relevait, allait au pont, baisait la terre, regardait le
ciel, étendait les mains, posait le pied en tremblant,
allait, revenait, était en extase ; et Rustan disait :
Pour le coup le ciel me favorise ; Topaze ne savait
ce qu'il disait ; les oracles étaient en ma faveur :
Ebene avait raison ; mais pourquoi n'est-il pas ici ?

A peine la troupe fut-elle au-delà du torrent que
voilà le pont qui s'abyme dans l'eau avec un fracas
épouvantable. Tant mieux ! tant mieux ! s'écria Rustan ; Dieu soit loué ! le ciel soit béni ! il ne veut
pas que je retourne dans mon pays, où je n'aurais
été qu'un simple gentilhomme ; il veut que j'épouse
ce que j'aime : je serai prince de Cachemire ; c'est
ainsi qu'en possédant ma maîtresse je ne posséderai
pas mon petit marquisat à Candahar ; je serai Rustan, et je ne le serai pas, puisque je deviendrai un
grand prince : voilà une grande partie de l'oracle
expliquée nettement en ma faveur ; le reste s'expli-
quera de même ; je suis trop heureux : mais pour-

quoi Ebene n'est-il pas auprès de moi? je le regrette mille fois plus que Topaze.

Il avança encore quelques parasanges avec la plus grande alégresse ; mais sur la fin du jour une enceinte de montagnes plus roides qu'une contrescarpe et plus hautes que n'aurait été la tour de Babel si elle avait été achevée, barra entièrement la caravane saisie de crainte.

Tout le monde s'écria : Dieu veut que nous périssions ici ; il n'a brisé le pont que pour nous ôter tout espoir de retour ; il n'a élevé la montagne que pour nous priver de tout moyen d'avancer : ô Rustan ! ô malheureux marquis ! nous ne verrons jamais Cachemire, nous ne rentrerons jamais dans la terre de Candahar.

La plus cuisante douleur, l'abattement le plus accablant, succédaient dans l'ame de Rustan à la joie immodérée qu'il avait ressentie, aux espérances dont il s'était enivré : il était bien loin d'interpréter les prophéties à son avantage. O ciel ! ô Dieu paternel ! faut-il que j'aie perdu mon ami Topaze !

Comme il prononçait ces paroles en poussant de profonds soupirs et en versant des larmes au milieu de ses suivants désespérés, voilà la base de la montagne qui s'ouvre ; une longue galerie en voûte, éclairée de cent mille flambeaux, se présente aux yeux éblouis ; et Rustan de s'écrier, et ses gens de se jeter à genoux, et de tomber d'étonnement à la renverse, et de crier miracle ! et de dire : Rustan est le favori de Vitsnou, le bien-aimé de Brama, il sera le maître du monde. Rustan le croyait, il était hors de lui, élevé au-dessus de lui-même. Ah ! Ebene, mon cher Ebene ! où êtes-vous ? que n'êtes-vous témoin de toutes ces merveilles ! comment vous ai-je perdu ? belle princesse de Cachemire , quand reverrai-je vos charmes ?

Il avance avec ses domestiques, son éléphant, ses chameaux, sous la voûte de la montagne, au bout de laquelle il entre dans une prairie émaillée de fleurs, et bordée de ruisseaux : au bout de la prairie ce sont des allées d'arbres à perte de vue, et au bout de ces allées une riviere, le long de laquelle sont mille maisons de plaisance avec des jardins délicieux : il entend par-tout des concerts de voix et d'instruments ; il voit des danses : il se hâte de passer un des ponts de la riviere ; il demande au premier homme qu'il rencontre quel est ce beau pays.

Celui auquel il s'adressait lui répondit : Vous êtes dans la province de Cachemire ; vous voyez les habitants dans la joie et dans les plaisirs : nous célébrons les noces de notre belle princesse qui va se marier avec le seigneur Barbabou à qui son pere l'a promise ; que Dieu perpétue leur félicité ! A ces paroles Rustan tomba évanoui ; et le seigneur cachemirien crut qu'il était sujet à l'épilepsie ; il le fit porter dans sa maison, où il fut long-temps sans connaissance. On alla chercher les deux plus habiles médecins du canton ; ils tâterent le pouls du malade, qui, ayant repris un peu ses esprits, poussait des sanglots, roulait les yeux, et s'écriait de temps en temps : Topaze, Topaze, vous aviez bien raison !

L'un des deux médecins dit au seigneur cachemirien : Je vois à son accent que c'est un jeune homme de Candahar à qui l'air de ce pays ne vaut rien, il faut le renvoyer chez lui : je vois à ses yeux qu'il est devenu fou ; confiez-le-moi, je le remenerai dans sa patrie, et je le guérirai. L'autre médecin assura qu'il n'était malade que de chagrin, qu'il fallait le mener aux noces de la princesse, et le faire danser. Pendant qu'ils consultaient, le malade reprit ses forces : les deux médecins furent congédiés, et Rustan demeura tête à tête avec son hôte.

Seigneur, lui dit-il, je vous demande pardon de m'être évanoui devant vous, je sais que cela n'est pas poli ; je vous supplie de vouloir bien accepter mon éléphant en reconnaissance des bontés dont vous m'avez honoré. Il lui conta ensuite toutes ses aventures, en se gardant bien de lui parler de l'objet de son voyage. Mais au nom de Vitsnou et de Brama, lui dit-il, apprenez-moi quel est cet heureux Barbabou qui épouse la princesse de Cachemire, pourquoi son père l'a choisi pour gendre, et pourquoi la princesse l'a accepté pour son époux.

Seigneur, lui dit le Cachemirien, la princesse n'a point du tout accepté Barbabou, au contraire elle est dans les pleurs, tandis que toute la province célèbre avec joie son mariage : elle est enfermée dans la tour de son palais, elle ne veut voir aucune des réjouissances qu'on fait pour elle. Rustan, en entendant ces paroles, se sentit renaître ; l'éclat de ses couleurs, que la douleur avait flétries, reparut sur son visage. Dites-moi, je vous prie, continua-t-il, pourquoi le prince de Cachemire s'obstine à donner sa fille à un Barbabou dont elle ne veut pas.

Voici le fait, répondit le Cachemirien : savez-vous que notre auguste prince avait perdu un gros diamant et un javelot qui lui tenaient fort au cœur ? Ah ! je le sais très bien, dit Rustan. Apprenez donc, dit l'hôte, que notre prince, au désespoir de n'avoir point de nouvelles de ses deux bijoux, après les avoir fait long-temps chercher par toute la terre, a promis sa fille à quiconque lui rapporterait l'un ou l'autre. Il est venu un seigneur Barbabou qui était muni du diamant, et il épouse demain la princesse.

Rustan pâlit, bégaya un compliment, prit congé de son hôte, et courut sur son dromadaire à la ville capitale où se devait faire la cérémonie. Il arrive au palais du prince, il dit qu'il a des choses importantes à lui communiquer ; il demande une audience ; on lui répond que le prince est occupé des préparatifs de la noce : C'est pour cela même, dit-il, que je veux lui parler. Il presse tant qu'il est introduit. Monseigneur, dit-il, que Dieu couronne tous vos jours de gloire et de magnificence ! votre gendre est un frippon.

Comment un frippon ? qu'osez-vous dire ? est-ce ainsi qu'on parle à un duc de Cachemire du gendre qu'il a choisi ? Oui, un frippon, reprit Rustan, et pour le prouver à votre altesse, c'est que voici votre diamant que je vous rapporte.

Le duc tout étonné confronta les deux diamants ; et comme il ne s'y connaissait guere, il ne put dire quel était le véritable. Voilà deux diamants, dit-il, et je n'ai qu'une fille ; me voilà dans un étrange embarras ! Il fit venir Barbabou, et lui demanda s'il ne l'avait point trompé. Barbabou jura qu'il avait

acheté son diamant d'un Arménien : l'autre ne disait
pas de qui il tenait le sien ; mais il proposa un expé-
dient ; ce fut qu'il plût à son altesse de le faire combattre sur-le-champ contre son rival. Ce n'est pas
assez que votre gendre donne un diamant, disait-il,
il faut aussi qu'il donne des preuves de valeur : ne
trouvez-vous pas bon que celui qui tuera l'autre
épouse la princesse ? Très bon, répondit le prince ;
ce sera un fort beau spectacle pour la cour : battez-
vous vite tous deux ; le vainqueur prendra les armes du vaincu, selon l'usage de Cachemire, et il
épousera ma fille.

Les deux prétendants descendent aussitôt dans la
cour. Il y avait sur l'escalier une pie et un corbeau :
le corbeau criait, Battez-vous, battez-vous ; la pie,
Ne vous battez pas. Cela fit rire le prince ; les deux
rivaux y prirent garde à peine : ils commencent le
combat ; tous les courtisans faisaient un cercle autour d'eux. La princesse, se tenant toujours renfer-
mée dans sa tour, ne voulut point assister à ce spectacle ; elle était bien loin de se douter que son amant
fût à Cachemire, et elle avait tant d'horreur pour
Barbabou qu'elle ne voulait rien voir. Le combat
se passa le mieux du monde ; Barbabou fut tué roide ;
et le peuple en fut charmé parcequ'il était laid, et
que Rustan était fort joli : c'est presque toujours
ce qui décide de la faveur publique.

Le vainqueur revêtit la cotte de maille, l'écharpe,
et le casque du vaincu, et vint suivi de toute la
cour, au son des fanfares, se présenter sous les fe-
nêtres de sa maîtresse. Tout le monde criait : Belle

princesse, venez voir votre beau mari qui a tué son vilain rival ; ses femmes répétaient ces paroles. La princesse mit par malheur la tête à la fenêtre, et voyant l'armure d'un homme qu'elle abhorrait, elle courut en désespérée à son coffre de la Chine, et tira le javelot fatal, qui alla percer son cher Rustan au défaut de la cuirasse : il jeta un grand cri ; et à ce cri la princesse crut reconnaître la voix de son malheureux amant.

Elle descend échevelée, la mort dans les yeux et dans le cœur. Rustan était déja tombé tout sanglant dans les bras de son pere. Elle le voit : ô moment ! ô vue ! ô reconnaissance dont on ne peut exprimer ni la douleur, ni la tendresse, ni l'horreur ! elle se jette sur lui, elle l'embrasse : Tu reçois, lui dit-elle, les premiers et les derniers baisers de ton amante et de ta meurtriere : elle retire le dard de la plaie, l'enfonce dans son cœur, et meurt sur l'amant qu'elle adore. Le pere épouvanté, éperdu, prêt à mourir comme elle, tâche en vain de la rappeler à la vie ; elle n'était plus : il maudit ce dard fatal, le brise en morceaux, jette au loin ses deux diamants funestes ; et tandis qu'on prépare les funérailles de sa fille, au lieu de son mariage, il fait transporter dans son palais Rustan ensanglanté, qui avait encore un reste de vie.

On le porte dans un lit. La premiere chose qu'il voit aux deux côtés de ce lit de mort, c'est Topaze et Ebene. Sa surprise lui rendit un peu de force : Ah ! cruels, dit-il, pourquoi m'avez-vous abandonné ? peut-être la princesse vivrait encore, si vous aviez été près du malheureux Rustan. Je ne vous ai pas abandonné un seul moment, dit Topaze. J'ai toujours été près de vous, dit Ebene.

Ah! que dites-vous? pourquoi insulter à mes derniers moments? répondit Rustan d'une voix languissante. Vous pouvez m'en croire, dit Topaze; vous savez que je n'approuvai jamais ce fatal voyage dont je prévoyais les horribles suites: c'est moi qui étais l'aigle qui a combattu contre le vautour, et qu'il a déplumé; j'étais l'éléphant qui emportait le bagage pour vous forcer à retourner dans votre patrie; j'étais l'âne rayé qui vous ramenait malgré vous chez votre pere; c'est moi qui ai égaré vos chevaux; c'est moi qui ai formé le torrent qui vous empêchait de passer; c'est moi qui ai élevé la montagne qu. vous fermait un chemin si funeste; j'étais le médecin qui vous conseillait l'air natal; j'étais la pie qui vous criait de ne point combattre.

Et moi, dit Ebene, j'étais le vautour qui a déplumé l'aigle, le rhinocéros qui donnait cent coups de cornes à l'éléphant, le vilain qui battait l'âne rayé, le marchand qui vous donnait des chameaux pour courir à votre perte; j'ai bâti le pont sur lequel vous avez passé; j'ai creusé la caverne que vous avez traversée; je suis le médecin qui vous encourageait à marcher, le corbeau qui vous criait de vous battre.

Hélas! souviens-toi des oracles! dit Topaze: Si tu vas à l'orient tu seras à l'occident. Oui, dit Ebene, on ensevelit ici les morts le visage tourné à l'occident: l'oracle était clair, que ne l'as-tu compris? Tu as possédé, et tu ne possédais pas; car tu avais le diamant, mais il était faux, et tu n'en savais rien : tu es vainqueur, et tu meurs ; tu es Rustan, et tu cesses de l'être ; tout a été accompli.

Comme il parlait ainsi quatre ailes blanches couvrirent le corps de Topaze, et quatre ailes noires celui d'Ebene. Que vois-je? s'écria Rustan. Topaze et Ebene répondirent ensemble : Tu vois tes deux génies. Eh! messieurs, leur dit le malheureux Rustan, de quoi vous mêliez-vous? et pourquoi deux génies pour un pauvre homme? C'est la loi, dit Topaze ; chaque homme a ses deux génies ; c'est Platon qui l'a dit le premier, et d'autres l'ont répété ensuite ; tu vois que rien n'est plus véritable : moi qui te parle, je suis ton bon génie, et ma charge était de veiller auprès de toi jusqu'au dernier moment de ta vie ; je m'en suis fidèlement acquitté.

Mais, dit le mourant, si ton emploi était de me servir, je suis donc d'une nature fort supérieure à la tienne ; et puis comment oses-tu dire que tu es mon bon génie, quand tu m'as laissé tromper dans tout ce que j'ai entrepris, et que tu me laisses mourir moi et ma maîtresse misérablement? Hélas! c'était ta destinée, dit Topaze. Si c'est la destinée qui fait tout, dit le mourant, à quoi un génie est-il bon? Et toi, Ebene, avec tes quatre ailes noires, tu es apparemment mon mauvais génie? Vous l'avez dit, répondit Ebene. Mais tu étais donc aussi le mauvais génie de ma princesse? Non, elle avait le sien, et je l'ai parfaitement secondé. Ah! maudit Ebene, si tu es si méchant, tu n'appartiens donc pas au même maître que Topaze? vous avez été formés tous deux par deux principes différents,

dont l'un est bon, et l'autre méchant de sa nature ?
Ce n'est pas une conséquence, dit Ebene, mais c'est
une grande difficulté. Il n'est pas possible, reprit
l'agonisant, qu'un être favorable ait fait un génie si
funeste. Possible ou non possible, repartit Ebene,
la chose est comme je te le dis. Hélas ! dit Topaze,
mon pauvre ami, ne vois-tu pas que ce coquin-là a
encore la malice de te faire disputer pour allumer
ton sang et précipiter l'heure de ta mort ? Va, je ne
suis guere plus content de toi que de lui, dit le
triste Rustan : il avoue du moins qu'il a voulu me
faire du mal ; et toi qui prétendais me défendre,
tu ne m'as servi de rien. J'en suis bien fâché, dit le
bon génie ; et moi aussi, dit le mourant ; il y a
quelque chose là-dessous que je ne comprends pas :
ni moi non plus, dit le pauvre bon génie. J'en serai
instruit dans un moment, dit Rustan. C'est ce que
nous verrons, dit Topaze. Alors tout disparut. Rustan se retrouva dans la maison de son pere dont il
n'était pas sorti, et dans son lit où il avait dormi
une heure.

Il se réveille en sursaut, tout en sueur, tout
égaré ; il se tâte, il appelle, il crie, il sonne. Son
valet-de-chambre Topaze accourt en bonnet de nuit,
et tout en bâillant. Suis-je mort, suis-je en vie ?
s'écria Rustan ; la belle princesse de Cachemire en
réchappera-t-elle ?.... Monseigneur rêve-t-il ? répondit froidement Topaze.

Ah ! s'écriait Rustan, qu'est donc devenu ce barbare
Ebene avec ses quatre ailes noires ? c'est lui qui me
fait mourir d'une mort si cruelle.—Monseigneur,
je l'ai laissé là-haut qui ronfle ; voulez-vous qu'on

le fasse descendre ? — Le scélérat ! il y a six mois entiers qu'il me persécute ; c'est lui qui me mena à cette fatale foire de Cabul ; c'est lui qui m'escamota le diamant que m'avait donné la princesse ; il est seul la cause de mon voyage, de la mort de ma princesse, et du coup de javelot dont je meurs à la fleur de mon âge.

Rassurez-vous, dit Topaze, vous n'avez jamais été à Cabul ; il n'y a point de princesse de Cachemire, son père n'a jamais eu que deux garçons qui sont actuellement au collège, vous n'avez jamais eu de diamant ; la princesse ne peut être morte puisqu'elle n'est pas née ; et vous vous portez à merveille.

Comment ! il n'est pas vrai que tu m'assistais à la mort dans le lit du prince de Cachemire ? Ne m'as-tu pas avoué que, pour me garantir de tant de malheurs, tu avais été aigle, éléphant, âne rayé, médecin, et pie ? — Monseigneur, vous avez rêvé tout cela : nos idées ne dépendent pas plus de nous dans le sommeil que dans la veille ; Dieu a voulu que cette file d'idées vous ait passé par la tête pour vous donner apparemment quelque instruction dont vous ferez votre profit.

Tu te moques de moi, reprit Rustan ; combien de temps ai-je dormi ? — Monseigneur, vous n'avez encore dormi qu'une heure. — Eh bien ! maudit raisonneur, comment veux-tu qu'en une heure de temps j'aie été à la foire de Cabul il y a six mois, que j'en sois revenu, que j'aie fait le voyage de Cachemire, et que nous soyons morts, Barbabou, la princesse, et moi ? — Monseigneur, il n'y a rien de plus aisé et de plus ordinaire, et vous auriez pu réellement faire le tour du monde, et avoir beaucoup plus d'aventures en bien moins de temps.

N'est-il pas vrai que vous pouvez lire en une heure l'abrégé de l'histoire des Perses écrite par Zoroastre? cependant cet abrégé contient huit cents mille années; tous ces évènements passent sous vos yeux l'un après l'autre en une heure : or vous m'avouerez qu'il est aussi aisé à Brama de les resserrer tous dans l'espace d'une heure, que de les étendre dans l'espace de huit cents mille années; c'est précisément la même chose. Figurez-vous que le temps tourne sur une roue dont le diametre est infini; sous cette roue immense est une multitude innombrable de roues les unes dans les autres; celle du centre est imperceptible, et fait un nombre infini de tours précisément dans le même temps que la grande roue n'en acheve qu'un. Il est clair que tous les évènements, depuis le commencement du monde jusqu'à sa fin, peuvent arriver successivement en beaucoup moins de temps que la cent millieme partie d'une seconde; et on peut dire même que la chose est ainsi.

Je n'y entends rien, dit Rustan. Si vous voulez, dit Topaze, j'ai un perroquet qui vous le fera aisément comprendre : il est né quelque temps avant le déluge; il a été dans l'arche; il a beaucoup vu; cependant il n'a encore qu'un an et demi : il vous contera son histoire, qui est fort intéressante.

Allez vîte chercher votre perroquet, dit Rustan; il m'amusera jusqu'à ce que je puisse me rendormir. Il est chez ma sœur la religieuse, dit Topaze; je vais le chercher, vous en serez content; sa mémoire est fidele; il conte simplement, sans chercher à montrer de l'esprit à tout propos, et sans faire des phrases. Tant mieux, dit Rustan, voilà comme j'aime les contes. On lui amena le perroquet, lequel parla ainsi.

N. B. Mademoiselle Catherine Vadé n'a jamais pu trouver l'histoire du perroquet dans le porte-feuille de feu sou cousin Antoine Vadé, auteur de ce conte. C'est grand dommage, vu le temps auquel vivait ce perroquet.

JEANNOT

ET COLIN.

Plusieurs personnes dignes de foi ont vu Jeannot et Colin à l'école dans la ville d'Issoire en Auvergne, ville fameuse dans tout l'univers par son college et par ses chaudrons. Jeannot était fils d'un marchand de mulets très renommé ; Colin devait le jour à un brave laboureur des environs, qui cultivait la terre avec quatre mulets, et qui, après avoir payé la taille, le taillon, les aides et gabelles, le sou pour livre, la capitation et les vingtiemes, ne se trouvait pas puissamment riche au bout de l'année.

Jeannot et Colin étaient fort jolis pour des Auvergnats : ils s'aimaient beaucoup ; et ils avaient ensemble de petites privautés, de petites familiarités, dont on se ressouvient toujours avec agrément quand on se rencontre ensuite dans le monde.

Le temps de leurs études était sur le point de finir, quand un tailleur apporta à Jeannot un habit de velours à trois couleurs avec une veste de Lyon de fort bon goût ; le tout était accompagné d'une lettre à M. de la Jeannotiere. Colin admira l'habit, et ne fut point jaloux ; mais Jeannot prit un air de supériorité qui affligea Colin. Dès ce moment Jeannot n'étudia plus, se regarda au miroir, et méprisa tout le monde. Quelque temps après un valet de chambre arrive en poste, et apporte une seconde lettre à

M. le marquis de la Jeannotiere ; c'était un ordre
de monsieur son pere de faire venir monsieur son
fils à Paris. Jeannot monta en chaise en tendant la
main à Colin avec un sourire de protection assez
noble. Colin sentit son néant, et pleura. Jeannot
partit dans toute la pompe de sa gloire.

Les lecteurs qui aiment à s'instruire doivent savoir que M. Jeannot le pere avait acquis assez rapidement des biens immenses dans les affaires. Vous
demandez comment on fait ces grandes fortunes :
c'est parcequ'on est heureux. M. Jeannot était bien
fait, sa femme aussi, et elle avait encore de la frai-
cheur. Ils allerent à Paris pour un procès qui les
ruinait, lorsque la fortune, qui éleve et qui abaisse
les hommes à son gré, les présenta à la femme d'un
entrepreneur des hôpitaux des armées, homme d'un
grand talent, et qui pouvait se vanter d'avoir tué
plus de soldats en un an que le canon n'en fait
périr en dix. Jeannot plut à madame ; la femme de
Jeannot plut à monsieur. Jeannot fut bientôt de
part dans l'entreprise ; il entra dans d'autres affaires. Dès qu'on est dans le fil de l'eau, il n'y a qu'à
se laisser aller ; on fait sans peine une fortune immense. Les gredins, qui du rivage vous regardent
voguer à pleines voiles, ouvrent des yeux étonnés ;
ils ne savent comment vous avez pu parvenir ; ils
vous envient au hasard, et font contre vous des
brochures que vous ne lisez point. C'est ce qui
arriva à Jeannot le pere, qui fut bientôt M. de la
Jeannotiere, et qui, ayant acheté un marquisat au
bout de six mois, retira de l'école monsieur le mar-

quis son fils pour le mettre à Paris dans le beau monde.

Colin, toujours tendre, écrivit une lettre de compliments à son ancien camarade, *et lui fit ces lignes pour le congratuler.* Le petit marquis ne lui fit point de réponse : Colin en fut malade de douleur.

Le pere et la mere donnerent d'abord un gouverneur au jeune marquis : ce gouverneur, qui était un homme du bel air, et qui ne savait rien, ne put rien enseigner à son pupille. Monsieur voulait que son fils apprit le latin, madame ne le voulait pas. Ils prirent pour arbitre un auteur qui était célebre alors par des ouvrages agréables : il fut prié à dîner. Le maître de la maison commença par lui dire : Monsieur, comme vous savez le latin, et que vous êtes un homme de la cour.... Moi, monsieur, du latin ! je n'en sais pas un mot, répondit le bel esprit, et bien m'en a pris ; il est clair qu'on parle beaucoup mieux sa langue quand on ne partage pas son application entre elle et des langues étrangeres : voyez toutes nos dames, elles ont l'esprit plus agréable que les hommes ; leurs lettres sont écrites avec cent fois plus de grace ; elles n'ont sur nous cette supériorité que parcequ'elles ne savent pas le latin.

Eh bien ! n'avais-je pas raison ? dit madame. Je veux que mon fils soit un homme d'esprit, qu'il réussisse dans le monde ; et vous voyez bien que s'il savait le latin, il serait perdu : joue-t-on, s'il vous plaît, la comédie et l'opéra en latin ? plaide-t-on en latin quand on a un procès ? fait-on l'amour en latin? Monsieur, ébloui de ces raisons, passa condamnation, et il fut conclu que le jeune marquis ne perdrait point son temps à connaître Cicéron, Horace, et Virgile. Mais qu'apprendra-t-il donc? car encore faut-il qu'il sache quelque chose : ne pourrait-on pas lui montrer un peu de géographie? A quoi cela lui servira-t-il, répondit le gouverneur? quand monsieur le marquis ira dans ses terres, les postillons ne sauront-ils pas les chemins? ils ne l'égareront certainement pas; on n'a pas besoin d'un quart-de-cercle pour voyager, et on va très commodément de Paris en Auvergne sans qu'il soit besoin de savoir sous quelle latitude on se trouve.

Vous avez raison, répliqua le pere : mais j'ai entendu parler d'une belle science, qu'on appelle, je crois, l'astronomie. Quelle pitié! repartit le gouverneur; se conduit-on par les astres dans ce monde? et faudra-t-il que monsieur le marquis se tue à calculer une éclipse, quand il la trouve à point nommé dans l'almanach, qui lui enseigne de plus les fêtes mobiles, l'âge de la lune, et celui de toutes les princesses de l'Europe?

Madame fut entièrement de l'avis du gouverneur. Le petit marquis était au comble de la joie; le pere était très indécis. Que faudra-t-il donc apprendre à mon fils? disait-il. A être aimable, répondit l'ami que l'on consultait; et s'il sait les moyens de plaire, il saura tout; c'est un art qu'il apprendra chez madame sa mere, sans que ni l'un ni l'autre se donnent la moindre peine.

Madame à ce discours embrassa le gracieux ignorant, et lui dit : On voit bien, monsieur, que vous êtes l'homme du monde le plus savant ; mon fils vous devra toute son éducation : je m'imagine pourtant qu'il ne serait pas mal qu'il sût un peu d'histoire. Hélas ! madame, à quoi cela est-il bon ? répondit-il : il n'y a certainement d'agréable et d'utile que l'histoire du jour ; toutes les histoires anciennes, comme le disait un de nos beaux esprits, ne sont que des fables convenues ; et pour les modernes, c'est un chaos qu'on ne peut débrouiller : qu'importe à monsieur votre fils que Charlemagne ait institué les douze pairs de France, et que son successeur ait été begue ?

Rien n'est mieux dit, s'écria le gouverneur ; on étouffe l'esprit des enfants sous un amas de connaissances inutiles : mais de toutes les sciences la plus absurde, à mon avis, et celle qui est la plus capable d'étouffer toute espece de génie, c'est la géométrie. Cette science ridicule a pour objet des surfaces, des lignes, et des points, qui n'existent pas dans la nature : on fait passer en esprit cent mille lignes courbes entre un cercle et une ligne droite qui le touche, quoique dans la réalité on n'y puisse pas passer un fétu. La géométrie, en vérité, n'est qu'une mauvaise plaisanterie.

Monsieur et madame n'entendaient pas trop ce que le gouverneur voulait dire ; mais ils furent entièrement de son avis.

Un seigneur comme monsieur le marquis, continua-t-il, ne doit pas se dessécher le cerveau dans ces vaines études : si un jour il a besoin d'un géometre sublime pour lever le plan de ses terres, il

les fera arpenter pour son argent ; s'il veut débrouiller l'antiquité de sa noblesse qui remonte aux temps
les plus reculés , il enverra chercher un bénédictin.
Il en est de même de tous les arts. Un jeune seigneur
heureusement né n'est ni peintre , ni musicien , ni
architecte , ni sculpteur ; mais il fait fleurir tous
ces arts en les encourageant par sa magnificence. Il
vaut sans doute mieux les protéger que de les exercer ; il suffit que monsieur le marquis ait du goût ;
c'est aux artistes à travailler pour lui ; et c'est en
quoi on a très grande raison de dire que les gens de
qualité (j'entends ceux qui sont très riches) savent
tout sans avoir rien appris , parcequ'en effet ils savent à la longue juger de toutes les choses qu'ils
commandent et qu'ils payent.

L'aimable ignorant prit alors la parole , et dit :
Vous avez très bien remarqué , madame , que la
grande fin de l'homme est de réussir dans la société :
de bonne foi est-ce par les sciences qu'on obtient
ce succès ? s'est-on jamais avisé dans la bonne compagnie de parler de géométrie ? demande-t-on jamais
à un honnête homme quel astre se leve aujourd'hui
avec le soleil ? s'informe-t-on à souper si Clodion
le chevelu passa le Rhin ? Non sans doute , s'écria
la marquise de la Jeannotiere , que ses charmes
avaient initiée quelquefois dans le beau monde ; et
monsieur mon fils ne doit point éteindre son génie
par l'étude de tous ces fatras. Mais enfin que lui
apprendra-t-on ? car il est bon qu'un jeune seigneur
puisse briller dans l'occasion , comme dit monsieur
mon mari : je me souviens d'avoir ouï dire à un
abbé que la plus agréable des sciences était une chose

dont j'ai oublié le nom, mais qui commence par un B. — Par un B, madame? ne serait-ce point la botanique? — Non, ce n'était point de botanique qu'il me parlait; elle commençait, vous dis-je, par un B, et finissait par un on. — Ah! j'entends, madame, c'est le blason: c'est, à la vérité, une science fort profonde, mais elle n'est plus à la mode depuis qu'on a perdu l'habitude de faire peindre ses armes aux portières de son carrosse; c'était la chose du monde la plus utile dans un état bien policé: d'ailleurs cette é u le serait infinié; il n'y a point aujourd'hui de barbier qui n'ait ses armoiries : et vous savez que tout ce qui devient commun est peu fêté. Enfin, après avoir examiné le fort et le faible des sciences, il fut décidé que monsieur le marquis apprendrait à danser.

La nature qui fait tout lui avait donné un talent qui se développa bientôt avec un succès prodigieux, c'était de chanter agréablement des vaudevilles. Les graces de la jeunesse, jointes à ce don supérieur, le firent regarder comme le jeune homme de la plus grande espérance. Il fut aimé des femmes : et ayant la tête toute pleine de chansons, il en fit pour ses maîtresses. Il pillat *Bacchus et l'Amour* dans un vaudeville, *la nuit et le jour* dans un autre, *les charmes et les alarmes* dans un troisieme; mais comme il y avait toujours dans ses vers quelques pieds de plus ou de moins qu'il ne fallait, il les faisait corriger moyennant vingt louis d'or par chanson; et il fut mis dans l'Année littéraire au rang des la Fare, des Chaulieu, des Hamilton, des Sarrasin, et des Voiture.

Madame la marquise crut alors être la mere d'un bel esprit, et donna à souper aux beaux esprits de Paris. La tête du jeune homme fut bientôt renversée : il acquit l'art de parler sans s'entendre, et se perfectionna dans l'habitude de n'être propre à rien. Quand son pere le vit si éloquent, il regretta vivement de ne lui avoir pas fait apprendre le latin, car il lui aurait acheté une grande charge dans la robe. La mere, qui avait des sentiments plus nobles, se chargea de solliciter un régiment pour son fils ; et en attendant il fit l'amour. L'amour est quelquefois plus cher qu'un régiment : il dépensa beaucoup, pendant que ses parents s'épuisaient encore davantage à vivre en grands seigneurs.

Une jeune veuve de qualité, leur voisine, qui n'avait qu'une fortune médiocre, voulut bien se résoudre à mettre en sûreté les grands biens de M. et de madame de la Jeannotiere, en se les appropriant, et en épousant le jeune marquis : elle l'attira chez elle, se laissa aimer, lui fit entrevoir qu'il ne lui était pas indifférent, le conduisit par degrés, l'enchanta, le subjugua sans peine : elle lui donnait tantôt des éloges, tantôt des conseils ; elle devint la meilleure amie du pere et de la mere. Une vieille voisine proposa le mariage : les parents, éblouis de la splendeur de cette alliance, accepterent avec joie la proposition ; ils donnerent leur fils unique à leur amie intime. Le jeune marquis allait épouser une femme qu'il adorait, et dont il était aimé ; les amis de la maison le félicitaient ; on allait rédiger les articles, en travaillant aux habits de noce et à l'épithalame.

Il était un matin aux genoux de la charmante

épouse que l'amour, l'estime, et l'amitié, allaient
lui donner; ils goûtaient dans une conversation
tendre et animée les prémices de leur bonheur; ils
s'arrangeaient pour mener une vie délicieuse, lorsqu'un valet-de-chambre de madame la mere arrive
tout effaré : Voici bien d'autres nouvelles, dit-il;
des huissiers déménagent la maison de monsieur et
de madame; tout est saisi par des créanciers : on
parle de prise-de-corps, et je vais faire mes dili-
gences pour être payé de mes gages. Voyons un
peu, dit le marquis, ce que c'est que ça, ce que
c'est que cette aventure-là. Oui, dit la veuve, allez
punir ces coquins-là; allez vite. Il y court, il arrive
à la maison; son pere était déja emprisonné; tous
les domestiques avaient fui chacun de leur côté,
en emportant tout ce qu'ils avaient pu : sa mere
était seule, sans secours, sans consolation, noyée
dans les larmes; il ne lui restait rien que le souvenir
de sa fortune, de sa beauté, de ses fautes, et de ses
folles dépenses.

Après que le fils eut long-temps pleuré avec la
mere, il lui dit enfin : Ne nous désespérons pas;
cette jeune veuve m'aime éperdument; elle est
plus généreuse encore que riche; je réponds d'elle
je vole à elle, et je vais vous l'amener. Il retourne
donc chez sa maîtresse; il la trouve tête à tête avec
un jeune officier fort aimable. Quoi! c'est vous,
M. de la Jeannotiere! que venez-vous faire ici? aban-
donne-t-on ainsi sa mere? allez chez cette pauvre
femme, et dites-lui que je lui veux toujours du
bien : j'ai besoin d'une femme-de-chambre, et je lui
donnerai la préférence. Mon garçon, tu me parais

assez bien tourné, lui dit l'officier; si tu veux entrer dans ma compagnie, je te donnerai un bon engagement.

Le marquis stupéfait, la rage dans le cœur, alla chercher son ancien gouverneur, déposa ses douleurs dans son sein, et lui demanda des conseils. Celui-ci lui proposa de se faire comme lui gouverneur d'enfants. Hélas! je ne sais rien; vous ne m'avez rien appris, et vous êtes la premiere cause de mon malheur; et il sanglottait en lui parlant ainsi. Faites des romans, lui dit un bel esprit qui était là, c'est une excellente ressource à Paris.

Le jeune homme, plus désespéré que jamais, courut chez le confesseur de sa mere; c'était un théatin très accrédité, qui ne dirigeait que les femmes de la premiere considération; dès qu'il le vit il se précipita vers lui: Eh, mon dieu! monsieur le marquis, où est votre carrosse? comment se porte la respectable madame la marquise votre mere? Le pauvre malheureux lui conta le désastre de la famille: à mesure qu'il s'expliquait, le théatin prenait une mine plus grave, plus indifférente, plus imposante: Mon fils, voilà où Dieu vous voulait; les richesses ne servent qu'à corrompre le cœur: Dieu a donc fait la grace à votre mere de la réduire à la mendicité?

Oui, monsieur.—Tant mieux! elle est sûre de son salut.—Mais, mon pere, en attendant, n'y aurait-il pas moyen d'obtenir quelque secours dans ce monde?—Adieu, mon fils; il y a une dame de la cour qui m'attend.

Le marquis fut prêt à s'évanouir: il fut traité

à-peu-près de même par ses amis, et apprit mieux
a connaître le monde dans une demi-journée que
dans tout le reste de sa vie.

Comme il était plongé dans l'accablement du
désespoir, il vit avancer une chaise roulante à l'antique, espece de tombereau couvert, accompagné de
rideaux de cuir, suivi de quatre charrettes énormes
toutes chargées : il y avait dans la chaise un jeune
homme grossièrement vêtu ; c'était un visage rond
et frais qui respirait la douceur et la gaieté ; sa
petite femme brune, et assez grossièrement agréable,
était cahotée à côté de lui ; la voiture n'allait pas
comme le char d'un petit-maître : le voyageur eut
tout le temps de contempler le marquis immobile,
abymé dans sa douleur. Eh ! mon Dieu, s'écria-t-il,
je crois que c'est là Jeannot. A ce nom le marquis
leve les yeux ; la voiture s'arrête : C'est Jeannot
lui-même, c'est Jeannot ! le petit homme rebondi
ne fait qu'un saut, et court embrasser son ancien
camarade. Jeannot reconnut Colin ; la honte et les
pleurs couvrirent son visage : Tu m'as abandonné,
dit Colin ; mais tu as beau être grand seigneur, je
t'aimerai toujours. Jeannot confus et attendri lui
conta en sanglottant une partie de son histoire.
Viens dans l'hôtellerie où je loge me conter le reste,
lui dit Colin ; embrasse ma petite femme, et allons
dîner ensemble.

Ils vont tous trois à pied, suivis du bagage.
Qu'est-ce donc que tout cet attirail ? vous appar-
tient-il ? — Oui, tout est à moi et à ma femme. Nous
arrivons du pays ; je suis à la tête d'une bonne manufacture de fer étamé et de cuivre : j'ai épousé la

fille d'un riche négociant en ustensiles nécessaires aux grands et aux petits; nous travaillons beaucoup; Dieu nous bénit; nous n'avons point changé d'état, nous sommes heureux: nous aiderons notre ami Jeannot. Ne sois plus marquis; toutes les grandeurs de ce monde ne valent pas un bon ami. Tu reviendras avec moi au pays; je t'apprendrai le métier, il n'est pas bien difficile; je te mettrai de part, et nous vivrons gaiement dans le coin de terre où nous sommes nés.

Jeannot é, erdu se sentait partagé entre la douleur et la joie, la tendresse et la honte; et il se disait tout bas: Tous mes amis du bel air m'ont trahi, et Colin que j'ai méprisé vient seul à mon secours. Quelle instruction! La bonté d'ame de Colin développe dans le cœur de Jeannot le germe du bon naturel que le monde n'avait pas encore étouffé: il sentit qu'il ne pouvait abandonner son pere et sa mere. Nous aurons soin de ta mere. dit Colin; et, quant à ton bon-homme de pere, qui est en prison. j'entends un peu les affaires; ses créanciers, voyant qu'il n'a plus rien, s'accommoderont pour peu de chose; je me charge de tout. Colin fit tant qu'il tira le pere de prison. Jeannot retourna dans sa patrie avec ses parents, qui reprirent leur premiere profession: il épousa une sœur de Colin, laquelle, étant de même humeur que le frere, le rendit très heureux; et Jeannot le pere, et Jeannotte la mere, et Jeannot le fils, virent que le bonheur n'est pas dans la vanité.

FIN DE JEANNOT ET COLIN.

TABLE
DES PIECES

CONTENUES

DANS LE SECOND VOLUME.

FIN DU SECOND VOLUME.

CPSIA information can be obtained
at www.ICGtesting.com
Printed in the USA
BVHW090928301218
536686BV00005B/246/P